▶ 中国平安集团总经理任汇川。

证券时报社长兼总编辑何 ◀
伟（左）对话中国平安集
团总经理任汇川（右）。

▶ 证券时报社长兼总编辑何伟
（左）对话福耀玻璃董事长
曹德旺（右）。

证券时报采访团参观福耀玻璃生产车间。

证券时报社长兼总编辑何伟（右）对话中集集团总裁麦伯良（左）。

证券时报采访团采访中集集团现场。

▶ 证券时报社长兼总编辑何伟（右）对话国泰君安证券董事长杨德红（左）。

证券时报社长兼总编辑何伟 ◀
在采访现场。

▶ 证券时报副总编辑王冰洋（右）对话特变电工总裁黄汉杰（左）。

证券时报采访团采访特变电工现场。

证券时报采访团参观、采访新疆天业。

证券时报采访团参观、采访新疆天业。

▶ 证券时报副总编辑高峰（左）对话顺丰控股CIO（首席信息官）、董事罗世礼（右）。

证券时报采访团参观荣盛 ◀
石化。

▶ 证券时报常务副总编辑周一（左）和荣盛石化董事长李水荣（右）合影。

证券时报社长兼总编辑何伟（左）对话海通证券总经理瞿秋平（右）。

锡业股份生产车间生产原料存放区。

证券时报副总编辑王冰洋（右）对话锡业股份董事长汤发（左）。

▶ 证券时报采访团参观嘉泽集团红寺堡基地。

证券时报副总编辑高峰（左）◀对话嘉泽新能董事长陈波（右）。

▶ 证券时报常务副总编辑周一（左）对话上港集团总裁严俊（右）。

证券时报副总编辑宫云涛（左）对话西藏珠峰董事长黄建荣（右）。

证券时报采访团在陆家嘴展示厅参观。

证券时报采访团参观兖州煤业。

▶ 证券时报副总编辑王冰洋（右）对话兖州煤业董事长李希勇（左）。

证券时报采访团采访江苏国信现场。◀

▶ 证券时报常务副总编辑周一（左）对话江苏国信总经理李宪强（右）。

证券时报社长兼总编辑何伟（左）对话光大控股 CEO 陈爽（右）。

证券时报副总编辑成孝海（中）带领采访团参观中国西电。

证券时报采访团采访西部矿业现场。

▶ 证券时报副总编辑成孝海（左）对话西部矿业党委书记、董事长张永利（右）。

证券时报副总编辑成孝海◀（左2）带领采访团参观三钢闽光展厅。

▶ 证券时报采访团参观紫金山金铜矿。

证券时报采访团参观中国中冶展厅。

证券时报副总编辑王冰洋（左）对话中国中冶总裁张孟星（右）。

方大炭素工作车间。

▶ 证券时报采访团参观包钢股份工作车间。

包钢股份生产线。◀

▶ 证券时报副总编辑王冰洋（右）对话盛和资源董事长胡泽松（左）。

浙江恒逸集团有限公司董事长邱建林（左）与证券时报副总编辑高峰（右）合影。

瀚蓝环境南海固废处理环保产业园。

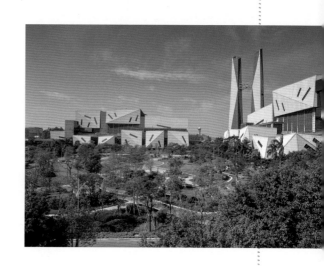

证券时报常务副总编辑周一（左）对话瀚蓝环境总裁金铎（右）。

▶ 证券时报副总编辑王冰洋（左）对话恒力集团董事长陈建华（右）。

大连恒力集团厂区。◀

▶ 证券时报常务副总编辑周一（左）对话冀东水泥总经理孔庆辉（右）。

证券时报副总编辑宫云涛◀（中）带领采访团参观北京银行展厅。

蓝天白云下的三峡大坝。◄

► 证券时报副总编辑王冰洋
（左）对话长江电力总经
理陈国庆（右）。

证券时报副总编辑成孝海（右）对话 ◄
方大集团董事长熊建明（左）。

► 证券时报副总编辑高峰（右）对
话宁沪高速总经理孙悉斌（左）。

高质量变革系列丛书

高质量变革

——中国100家优秀上市公司之价值中坚篇

何 伟 主编

机械工业出版社

"上市公司高质量发展在行动"系列报道由证券时报策划组织，该组报道历时9个月，其策划者与组织者足迹遍布国内20多个省区，面对面采访了中国100家优秀上市公司的高管。"高质量变革系列丛书"就是在这100家上市公司采访稿的基础之上，重新编辑整理而成的。本套丛书分为"价值中坚篇""消费升级篇""新兴成长篇"三篇。

　　本套丛书尤其突出"变革"的主题，强调上市公司正在发生或将要发生的变化，以期让读者更为全面和清晰地把握上市公司未来的趋势，为读者拓展财经视野和丰富知识储备助一臂之力。

　　"价值中坚篇"主要选取了金融、地产、煤炭、钢铁等关系国计民生的传统行业的上市公司。它们是国民经济的主要组成部分，在A股的流通市值占比居于绝对"龙头老大"地位，被誉为A股市场的"定海神针"。

图书在版编目（CIP）数据

　　高质量变革.中国100家优秀上市公司之价值中坚篇/何伟主编.—北京：机械工业出版社，2019.4

　　ISBN 978-7-111-62335-9

　　Ⅰ.①高⋯ Ⅱ.①何⋯ Ⅲ.①上市公司－经济发展－研究－中国 Ⅳ.① F279.246

　　中国版本图书馆 CIP 数据核字（2019）第 053461 号

机械工业出版社（北京市百万庄大街 22 号　邮政编码　100037）
策划编辑：王淑花　姚越华　　责任编辑：姚越华
责任校对：苏宝文　　　　　　　封面设计：吕凤英
责任印制：孙　炜
北京联兴盛业印刷股份有限公司印刷
2019 年 4 月第 1 版第 1 次印刷
169mm×239mm・18 印张・11 插页・245 千字
标准书号：ISBN 978-7-111-62335-9
定价：69.00 元

高质量变革系列丛书编委会

主　任：何　伟

成　员：王冰洋　周　一　成孝海

　　　　高　峰　宫云涛

序　言

高质量发展的媒体力量

党的十九大报告中明确指出："我国经济已由高速增长阶段转向高质量发展阶段。"高质量发展要建立在生产要素、生产力、全要素效率的提高之上，而非单靠要素投入量的扩大。高质量发展根本在于经济的活力、创新力和竞争力。

高质量发展最终要靠企业来实现。企业，尤其是其中的佼佼者上市公司应该怎样做？作为改革开放的产儿、资本市场守望者的证券时报，又该做些什么？2018年春节一过，本报编委会就开始对此进行谋划。经过反复讨论，最终决定：从3000多家上市公司中，选取100家高质量发展的企业进行深度报道，以期用高质量发展的典型来驱散市场迷茫，用案例鼓起大众信心。此次系列报道最终确定的主题为"上市公司高质量发展在行动"，总体要求是"不唱高调但立意要高，不回避问题但主旋律要鲜明，少说空话多用数据说话"。

从2018年4月9日推出中国平安的报道开始，证券时报发挥全媒体优势，通过报纸、网站、APP、微信公众号等各类媒体终端，以每周报道2～3家公司的频率，连续报道了100家优秀上市公司，前后历时9个月。该组报道发布后，获得了人民网、新华网等中央媒体网站，新浪网、凤凰网等综合门户网站以及今日头条等移动新闻客户端等各大平台的大量转载。此次证券时报历史上规模最大的全媒体传播、全方位展示、全集团作战的深度报道，在业内也引起了高度瞩目，形成了强大的冲击波。刚开始时不少同事还为此项活动捏把汗，认为想法虽好，落地却很难，一年之内不可能采访完这100家公司。但2018年12月30日那天，最后派出的一支采访团队自豪地宣告：第100家公司——苏宁易购的采访胜利结束。这次高难度的系列"自选动作"如期完成。

总结经验，主要有以下四个方面可资借鉴。

一是报道站位要高、立意要深。居高声自远。证券时报作为专业的财经媒体，对中国经济发展状况进行报道是我们必须承担的一项重要职责。而"上市公司高质量发展在行动"系列报道一方面抓住了中国经济的领头羊——优秀上市公司群体，另一方面又高举"高质量发展"这面新的旗帜，不仅使该组报道主题鲜明突出、政治站位较高，而且也符合经济转型发展的新方向。这是该组报道能够取得成功的根本原因。作为一家专业的财经媒体，要想准确报道我国当前的经济情况，正确理解各种方针、政策，就必须做到自己对真实的经济情况有一个基本的了解。而要做到这一点，不走出去是不行的。"四力"宣传教育当中首先提到的就是增强"脚力"，我们媒体人应该多多地迈开脚步深入一线，通过实地探访和亲身体验去了解和掌握实际的情况。而本次100家上市公司的报道无一不是深入一线的结果。

二是严格把关、确保报道公信力。该组报道所涉及的100家上市公司，从行业来看，既有传统行业的，也有新兴行业的；从地域来看，既有经济发达的东部沿海地区的，也有经济相对落后的东北、西北等地区的。因此代表性极强。它们是我国经济发展的重要力量，备受资本市场关注。从它们身上可以感知中国经济的冷暖。由于该组报道声名鹊起，不少上市公司主动要求加入。为确保入选者是真正高质量发展的公司，防止滥竽充数、降格以求，我们在筛选报道对象时坚持以公司的质地而不是关系或利益为标准。这100家公司基本上是各行业中的龙头企业，其中不乏中国平安、格力电器、福耀玻璃这样的优秀公司。这些公司本身就很引人注目，将它们组合在一起，变成一个采访集群，自然就更加引人关注。与以往正面报道一味宣传成绩不同，该组报道既有料又耐看。具体地说，在展现成绩的同时，我们对公司发展过程中所遇到的各种现实问题不回避、不粉饰，并在力所能及的范围内以理性、建设性的态度，对公司及其所在行业的发展积极建言献策。这也是该组报道获得成功的一个重要原因。

三是集团化运作、呈现规模效应。该组报道是证券时报2018年采编工作的"一号工程"。我们在此次活动中采取了集团化的作战方式，全社上下都积极行动起来，社长总编们亲自上阵，通过调集本报及所属媒体如全景网、新财富、中国基金报、国际金融报等骨干采编人员深入一线，与上市公司高管进行面对面交流。代表上市公司接受采访的高管基本上都是董事长或总经理，参与采访的还有核心业务负责人，阵容可谓豪华。为提高报道的专业水平，我们还邀请券商高级研究员与本报采访人员一起走访上市公司。通过与公司高管面对面交流、召集主要部门负责人开座谈会以及深入生产第一线进行实地探访等形式，采访团深度了解公司情况，努力挖掘各种有价值的信息，从而将中国资本市场践行高质量发展的好公司、好企业家、好故事尽可能全方位地呈现于社会大众面前。该组报道因为提供了大量鲜活的一手材料，所以受到广泛欢迎。证券市场的投资者，包括众多投资机构，对该组报道更是高度重视，纷纷将其作为重要资料加以研究。接受采访的上市公司也将本报采访内容作为对外宣传的重要材料积极加以利用。

四是全媒体传播、立体化呈现。该组报道一开始就明确提出要采取集团化、全媒体的方式进行运作。实施期间，不仅本报要唱好主角，所属媒体也要积极参与；不仅纸媒要发挥作用，各类新媒体也要尽己所长。在报道形式上，强调文字要精，同时运用多种表现形式。每组报道均为"文字＋现场图片＋可视化财经图表＋视频"的全媒体产品，特别精彩的报道还要制作成易于传播的短视频，以吸引年轻受众。如格力电器董事长董明珠和福耀玻璃董事长曹德旺的视频专访，全景网都将其中的精彩片段剪辑下来发在抖音上；证券时报网将系列报道的合集做成H5页面，以地图的形式呈现，均取得了良好的传播效果。据初步统计，该组报道在本报所属的报纸（电子报）、网站、微信公众号及移动媒体平台获得的点击量累计超过5000万次，全网点击量预计超过1亿次。其中，中国平安、吉利汽车、格力电器、福耀玻璃、海康威视、安琪酵母等上市公司的传播效果尤为明显。本报2015年开始实施媒体融合，经过全体员工的共同努力，已经取得明显成效。证券时报网、券商中国、e公司等几个新媒体终端快速成长，在行业内形成了很大影响力。"上市公司高质量发展在行动"系列报道可以说是对本报媒体融合发展的一次集中检阅。

"上市公司高质量发展在行动"系列报道极大提升了证券时报的品牌影响力。在新一轮改革开放的大潮中，如何讲好中国故事、唱响时代主旋律，对于媒体来说既是神圣使命，也是严峻挑战。本报通过聚焦推动中国经济发展的重要力量——优秀上市公司群体，以高质量发展为主题，策划、实施了该组深度报道，充分体现了本报的社会责任感和正确的舆论导向作用，更是本报纪念改革开放40周年的实际行动。由于报道主题积极向上、采访内容丰富多彩、传播手段活泼新颖，该组报道一经推出，就引起了包括监管部门、企业单位、个人投资者在内的各类受众的广泛关注，本报的品牌美誉度随之明显提升。中国证监会授予该组报道"2018年度中国资本市场新闻报道优秀作品奖"一等奖；人民日报在社属媒体阅评中也对该组报道给予了充分肯定。

一些机构投资者也来电来函，要求我们将该组报道集结成册，以便他们对中国100家优秀上市公司及其所处的行业有一个系统性的、更加深入的了解。为满足读者的这一要求，证券时报经多次慎重讨论，决定成立"高质量变革系列丛书"编辑委员会，将原有的系列报道重新打磨、编辑、整理，集结成书。

"高质量变革系列丛书"分为"价值中坚篇""消费升级篇""新兴成长篇"三篇。"价值中坚篇"报道周期性的大盘蓝筹股，集中在金融、钢铁、煤炭、有色金属、石油化工等行业；"消费升级篇"报道消费类上市公司，集中在家电、医药、食品饮料、文化传媒等行业；"新兴成长篇"报道了一些战略新兴产业，如新能源汽车、新能源、智能安防、信息技术等。读者可以从这套丛书中，了解中国100家优秀上市公司的基本投资价值，一探中国优秀企业家的所思所想，亦可拓展自己的财经视野，丰富自己的知识储备。

有必要提及的是，投资者平时即便对某家上市公司感兴趣，也很难了解公司董事长或总经理的所思所想、战略布局，以及他们对自身所在行业和公司的深刻洞察。"上市公司高质量发展在行动"系列报道采访的大多是公司"一把手"，通过这套丛书，投资者可以近乎"面对面"地了解中国100家优秀上市公司"一把手"的前瞻性思考，这是本套丛书弥足珍贵之处。我们期待着读者阅读完本套丛书之后，能够真正有所收获，加深对不同行业和这些上市公司的了解。

2018年是改革开放40周年，勇于创新的证券时报人在股市不景气，实体经济也面临诸多困难和挑战的前提下，撸起袖子干了一把。

有趣的是，"上市公司高质量发展在行动"系列报道进入收尾阶段时，萎靡不振的A股市场出现井喷式上涨。是时间的巧合，还是时代的暗合？对此虽无法求证，却坚定了我们继续走下去的信心。中国上市公司高质量发展之路没有终点，证券时报"上市公司高质量发展在行动"系列报道也没有终点。媒体人的追求永无止境，我们将背起行囊再出发！

证券时报社长兼总编辑

2019年3月

目　录

中国平安：改革开放的模范生

证券时报记者　潘玉蓉

董事长马明哲经常讲一句话，他说中国要实现中国梦，要实现伟大复兴，要走到世界前列，这过程中一定会有一批伟大企业出现，和这个国家一起实现中国梦。他希望中国平安能够在这个过程中扮演一个重要角色。

改革开放 40 年间，中国诞生了一批世界级企业，中国平安就是其中的代表之一。

作为全球市值第一大的保险集团，中国平安过去 15 年总资产从 1863 亿增长到近 6.5 万亿；过去 30 年，中国平安几乎抓住了每一次重大的发展机会；在金融领域，平安很少失手。近年，中国平安又在金融科技领域孵化出 4 个"独角兽"。

中国平安还发生着新的变化，从经营风格最保守的金融保险行业，转向前沿的科技领域，越来越不像一家金融集团，而更像科技公司。

中国平安是怎样实现从金融集团到科技公司的转型的？站在第四个十年的开局，中国平安又将面临什么样的挑战，勾画怎样的未来？

2018 年 3 月，证券时报旗下全媒体矩阵"上市公司高质量发展在行动"采访团队首站走进中国平安，对话公司高管，一起探寻问题的答案。

多面平安

2018 年 3 月 21 日，在证券时报全媒体团队走进中国平安之际，中国平安刚交出一份超市场预期的业绩报告：2017 年实现归属母公司净利

1

润 891 亿元，同比增长 42.8%。

其实，在过去的 15 年，中国平安总资产、净利润均实现近 30% 的年复合增长率。

以如此庞大的资产规模，还能保持这样的增速，有人表示，"中国平安不是白马，而是汗血宝马"。也有人担忧，中国平安是否还能保持如此高的增速？市值创下新高后，中国平安未来十年的增长点在哪里？

要解决上述问题，我们首先要探究一下中国平安到底是一家什么样的公司？提起中国平安，有一组标签让人无法忽略：A 股 +H 股上市、白马股、《财富》500 强第 39 位、中国金融业黄埔军校、全牌照金融公司、狼性文化、绩效为王、互联网"独角兽孵化器"。

还有一组数据最能从体量上描述中国平安：成立 30 年，拥有 170 万员工和代理人、1.66 亿个人客户、4.36 亿互联网用户、总资产 6.5 万亿、市值 1.2 万亿左右、旗下 4 家独角兽估值超 400 亿美元。

换句话说，每 1000 个中国人里面就有 1.1 个人在中国平安上班。公司有内部员工如此描述在中国平安工作是什么感觉："在平安工作的人散发着共同的气质，确认过眼神，就知道对方是一路人。在平安，大家是为事情打工，不是为领导打工。"

而曾在中国平安从基层干到总部的前员工、靠谱保创始人吴军，这位曾深入中国平安内部的行业翘楚眼中的中国平安是这样的：如果想跟中国平安产生联系，首选是成为该公司股东，回报丰厚、稳健；次选是成为高管，压力付出与薪酬回报绝对成正比；第三个选择是成为客户，可以体验国内最佳金融服务；第四个选择是成为该公司销售人员，有着可多选的产品线和强大的支持；第五个选择是成为业务合作伙伴，有稳定但不超额的收入；最后的选择是成为员工，好处是可以学到本领，但工作压力比较大。

一千个观察者眼里有一千个中国平安。如果要探寻中国平安为何能抓住改革开放时代机遇，走出深圳走向全世界，还需要拉长视角深入观察。

增速换挡是转型科技的逻辑起点

过去30年，中国平安一直处于高速增长状态，随着公司各项指标基数增大，还能保持这样的增速吗？市值站上万亿之巅后，中国平安下个增长点在哪里？这是投资者最关心的问题之一。

在采访中，中国平安总经理任汇川没有回避这个问题。他说："正如公司董事长马明哲所言，中国平安要不断地提醒自己，随着基数的增大，公司的增速下降几乎是必然的，特别是几项大指标，如资产规模、收入增速。"

而中国平安所做的科技转型则是增速换挡的逻辑起点，任汇川接着阐述："科技会深刻地改变整个社会生态，改变整个企业的产品形态、服务形态和客户服务渠道。趋势改变的方向是坚定的，但过程是逐步的。"

在科技转型的过程中，中国平安将提升业务收入含金量，降低资本消耗，继续提升效率。比如医疗健康板块，未来增速会很快，但中国缺乏大型医疗健康集团。医疗健康产业链很复杂，前端有诊所、医院、药店，后端有原材料供应商、医药生产厂家，医药研发周期、CFDA认证时间很长，产业链也很长。

任汇川认为，越是像这样的产业，越需要中国平安这样大体量的公司参与，帮助其打通整个产业链。目前，中国平安从医疗健康体系、系统软件，到医保控费，再到线上好医生、线下的万家诊所，做了很多投资，将来还想投资医院，以便在向用户提供服务的时候，能一条线全部打通。

"如果这件事情做好了，中国平安或许可以重演过去十年、十五年保险和金融增长的故事。"任汇川说。

6.5万亿之后，"稳"更重要

一家金融机构，管理数百亿资产、数千亿资产，与管理数万亿资产所需要具备的东西，是截然不同的。

2017 年底，中国平安的总资产近 6.5 万亿。如此体量的中国平安犹如一艘航行在大海里的巨轮，面对天气变化如果应变不足，便可能遭遇不可挽回的结局。

"我们内部觉得，企业经营的保命之根本，是要稳健、要盈利，不能出现重大的经营性风险。"任汇川强调，"风险有客观的、有主观的，企业至少在主观上不能犯重大的错误。"

任汇川举例说："中国平安的总资产近 6.5 万亿，如果投资失败了怎么办？如果碰到系统风险，损失 5%，那就是几千亿不见了，公司偿付能力、资本充足率就会受到重大影响，甚至可能关门。"

中国平安的解决方案是，立足国内，抓住发展机会，在自身擅长的领域，严格遵守风控纪律。

在中国平安内部，把风险分为五类：资产风险、流动性风险、品牌声誉风险、操作风险、合规风险，扎好这五个"篱笆墙"，是保持公司立于不败之地的最基本的工作。

众所周知，在大类资产配置上，战略资产配置影响资产结果的 80%，战术资产配置影响的 20%。"在大类资产配置上，我们是非常谨慎的，必须严格遵守规则，投资要靠纪律，我们绝不会因为某类资产今年可能赚一把，就突破配置比例。"

同样，在流动性风险、品牌声誉风险、操作风险、合规风险等方面，中国平安也监控得非常严。

中国平安也在寻找新的发展机会，近年跟随国家的大政方针，在支持实体经济中的新兴产业、一带一路、发展绿色金融等方面投入不小。

"未来，中国平安将会有所为，有所不为。在市场领域，中国平安仍会聚焦国内市场，暂时没有国际化全球投资和主业扩张的计划，即使有也仅限于研究阶段。"任汇川说。

理由是，中国是世界第一人口大国，人均收入增长，人口老龄化加剧、消费升级之后，人们对寿命延长之后养老的需求在提升。当前我国人均保险密度、保险深度只达到全世界一半的水平。

"说小一点，中国市场这块蛋糕很大，中国平安还有很多事情可以做；说大一点，中国平安越大越要稳健，资产大了就不能去搏了。"任汇川说。

独特的金融全牌照

中国平安的综合金融模式，被投资界反复研究，也被不少金融机构竞相模仿，但，皆感叹难学到精髓。

在"互联网+"时代，中国平安综合金融模式，不是几张金融牌照加上几个互联网销售平台就可轻易复制。要探究中国平安综合金融真正独特之处，要将中国平安的金融子公司，与170万人力资源、1.66亿个人客户、4.36亿互联网用户、强大的后台管理和技术支持结合起来看。

首先，中国平安有一个强大的主业，这使得综合金融发展之初就首先具有了良好的客户基础。这个主业就是保险，保险让中国平安积累了上亿的个人客户。其次，中国平安拥有综合金融全牌照，能够向客户提供丰富的全产品序列。再次，中国平安的技术能力对综合金融形成强有力的支撑。

"以前我们做综合金融是靠一个个门店、一个个业务员，身上揣着七八种产品给客户选择，现在通过互联网、通过移动智能终端、线上服务，能更方便地把多种产品推送给客户。"任汇川说。

对中国平安而言，发展综合金融降低了管理成本和获客成本。2017年年报显示，中国平安个人业务净利润占比66.2%，客均利润356元。

如果没有强大的指挥中心和系统管理能力，要将"互联网+综合金融"在全国一盘棋地推进，是无法完成的任务。这也使中国平安的综合金融无法被后来者复制。

对中国平安综合金融快速推广秘诀，任汇川用"利益驱动"+"文化推动""一横一纵"来概括。

利益驱动上，"行政手段+考核机制"是基础。中国平安每个子公司的工作计划里，都有综合金融的任务。"不管是银、证、保子公司，在年度考核里完成主业的 KPI（关键绩效指标）可能是 80%，综合金融占到 20%。"

文化推动上，中国平安倡导"包容、协作"，鼓励每个子公司之间深入交流。比如，每个子公司内部都成立了综合金融部，在一个城市或地区，中国平安旗下可能有十几个分支机构，但当地有两个组织把大家连在一起，一个是个金会（面向个人客户），第二个是团金会（面向团体客户）。个人客户综合金融委员会地方分会的牵头人，一般是寿险分公司总经理；对公业务一般由平安银行分行行长牵头。通过党委、团体委员会的力量，中国平安把当地组织进行横向连接，形成"一横一纵"的管理方式，推动综合金融落地。

中国平安综合金融能有效实践的一个重要法则是，对每个子公司保持了高度控股。任汇川称，"我们现在 26 个子公司，大部分是自己创办的，避免子公司和子公司之间协作时，发生利益冲突。"

安信证券研究中心副总经理赵湘怀深入研究中国平安多年，认为中国平安是战略驱动型公司。他对中国平安的战略能力极为称道："中国平安是一家代表未来的公司。"外界看到中国平安今天的样子，可能是五年甚至十年前布下的局，而中国平安今天做的事情，可能要在五年之后才能看到"果"。

这用马明哲的话描述就是中国平安战略特点有"三多"：一是"多几步"，犹如下棋要看五步，中国平安战略也要多看几步；二是"多团队"，不同专业用不同的人；三是"多平台"，中国平安正在向全行业开放它的金融科技能力，以打造开放式的金融科技服务平台。

新十年，新愿景

最近几年，中国平安变了。

2017 年 12 月，中国平安基于"人工智能 + 大数据流感预测"技术，在重庆提前预警了流感来袭。不少人会问，一家金融集团为什么做起了健康科技企业做的事情？

中国平安董秘、集团新闻发言人盛瑞生介绍，过去 10 年，中国平安每年都拿出 1% 的营业收入投向科技研发，目前中国平安在金融、医疗专利申请数超过 3000 项，在中国金融机构中排第一、在全球金融机构中排第二。

站在第四个十年的开局，中国平安正在发生变化：它越来越不像一家金融集团，越来越像一家科技公司；它从经营风格最保守的金融保险行业，走向了时代最前沿的科技行业。

谈到中国平安新十年的愿景，盛瑞生表示，30 年来，中国平安从河东走到了河西，也就是从传统金融走向"金融＋科技"的双驱动，中国平安的愿景是："国际领先的科技型个人金融生活服务提供商"。

"公司未来究竟会变成什么样呢？董事长马明哲经常讲一句话，他说中国要实现中国梦，要实现伟大复兴，要走到世界前列，这过程中一定会有一批伟大企业出现，和这个国家一起实现中国梦。他希望中国平安能够在这个过程中扮演一个重要角色。"盛瑞生说。

"中国平安很难对自己的市值做预测，但在财富 500 强或者福布斯上市公司全球 2000 强里，以中国平安的发展势头、利润的稳健增长、资产规模的增长以及营利能力的增长，我们仍有机会不断往前。"盛瑞生表示。

【采访札记】

平安战车，为何还没减速

何　伟

118 层，592 米，深圳的新高度。站上中国平安金融大厦的顶层，犹如空中漫步。我想，还有哪里比这儿更适合解读改革开放，解读中国平安模式？

　　窗外，无边光景一时新。南面，蜿蜒回转的深圳河隔开了深港两地的城市与乡村；西侧，深圳湾里蛇口通往新界的跨海大桥如长虹卧波；北望，莲花山上绿色葱茏，小平同志雕像依稀可见；东瞧，高楼如林的罗湖区，曾经的制高点国贸大厦隐约可见。20多年前的那个春天，小平同志坐在53层的旋转餐厅，称赞"深圳速度"是靠实干干出来的，不是靠讲话讲出来的。殊不知，当时还是不见经传的一家小公司，日后创下了比"深圳速度"更快的"平安速度"。

　　历史像个旋转舞台。1978年十一届三中全会召开的时候，我正在高中的教室里备战"知识改变命运"的高考。弹指间，改变几代人命运的改革开放已经走过了40个春秋，我也以天命之年转岗到深圳工作。人生经历和改革开放高度重合，荣耀，感慨，情思，别有一番滋味会心头。

　　改革也好，开放也罢，40年的历程是在压力下奋进，在质疑中前行，利益的博弈，思想的碰撞，伴随始终。以"阶级斗争为纲"还是以"经济建设为中心"，坚持"计划经济体制"还是建立"市场经济体制"，股份制改革姓"社"还是姓"资"……共和国的进步就是在这样一次次触目惊心的交锋中走来的，即使在走进新时代的今天，否定改革开放的声音从未消失，想走回头路的企图时隐时现。

　　我们走进的新时代，也是问题叠加的时代。开放，遭遇大洋彼岸的孤立主义和贸易壁垒的挑战；改革，也面临贫富差距拉大的指责和大面积腐败的考验。在改革相对滞后一点的金融领域要进一步深化改革也是步履维艰。至于资本市场，监管不健全，股市不成熟，金融抗风险体系极其脆弱……我们面对的问题不是少了而是多了，风险不是小了而是大了。我们究竟该如何看待改革开放、纪念改革开放？

　　中国平安，一个改革开放的先遣队、令人生畏的金融帝国，我们很想听听它是怎么回答的。内外勤员工从十几人到170万，营收从几百万到9000多亿，只用了30年。全球市值第一的保险集团，少数的全牌照金控集团，中国平安不断刷新行业的纪录，创下了一组组举世罕见的业绩数据。

访谈约在 112 层会议室，中国平安少帅任汇川与我们面对面问答。这艘金融航母的总经理，身材中等清瘦，举止干练机敏，言谈中眼睛也会说话，对敏感问题也不回避。

靠产险抢跑，靠寿险领跑，中国平安是在不平凡的时代开创平安金融服务的，除了改革开放天时地利外，领军者马明哲的三点体会最深刻：一是不同时期用不同的人；二是不同时期选择不同的股东；三是始终先人一步。

我想补充的是，除了赶上好时机，有个核心领军者，最重要的是中国平安比较早地解决了体制机制和管理文化的问题，先手搬掉了影响前行的一个个拦路虎。

平安战车已在金融资本市场上狂奔了 30 年，毫无人困马之减速之意，就像工地上隆隆往前冲的推土机，挡也挡不住。集团如今又开启从全牌照金融集团转向科技型金控集团的新征程。

我们探讨的是中国平安，心中关注的却是改革开放的命运走向。所谓企业的成功，不过是踏准了改革开放的节拍。纵观中国经济 30 年，中国平安几乎没有缺席过任何一场金融盛宴。任汇川说："如果没有民众的富裕，谁会来买保险，腰包是瘪瘪的，谁会来买寿险。中国平安就是开发出再好的产品，也做不到行业老大。"这大概是我听到的对改革开放最朴实的赞美。

到 21 世纪中叶，中华民族将以复兴姿态站立世界潮头，标志之一是将崛起一批世界级的大公司。增长远未结束，传奇仍在继续。行笔至此，我不禁莫名兴奋起来，暗想：2017 年刚跻身《财富》全球 500 强榜单第 39 名的平安战车，而立之后，新的征程已然开启。

（作者系证券时报社长兼总编辑）

福耀玻璃：全球汽车玻璃龙头

证券时报记者　杨　苏

福耀玻璃一直说，为世界贡献一片透明、有灵魂的玻璃，为世界汽车工业当好配角。三四十年专注玻璃乃至汽车玻璃行业，是福耀玻璃成长为全球业内龙头的不二法门。

器物有魂，汽车玻璃之魂，多源于福耀。"我们的汽车玻璃技术水平在世界上处于领先水平，不领先，怎么进奔驰、宾利、宝马的车子？"福耀玻璃董事长曹德旺言语中当仁不让，一如公司成长为全球汽车玻璃领导企业的气势。

福耀玻璃一直说，为世界贡献一片透明、有灵魂的玻璃，为世界汽车工业当好配角。中国汽车工业根基羸弱，依托市场换技术艰辛发展。但在汽车玻璃领域，福耀玻璃三四十年的聚焦专注，成就了自身规模和技术的全球龙头地位。同时，福耀玻璃在资本市场超过百亿元的分红回馈投资者，在公司治理和社会责任等方面长期是 A 股上市公司的楷模。

四十年专注，走向全球

了解福耀玻璃的人，都知道 31 年和 42 年的含义。曹德旺 1976 年进入福建高山玻璃厂任采购员，至今从事玻璃行业 42 年；福耀玻璃 1987 年成立，专注于汽车安全玻璃全解决方案，至今 31 年。

三四十年专注玻璃乃至汽车玻璃行业，是福耀玻璃成长为全球业内龙头的不二法门。一花一世界，福耀玻璃眼中的玻璃，与我们常人所看大有不同。在年度报告里，福耀玻璃告诉投资者，要为世界汽车工业当好配角，为世界贡献一片透明、有灵魂的玻璃。

何谓"透明、有灵魂"？福耀玻璃告诉证券时报记者，"透明"分三个层次。第一个层次是指玻璃产品自身，是透明纯净无杂质的；第二个层次是指公司规范治理，财务数据的公开透明，按章纳税，童叟无欺，注重企业社会责任；第三个层次是指福耀玻璃的追求和理想，以透明的价值观追求这份事业的发展。

"灵魂"则指福耀玻璃的初心，也是使命和追求。福耀玻璃为世界提供一片有灵魂的玻璃，意味着福耀不只把玻璃定位成一个简单的工业品，玻璃所包含的不只是高质量、高技术含量，这片玻璃同时也是福耀精神的体现，是一片有温度的人文产品。古云，器物有魂。福耀在这片玻璃上倾注的是所有福耀人的精神，是企业在发展自我的同时兼善天下的价值观，是对义利相济的商道大义的遵从。

企业文化当先，福耀玻璃发展壮大只是时间问题。公开资料显示，福耀玻璃1987年成立，1993年6月在上海证券交易所主板上市，2015年3月在香港联合交易所有限公司主板挂牌并上市，是全球领先、专注于汽车安全玻璃全解决方案的大型跨国集团。目前，福耀玻璃已在上海、福建、天津、重庆等十几个省市建立了现代化的生产基地，在国内形成了一整套贯穿东南西北的产销网络体系。同时，福耀玻璃还在美国、俄罗斯、日本、韩国、澳大利亚、德国和中国香港等多个国家和地区设立了子公司和商务机构。

国际化发展并成为全球行业龙头，是所有伟大的公司专注发展的必然结果。1976年到1995年，曹德旺把这20年总结为人生的第一阶段，从农民成长为初级经营者，从不为向有为，随后坚定了国际化的决心。

早在1991年，福耀玻璃生产的汽车玻璃就已经向美国、加拿大等地出口；1995年，为市场和品牌国际化阶段，福耀玻璃在美国设立营销机构，印有福耀标志的产品越来越为当地市场所接受。从那时起，美国作为全球最重要的汽车消费市场和生产国，一直在福耀玻璃的发展战略中占有重要地位。

2004 年，福耀玻璃进入技术与服务的国际化阶段，开始参与通用、现代等汽车厂商的 OEM 同步设计，并获得认同。2006—2008 年，福耀玻璃在德国、韩国、日本成立了子公司，为这些市场的配套客户提供销售及客户支援服务。2010 年，福耀玻璃在底特律设立子公司，是集团立足于美国底特律汽车城辐射北美地区的配套增值服务中心，为当地客户提供近距离的快捷服务。在此之后，福耀玻璃在美国市场的年销售额近 4 亿美元。

2011 年，福耀玻璃投资 2 亿美元在俄罗斯卡卢加州建设了第一个海外工厂；2014 年，福耀玻璃启动美国项目，总投资额目前已超过 7 亿美元，是中国汽车零部件企业在美的最大投资。2016 年 6 月，福耀玻璃位于美国伊利诺伊州的浮法玻璃项目，已完成全部两条生产线的升级改造，可生产满足汽车玻璃要求的各种厚度及颜色的浮法玻璃，年产量达 28 万吨。

福耀美国公司现有 450 万套汽车玻璃、400 万片汽车配件的年生产能力，是全球最大的汽车玻璃单体厂房，可提供全美 1/4 的汽车玻璃配套需求。2017 年，该工厂已实现盈利，通用、克莱斯勒等整车客户的订单络绎不绝。2018 年，中国驻纽约总领事章启月到访福耀美国公司，认为福耀美国公司为中美贸易提供了一个"可研究案例"，该案例说明两国只有贸易合作才能互惠互利。

并购重组玻璃产业公司，也是福耀玻璃发展的重要方式。曹德旺告诉证券时报记者，并购重组是很好的方式，福耀玻璃也做过，福耀玻璃在中国收购了 4 家企业，改造得都非常成功。"在境外，我们已经做了足够的准备，时间合适，条件合适，我们也会收购进来，但是要认真、谨慎地做，我们会测算，收进来有钱赚，我肯定干，没有钱赚，我肯定不干。"

全球研发，打造智能汽车玻璃

一直以来，我们都认为玻璃是传统产业，但汽车玻璃越来越科技化。在福耀玻璃产品展览中心，曹德旺告诉证券时报记者，汽车玻璃行业的特征是高技术、高劳动密集型。

1994年的中国，还有很多窗户是用纸糊的。当时，曹德旺参观美国福特博物馆，发现中美经济有100年的差距，而美国同行PPG创立于1883年，比福耀玻璃早了104年。并且，在国家产业转型期，传统行业总是排头兵。

于是，曹德旺把公司的专营主业调整为汽车玻璃。经过20多年的发展，截至2018年第三季度，福耀玻璃共申请专利1358件，获得授权1028件。福耀玻璃丰富产品线，优化产品结构，提升产品附加值，如包边产品、HUD抬头显示玻璃、隔音玻璃、憎水玻璃、SPD调光玻璃、镀膜玻璃、超紫外隔绝玻璃等，并为全球客户提供更全面的产品解决方案和服务。

以镀膜玻璃为例，它将玻璃的高透光性与太阳热辐射的透过性巧妙地结合在一起，成功解决了夏季车内高温困扰。实验显示，产品所带来的紫外线阻隔率达到99%以上，太阳能阻隔率大于65%。车辆在烈日下曝晒2个小时，车内温度比使用普通玻璃的车辆平均下降5摄氏度。在防晒功能的基础上，福耀镀膜玻璃还以镀膜层为载体，将汽车驾驶中的实用功能结合在玻璃上。比如，以金属膜层为加热介质，可以在冬季高效去除前挡玻璃表面的冰霜，比空调除霜用时缩短40%。镀膜加热功能还可以在雨雾天气去除行驶过程中的雾气，还可结合抬头显示、天线信号接收等功能。

值得一提的是，随着智能和环保汽车的发展，集各种功能于一身的智能汽车玻璃需求快速增加，市场规模不断扩大，为福耀玻璃提供了新的发展机遇。在此背景下，福耀玻璃定位了产品的五大研发方向，即安全舒适、智能控制、节能环保、美观时尚、集成总成。

科技加持，让每单位面积玻璃单价有了更期待的上升空间。曹德旺介绍，"这两年我们在策划汽车玻璃的升级，用新的技术做，产值会有明显的提高。我们正在苏州建一个高标准的汽车玻璃厂，各种新的技术都会设计进去。"

为了完成这些新产品的开发，福耀集团在新材料、新工艺和加工设备研究方面同步规划，70%以上的机械加工设备实现自主研发生产，且基本达到国际先进装备水平。玻璃弯曲成型钢化技术获国家技术发明二等奖，新型夹层压制成型技术及新型镀膜功能化、表面功能化、光电功能化技术等领先国际水平。

此外，福耀玻璃在中国、美国、德国全球六大设计中心实现联动，将全球客户需求与供应互联互通，为全球汽车厂商提供顶级的服务，全面提升企业的"经营质量"，成为中国制造走向世界舞台的一面旗帜。

高质量发展，公司治理典范

党的十九大报告指出，"我国经济已由高速增长阶段转向高质量发展阶段"，这是对我国经济发展阶段的重要判断，也为企业发展指明了方向。

证券时报记者发现，高质量发展在福耀玻璃有三个方面的表现。首先，在产品结构上，以客户为导向，注重技术创新，提升产品附加价值，为汽车品牌客户提供更全面的产品解决方案。其次，在品牌建设方面，福耀玻璃提倡质量经营和全球化经营，将福耀玻璃打造成一个高效率的、代表行业典范的国际品牌。再者，在生产模式上，福耀玻璃推动大数据和智能制造，构建IT技术驱动业务流程的福耀一体化协同平台，建设高质量的福耀生产体系。

其实，在2016年9月，福耀玻璃内部会议上，曹德旺再次明确："为中国人做一片高度安全、舒适、节能、智能的汽车玻璃，以此为我们的产品定位，这将是福耀下一步发展的重要战略。"

君子务本，本立而道生，"质量"就是福耀玻璃的"本"。随着汽车工业的蓬勃发展，汽车玻璃作为核心安全零部件，越来越受到主机厂及全社会的广泛重视。福耀玻璃围绕着"人品、产品、品质、品味""四品一体"的经营理念，以"为中国人做一片属于自己的玻璃"为使命，

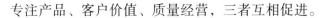

专注产品、客户价值、质量经营，三者互相促进。

作为一家上市公司，需要良好的公司治理，才能真正保障中小投资者的利益。福耀玻璃在这方面是 A 股公司的典范，曾为中国的公司治理开创先河，最早将独立董事制度引入公司董事会。在 2008 年金融危机前，福耀玻璃大股东自愿承担 20 多亿元的损失，但是坚决计提资产减值、坚决关停无效益资产，最终后也是为了保护中小投资者的权益。

有投资者评价，福耀玻璃无论收入还是市值，在 A 股公司中都无法排名靠前，但是公司的社会形象和品牌美誉度非常高，而且净资产收益率可以多年维持 20% 左右。福耀玻璃员工告诉记者，公司的成就源于强烈的使命感，从最早的"为中国人做一片汽车玻璃"到"树立汽车玻璃供应商的典范"到"福耀全球"，以技术、创新和人才，让福耀玻璃成为一家让客户、股东、员工、供应商、政府、经销商、社会长期信赖的企业。

圈钱太多是 A 股公司的顽疾，但是福耀玻璃上市以来分红金额超过百亿元，大幅回馈股东，现金分红比例经常高达 50%。数据显示，自 1993 年上市以来至 2018 年度，福耀玻璃累计已向投资者派发现金红利 136.52 亿元，股票股利 14.06 亿元。福耀玻璃的现金分红占累计至 2018 年 6 月实现的归属于母 公司所有者的净利润 244.59 亿元的 55.82%。

与募集资金相比，福耀玻璃现金分红规模要大上几倍，为上市公司之罕见。自 1993 年上市以来至 2018 年度，福耀玻璃累计发放的 A 股股息 137.18 亿元，是国内 A 股募集资金 6.96 亿的 19.71 倍；2015 年至 2018 年累计发放的 H 股股息 13.40 亿元，是 2015 年境外 H 股募集资金折人民币 67.26 亿元的 0.20 倍；至 2018 年度 A+H 累计分红 150.58 亿元，是 A+H 总募资 74.22 亿元的 2.03 倍。

高比例分红是基于福耀玻璃良好的经营业绩。福耀玻璃告诉记者，将持续以智识引领发展，以创新为驱动，不断致力于提升汽车玻璃在环保、节能、智能、集成方面的科技附加值，为股东创造价值。

真人怪杰曹德旺

何 伟

在摄像机前落座后，为向这位明星企业家示好，我手持一本他的得意之作《心若菩提》，谈了我的读后感。

"我可从不看证券时报"。他的回敬一点儿也不客气。

这小老头，手戴串珠、个头儿敦实、口音明显，一双不大的眼睛偶尔会闪露出锐利的目光。72岁了依然活跃在国际商战的舞台上，毫无倦态退意。他不喜欢正襟危坐的访谈，自嘲喜欢胡说八道，我们事先准备好的问题也被他任性地推翻了。我索性与他一起，进行没有提纲的访谈。

曹德旺是个爱讲实话的企业家。他经常有一些惊世之言、盛世危言。房市正火的时候他放炮"房地产崩盘是早晚的事，手里多余的房子应该尽快卖掉"。国家推出"中国制造2025"的时候，他直言"中国制造业的综合税务比美国高出35%。"到美国办厂的老总又不止他一人，独他要大喊美国办厂的优势，显得很没城府，本来砸10亿美元海外建厂就易遭非议。在参加一场企业家活动演讲时他脱稿反问："我什么时候跑了？跑到哪里去了？"哪里有汽车，就"跑"到哪里去。他很讨厌说套话假话，很不屑于说话的国粹艺术：他说，三等人直着说、二等人绕着说、一等人不大说，并自嘲是三等人，不怕得罪人。传奇色彩浓郁的自传《心若菩提》，口口相传，市场几近脱销，通篇都是实话实说，其中不乏隐私爆料，情节之坦率令人瞠目。他不太在意修饰维护自己的名人形象，这反倒让公众不讨厌这位富豪，甚至冠以明星企业家的良好口碑。

曹德旺是个透明的企业家，一如通透的玻璃，连自己的婚外情也不遮挡。别的老总遇到红颜知己，藏还藏不过来，曹德旺却通过媒体主动坦白：曾经遇到过一个与众不同的女人，那是一个让我想把家都扔掉的女人；别人建了豪宅总要防着媒体，他却主动让电视台直播福州价值7000万元的大宅院，16位美女管家，满屋茅台，还有私家菜园……似乎生怕别人不知道。他显然不是苦行僧，心安理得地享受成功带来的回报，买豪车建豪宅犒劳自己，不会矫情地大谈奉献或高尚。做慈善也如此。别人捐钱都会有高大上的动机，他却坦白自己起初的动机很自私：因为担惊受怕被游街批斗，挣到的第一笔大钱不敢往口袋里揣，索性捐出去，落个睡觉踏实，还赚个好名声。孰料钱捐出后，曹德旺有个意外发现：行善可以让内心感受到无比的快乐。后来捐款就一发而不可收，无心插柳成了"慈善大王"。10多年来他一口气捐掉了上百亿。

曹德旺是个另类的企业家。做产品做成"玻璃大王"，做企业做成行业龙头老大，做人做成了明星企业家。然而，他的心思却很怪，说这些常人眼里的成功在他看来没啥意思，他想出家当和尚，去寻求人生迷茫的答案。换个企业家谈成功，总有几条属于自己的聪明才智，他却说自己的每一步成绩都是被逼出来的。例如福耀玻璃创业以来，一直小心翼翼遵纪守规，不敢偷税漏税，是因为早年曹德旺得罪了乡镇领导，怕他们找茬打击报复。这一担心反倒保佑福耀玻璃一路坦荡，成为A股的模范企业，福建省的标杆。他是一个只有中国土壤才能长成的企业家，来自底层，有着底层的实诚也有底层的智慧，有着民营企业家的魄力，也有可遇不可求的运气。

对曹德旺的成功，专家说他机会好，做玻璃赶上了汽车大发展，走出去赶上了美国制造业转移，但是，我更感兴趣他把机遇提供的可能性发挥到极致的能力。这就是个人的禀赋在起作用。曹德旺从小跟随父亲学做生意，父亲教诲说做事要用心，让他掰着小手指头数数要用多少颗心：用心，真心，爱心，决心，专心，恒心，怜悯心……等到几十年后功成名就，曹德旺一一悟出这些个"心"的含义时，他伤心伤感"父亲已不在了"。

与他的访谈并不轻松也不愉快，因为他不客气、不迎合、不配合。

我思忖，也许正是这种个性，让他完成了不可能完成的业绩。中华民族的复兴，需要纯真的企业家，遗憾的是还不够多，曹德旺算一个。

（作者系证券时报社长兼总编辑）

中集集团：孵化先进制造独角兽

证券时报记者 阮润生

中集集团CEO兼总裁麦伯良认为，中集集团的核心竞争力，就在于全球资源整合能力。天然气是中集集团下一步战略重点，全世界有1/3人口的天然气需求不能用管道运输抵达，这将是非常庞大的市场。

站在位于深圳蛇口的中集集团总部大楼，会有一种时空穿越感：就在这里，1979年开山建厂，炸响"改革开放第一炮"；也是在这里，中集集团从当初的中欧合资集装箱工厂，成长为如今总资产逾1300亿元的跨国集团，坐拥九大业务板块，位居全球集装箱、半挂车市场等十余项细分行业龙头。

上市以来，中集集团在装备制造领域保持着较高的资产回报率，被资本市场定义为中国制造业的优质资产，成为全球资金配置方向。2017年集团净利润同比增长近4倍达到25亿元，主营业务集装箱、车辆、能源化工及食品装备等营收大幅上升，海外营收占比超过6成。在中集集团CEO兼总裁麦伯良看来，中集集团的核心竞争力，就在于全球资源整合能力。

跨境并购：力推多元化布局

在中集集团总部以模块化建筑方式建造的综合楼里，各会议室都以海外业务驻点所在城市命名，上下电梯、会议室里，时常遇到外籍员工，好像身处一个"迷你联合国"。目前中集集团在海外的生产、销售基地、研发机构和工程服务遍布于欧洲、北美、澳大利亚、日本、东南亚、非洲、中东等地。

中集集团从集装箱业务起家，自 20 世纪 90 年代便在国内连续发起并购，完成了中国沿海全方位的战略布局，并于 1996 年正式超过韩国企业，自此以后稳居全球产销量最大的集装箱制造企业，市场占有率约 50%。2017 年受益于全球经济回暖、贸易复苏，集装箱销售额突破 250 亿元，2018 年前三季度销售额达 669 亿元。

为了抵御集装箱制造业务自身的周期性波动风险，中集集团很早就着手业务的多元化布局，跨境并购成为常规动作。而以高频次境外收购，切入新业务、新市场成为扩张重要特点。这在中集道路运输车辆业务上尤为显著。

2002 年，中集集团开始进入道路运输车辆业务，迅速发展成为集团第二大支柱产业。陆续并购国内 6 家领先企业后，2003 年、2008 年又分别收购了美国排名靠前的半挂车企业 HPA Monon 和澳大利亚 DCLLC 挂车企业，2016 年以 9170 万英镑（折合人民币 8 亿多元）全资收购了英国老牌半挂车 Retlan 集团，从而顺利进入美国、澳大利亚、英国等发达国家市场。

中集集团的并购并非盲目"跨界"，而是沿着集装箱或其他制造业务的全生命周期布局。同时，中集集团所收购标的本身性价比极高，基本都是行业、区域细分龙头，时点把握精准，收购成本相对较低。

对此，中集集团董秘办主任吴三强向记者揭晓背后"秘诀"：因为中集集团起家于周期性行业，所以很擅长跟踪、把握相关行业发展状态，能做出相对准确的产业研判，而且中集集团对破产重组企业会特别关注，因为这类资产风险释放得比较充分。

收购 HPA Monon 时，正值北美挂车行业在"9·11"后陷入衰退，标的公司 2002 年 5 月申请破产保护。收购前，中集集团就已经派专门小组前往美国，对北美挂车行业进行了一年多的研究，判断该行业处于底部回升期。不过，当初对方开价 1700 万美元。中集集团通过法律手

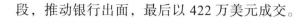

段，推动银行出面，最后以 422 万美元成交。

集中资源：提升收购标的竞争力

据国际咨询机构麦肯锡统计，2016 年中企跨境并购交易金额达到 2270 亿美元的创纪录水平，为同期境外企业在华收购金额的 6 倍，2017 年中企跨境收购金额有所下降。但中国企业过去十年的跨境并购成绩并不如意，60% 的交易并没有为中国买家创造实际价值，比如很多能源类并购最后达不到预期。

与之形成对照的是，中集集团并购平均金额并不巨大，但整合成效显著，因为集团海外收购成功概率达 90% 以上，在境外资本市场被称为"小投行"。2018 年 4 月 11 日，荷兰首相马克·吕特等荷兰政府高层向中集集团在内的 5 家中国企业颁发了"投资荷兰杰出贡献中国企业"奖，以表彰这些企业在当地出色的投资成绩。

谈及海外收购经验，麦伯良站在全球化运营的角度，提出调动全部资源，反向提升收购标的竞争力。

2013 年中集集团并购的德国消防车百年品牌齐格勒（Ziegler），用来补充空港板块地面设备业务组合。该公司系全球五大消防车生产商之一，但因涉嫌垄断被欧盟处罚，资金不济申请破产。最后由中集集团签署协议以 5500 万欧元收购，这个价格相当于齐格勒 2012 年底净资产 1.3 倍。

据"隐形冠军之父"赫尔曼·西蒙教授研究分析，中集集团对齐格勒的并购整合案例，足以与哈佛商学院的案例相媲美。据研究，收购后中集集团调整了齐格勒传统家族企业组织架构，建立管委会的轮岗制度，委员会中除了首席执行官为中方派出外，其余都是欧美当地人员，并对生产成本进行逐一把控，打开了以中国为主的海外市场，2014 年至 2016 年间，中国市场销售份额提升了近 4 倍，占到了整个亚洲市场的 7 成。

在全球市场资源调度上，中集集团灵活把控，显得游刃有余。面对中美贸易争端局势演变，经历了集装箱市场多轮周期起伏的麦伯良判断贸易战不是世界趋势，局部冲突是有可能的，最后都会成为双方的谈判筹码。对于集装箱而言，全球90％产能集中在中国，美国不具备产能替代条件。

中集集团也有着丰富的国际贸易摩擦处理经验。2014年5月，美国商务部对中国输美53英尺内陆干货集装箱产品发起反倾销和反补贴"双反"调查，该案涉及中集集团在内的三家中国公司。中集集团利用美国法律程序，联合国内竞争对手合作应诉，并调动美国客户资源"站台"，最终通过美国国际贸易委员会裁定，推翻了美国商务部征收"双反"关税的决定，成功实现逆转。

加快成熟业务分拆上市

随着旗下业务增多，中集集团面临负债率高企、总部管理难度加大等问题，旗下多元化业务急需梳理，推动成熟业务独立上市，获得再融资造血能力成为趋势。

2018年集团便将空港业务置入港股联营公司中国消防。具体方案是，中集集团将所持有的德利国际以及中集天达设备相应股权，分别作价约38亿元和6亿元注资到中国消防。交易完成后，中集天达空港控股业务从消防救援车辆，扩展到整个机场的装备、智能停车系统以及物流自动化分拣系统，打造成为"工业4.0"工业自动化的代表。

作为中集集团另一香港资本运作平台，中集安瑞科也扩展了能源装备业务范围，通过收购南通太平洋公司（SOE），从陆地到水上协同补充天然气储运装备业务，顺应培育天然气成为主要清洁能源的趋势。

麦伯良多次强调，天然气是中集集团下一步战略重点，全世界有1/3人口的天然气需求不能用管道运输抵达，这将是非常庞大的市场。对于国内2017年底出现的"气荒"问题，主要原因就是天然气基础设施不足，而国内中集安瑞科在槽车已经占了一半以上市场，中小型储罐国内排名第一，大型储罐全球排名前三。

相比之下，海工装备业务目前仍是中集集团盈利增长的拖累因素。很长时间，国际油价处于低迷态势，新增订单大幅缩减，2017年中集来福士净亏损同比上年扩大至 10.39 亿元，但海工业务具备重大国家海洋战略意义。

中集"蓝鲸 1 号"在 2017 年成功在南海试采出可燃冰，作为全球最先进超深水双钻塔半潜式钻井平台，创造了产气时长和总量的世界纪录，意味着中国在全球能源勘查开发领域实现了由"跟跑"到"领跑"的跨越。

当前中集集团牵头组织全国产学研用 23 家单位，承担国家工信部"第七代超深水钻井平台"重大专项，要实现全球最新一代超深水钻井平台的自主设计以及钻井系统、动力定位等核心设备的国产化应用；中集海工承担科技部"极地深水半潜式钻井平台关键技术研发"重大专项；由中集集团牵头发起的深圳市智能海洋工程制造业创新中心，正在推进"天然气水合物（可燃冰）钻采船型研发"等重大专项。

另一方面，传统海工市场已显示复苏信号，并且中集海工业务已从钻井装备延伸到生产装备以及海上天然气装备，从油气业务延伸到非油气业务，包括深水三文鱼养殖、海上 LNG 装备、海上风电等，为海工装备业务的复苏提供了有力的支撑。

海工装备业务发展也在整合国内优势资源、强强联合、优势互补。近两年，新的发展平台正在打造中，预计资本化运作将取得进展。2016年 6 月，中集海工引入国家先进制造产业投资基金，获增资 10 亿元，持有中集海工 15% 股权。

混合所有制：释放新动力 培育独角兽

作为改革开放的亲历者，中集集团 1980 年由招商局和丹麦宝隆洋行共同出资成立，诞生起就注入了国际化和市场化的基因，经历一番变动，形成如今 A、H 股两地上市架构，招商局、中国远洋均衡控股，公司管理层、战略投资者弘毅投资持股等混合所有制的代表。目前中集集团股权结构中，招商局位居第一大股东，与中国远洋合计持股约 47%，公司管理团队持股 4.8%。

率先建立起现代股权结构和治理框架，中集集团在制度、机制创新上并未止步。2019年，公司提出不断优化集团管控的体制机制，提升总部的资本运营和战略管控能力，鼓励创新创业，推进核心团队入股，完善"共同事业"管理机制。此前，公司已经制订了新一轮三年期"百人双创计划"，孵化先进制造独角兽企业。

在中集集团总部，已经设立一个支持创新的平台，高管团队组织了合伙公司，向每个创业公司投5%，集团持80%，而创业团队持15%；集团评选出的双创项目，公司会配置好董事、监事，并派三到四个导师提供全方位帮助。

最为典型的一家是2015年成立的中集电商，投入约1亿元，2017年通过出售给顺丰完成退出，售价超过8亿元。世界统计数据也显示，这种集团孵化的创业公司成功率远远高于毕业生，后者成功率只有1.5%。

中集集团现有业务也具备"独角兽"潜质。比如在模块化建筑领域，中集集团能将90%流程在工厂加工完成，集成度在行业领先，并预计相关市场会达到数十万亿元；在公共巴士立体停车场项目中，中集集团首创了控制系统、运营系统等，可以释放一线城市宝贵的土地资源，有望全球推广。

麦伯良认为，通过双创计划能吸引想成就一番事业的年轻人到中集这个平台上来；反过来，通过这些双创企业中集又能掌握行业的全球发展趋势。不排除将来有些做得很好的双创企业，会变成中集下一个核心业务板块。

【采访札记】

28年没有升官的麦伯良

方　岩

当车辆转入蛇口工业区港湾大道2号时，我的脑海迅即飘过四个字：三进中集。

第一次采访中集集团，还是18年前，当时的董秘吴发沛（现任副总裁）热情而随性，说到高兴处，喜欢把脚架在茶几上；第二次是半年前，现任董秘于玉群带领我们参观中集成长"家史"，并观看了颇具震撼力的海工作业视频；这一次，我们如约见到中集传奇CEO——麦伯良。

1991年，麦伯良从深圳改革开放标志性人物袁庚手中，接过中集总裁帅印。"我31岁就当总裁到现在，28年没有升过官了，中间也有很多诱惑。"麦伯良不无幽默地告诉我们。当年袁庚为何选中自己？麦伯良说："当时中集只有三个大学生，我是其中之一，还是很有竞争力的。"据悉，袁庚后来多次表示，他对中集最大的贡献就是挑选麦伯良当接班人。而麦伯良也感喟袁庚的知遇之恩，他在缅怀这位改革先驱的文章中写道："一个人的离世有两次，一次是停止呼吸，一次是被人遗忘。在中国通往现代商业文明的道路上，我深信袁庚并没有离去，他是一盏指路的明灯。"

一个企业就是一个大家庭，做得好不好，关键看"家长"。麦伯良说，自己从担任中集总裁第一天开始，就已经把一生跟中集的命运深深地连在一起了，与中集共存亡。麦伯良给我们讲了一件趣事：他儿子十几岁的时候，有一天对他说，爸爸你有两个儿子。麦伯良诧异地说："我怎么有两个儿子，不就你一个儿子吗？""你还有个大儿子！""我大儿子在哪儿呢？""CIMC呀，中集就是你的大儿子！"

麦伯良是一位创业者、改革者。他说，深圳是创业热土，不一定要当市长、部长才算做贡献，不同的岗位，一样可以做出贡献。尽管28年没升官，但是自己喜欢实实在在的成果和成就："中集现在有19个产品线是世界第一，明年可以拿下第20个世界第一！"

中集集团现在有九大业务板块，包括传统的集装箱业务以及不断拓展的多式联运、天然气装备、海工等领域。麦伯良说，中集从十年前开始转型，不能只守着集装箱业务，"转型升级也是很痛苦、很不容易的。走到今天，可以说中集转型升级基本到位，发展战略已经明确，未来十年，中集又是一个腾飞的十年。"

麦伯良是一个健谈的人，我们提出的每一个问题他都滔滔不绝，并且坦诚、客观，不回避自身失误。"我算过一笔账，当了28年总裁，由于我的原因导致决策失误，给公司带来过大概四五亿元的损失。"不过，他给中集创造的价值有目共睹，仅上市之后分红就超过100亿元。出现失误怎么办？麦伯良主动担责，自开罚单，一单就是100万元，他给自己开过3个百万元罚单。"每次董事们都为我说好话，说意思意思就行了，我说不行。这是对公司好，企业良好的问责文化很重要。"担责、反思、改善，这是麦伯良眼中的决策问责三部曲。

麦伯良精力充沛，访谈过程中，感觉他犹如时刻待命的战机，分秒之间就可以拉杆起飞、直上云霄。虽已年届花甲，他对新生事物也了如指掌，谈起相关应用APP也如数家珍。我们采访前几天，青岛海尔宣布要赴德国发行D股，这是资本市场的新鲜事，当笔者问起中集集团未来有无新的融资计划、是否考虑发行D股时，麦伯良斩钉截铁说："D股我们是不发的，暂时没有这个计划。我们会充分用好内地跟香港两个资本市场，这样沟通成本最低。"

访谈过程中，麦伯良多次提到改革开放总设计师邓小平，言语中满满的钦佩与感恩。他上山下乡两年半，得益于1977年恢复高考，"很幸运，第一届就考上大学。"于是有机会进了中集，于是有机会得到袁庚赏识，于是有机会驾驶"中集号"驰骋28年，在奔腾不息的改革潮流中缔造传奇！

（作者系证券时报编委、公司中心主任）

国泰君安：20 年大而不倒的秘密

证券时报记者　桂衍民

国泰君安证券公司董事长杨德红说："国泰君安价值观就是金融报国，就是服从和服务国家战略，我们希望看到一个强盛的中国。"

国泰君安，一家低调而进取的行业旗帜公司，在跌宕起伏的中国证券市场上，业绩一直稳稳锁定在行业前三，也是连续 11 年获得证监会 AA 级别的证券公司。

是什么力量让国泰君安奔跑 20 年不减速？杨德红将成功的秘密归结为"国泰君安共识"。在这个共同价值观的旋律中，国泰君安人 20 年如一日，坚持服务实体经济，坚定"以客户为中心"的金融理念，谋国泰，定君安。

在中国改革开放迎来 40 周年之际，在大批企业遭遇发展瓶颈之际，证券时报记者走进国泰君安，实地调研采访，看一看这家公司在波涛汹涌的证券市场，怎样朝气蓬勃平稳运行 20 年。

和国家命运紧密相依

"证券公司的成长和国家的命运紧密联系在一起，国泰君安 20 年的发展历程证实了这个理念。"在杨德红看来，中国经济的繁荣和实体企业的兴旺，是金融行业和国泰君安得以安身立命的本源。国家强盛，才有金融的强盛；实体经济繁荣，才有金融的繁荣。

中国 40 年的改革开放造就了各行各业的蓬勃发展。中国证券市场用 25 年，从无到有，从小到大，成为拥有市值 56.7 万亿元、债市存量 74.7 万亿元的全球第二大证券市场。

证券行业也成为我国经济框架中的重要行业。中国证券行业目前 131 家证券公司的总资产 6.19 万亿元，是 10 年前的 5.1 倍，营业收入 3113 亿元，是 10 年前的 2.5 倍。中国证券行业的繁荣，给了国泰君安海阔天空凭鱼跃的空间。这家 1998 年由国泰证券和君安证券合并而生的证券公司，其前身都曾经各自有过辉煌的历史。如今他们把企业和国家的命运连在一起，努力践行金融报国、服务实体经济，谋求实现企业与国家发展共同成长。

国泰君安坚持以国家战略为导向、以金融创造价值为使命，始终将业务聚焦于服务实体经济，各项业务齐头并进。为服务国家"一带一路"倡议，该公司 2016 年协助上海电力收购巴基斯坦上市公司 K-Electric Limited 66.4% 的股权，成为中国企业在巴基斯坦收购金额最大的项目；为推动企业的产业升级，该公司将重点业务聚焦到医疗健康、节能环保、信息科技等行业；为帮助地方科技创新，该公司参投上海科创母基金并参与上海科创中心建设；为推动优质中小微企业发展，国泰君安证券已累计帮助 232 家企业在新三板实现了挂牌。不仅如此，国泰君安还通过股债等方式为实体企业扩大生产规模和提升生产效益积极融资。近三年来，国泰君安以主承销身份完成股权融资项目 131 家次、累计融资额 2639.74 亿元，以主承销身份完成债券融资项目 927 家次、累计融资额 8558.86 亿元。

为落实国家精准扶贫战略，国泰君安还成立专项工作组，与江西省吉安县、四川省普格县、安徽省潜山县三个国家级贫困县签署全面战略合作协议，双方共同建立精准帮扶的长效工作机制，积极发挥资本市场在脱贫工作中的促进作用。在考虑实体经济需求的基础上，以资本市场服务产业帮扶为核心，拓宽融资渠道，提高融资效率，推进企业改制，助力金融创新等。

杨德红认为，国泰君安有责任贯彻国家战略，努力为国家的强盛贡献一份力量。"国泰君安价值观就是金融报国，就是服从和服务国家战略，我们希望看到一个强盛的中国。"

稳中求进，凝聚共识

价值观决定着企业的性格，也凝聚着员工的力量。

"稳中求进"，成为国泰君安多年来企业年度工作报告不变的总基调。每年的"变化"仅仅是"稳"和"进"的重点，但顺序一定还是先"稳"后"进"。也正是这种"稳中求进"的基调，不仅让国泰君安抵抗住了 2015 年下半年市场的剧烈波动，而且十多年来熟练地驾驭住了风险防控，在安全运行的基础上，推进各项业务扩张，使泰君安一直立于不败之地。

2015 年，国泰君安上下反复讨论思考，提炼形成了国泰君安人的文化理念体系——《国泰君安共识》。这个被称为国泰君安价值观的《国泰君安共识》，代表着该公司的初心和愿景，代表着这个意气风发团队的理念和梦想。

这份企业纲领性的文件《国泰君安共识》分四部分：利益观、业务观、人才观、处世观。国泰君安用员工的共识统一了价值、利益、国家、公司和个人这些看似抽象而又实际的问题。

国泰君安在利益观上主张"金融报国"，明确提出国家利益至上，损害国家利益的事情坚决不能做；在业务观上坚持着"客户至上"和"以客户为中心"，如果某项业务公司赚钱客户受损，坚决不做；在人才观方面统一了使用人才的标准，"坚持文化认同、德才兼备、勤勉尽责、绩效优良"，并把认同公司价值观作为干部选拔的第一考核因素。

《国泰君安共识》用行之有效的处世方式统一了企业思想，使员工在积极拓展业务的同时，不忘以金融服务创造价值的使命；在成为一个强大公司的道路上，每个人都时刻怀着敬畏之心、懂得节制和自我约束、遵守道德规则、勇于承担社会责任、抱有家国情怀，努力成为一个受市场尊敬的企业。

"优秀的文化基因已融入国泰君安每个人的血液中，这些文化基因会代代传承，推动公司一步一步克服困难、创造价值，为国泰君安追求更高远的目标发挥更大作用。"对于国泰君安的未来发展，杨德红如是表示。

服务围绕客户需求展开

国泰君安经营理念的原点是"以客户为中心"，因此，该公司各类业务创新与转型，也都紧紧围绕客户需求的变化而展开。

杨德红介绍，国泰君安建立了一整套零售客户服务体系，这个体系的核心就是突破传统以牌照为出发点的经营模式，聚合公司内与零售客户相关的各项服务资源与服务能力，同时通过金融科技应用、产品创新、团队能力升级，为客户提供订制化、高质量、便捷的综合金融服务。

具体的方式有：第一，大力推行矩阵化的管理模式。打破各条线、各部门各自为战的局面，将国泰君安原有的优势业务、产品、工具等服务聚合在一起，统一面向客户提供服务，使公司部门之间、总公司与分公司之间形成合力。

第二，建立强大的智能服务平台。国泰君安已完成搭建"科技＋服务"双轮驱动的智能服务平台，运行效果良好。可以相对精确地为客户提供符合他们需求的服务和产品。

第三，在各类服务终端上进行重大创新。包括统一账户体系、理财规划系统、君弘灵犀智能服务、财富会员专属服务等。客户的体验，特别是自助化实现综合金融服务的品质与效率，已经大幅提升。

第四，建立一支高素质、高效能的客户服务团队。国泰君安在全国各地有近3000名投资顾问与客户经理，一方面通过强大的数字化支持系统、矩阵化的服务资源整合、全面培训体系为他们赋能，实现服务能力升级；另一方面又通过智能服务，将他们从低附加值、重复性的服务工作中解放出来，将宝贵的服务资源致力于为客户提供高度个性化的财富管理服务，充分满足客户多样化的金融需求。

以客户为中心构建战略

对国泰君安今后的发展，杨德红充满信心。

杨德红阐述的理由有两方面：一是资本市场目前是整个金融行业的短板，短板就意味着有空间，间接融资调结构，直接融资要发展，所以投资银行的发展空间巨大；二是国泰君安准备工作非常充分，包括企业价值观的凝练、公司战略部署的正规化、各项业务发展势头良好、信息技术管理下风控体系的制度化。

"以客户为中心"是国泰君安一切业务战略的出发点，贯穿落实在每项业务层面的行动上。为使客户和公司共同成长，国泰君安让渡了很多的利益给客户。2017 年该公司境内 22 个大区营业收入下滑，但客户数量却大幅提升。境内机构客户达 2.6 万户，比上年增加 11.14%；个人金融账户超过 1110 万户，比上年增加 21.84%；在过去三年，与国泰君安合作项目数量超过 2 个的投行客户数达 221 个。

在 2017 年国泰君安的业务构成中，机构金融对全公司营业收入贡献度首次超越个人金融，个人客户机构化的倾向非常明显。正是看到了这种趋势，国泰君安才率先将客户服务全面划分为个人和机构两个服务体系，目的就是更好地落实"以客户为中心"。

为了能向客户提供符合其习惯和偏好的产品和服务，国泰君安集中了所有资源打造自己的产品体系，提升投资产品的品质和产品供应能力，使客户得到极致的交易感受和交易服务。国泰君安认为，这样才是真正服务客户，金融服务才真正创造价值。

国泰君安布局业务，历来有超人的眼光。该公司不仅在传统业务方面，继续保持领先地位，2017 年最大的亮点是海外业务增长 27.71%。

国泰君安国际是国泰君安在香港设立的子公司，目前是位居香港综合实力前十的投资银行。该公司以香港为战略基点，在境外布局的原则是"客户走到哪里，国泰君安就准备走到哪里"。当中国成为第二大经济体、中国企业陆续到境外拓展业务时，国泰君安积极跟进，提供金融服务，为中国企业保驾护航。

数字化国泰君安出发

现如今，国泰君安又将战略目光锁定在了数字化，喊出了"数字化国泰君安"。

国泰君安高度重视对信息科技的战略性投入，持续推进自主信息科技创新，在信息技术推动证券业务发展上有着长远的规划和思考。国泰君安认为，金融行业近五年来最明显的变化就是从"以企业和牌照为中心"向"以客户为中心"的服务理念转变，数据价值正在超过交易价值。

国泰君安在战略规划中已将金融科技应用视作首要战略支柱，视为打造现代投资银行的战略性基础能力。该公司明确了零售业务的走向是"科技＋服务"双轮驱动。国泰君安长远目标是要将信息技术在业务发展中的角色从支持者、合作伙伴进一步提升为引领者，并实现信息技术到金融科技的能力跨越，打造智慧型数字化金融平台。

国泰君安率先将信息技术提升到引领者角色，这隐含了资源获取能力、前沿科技获取能力、科技转化能力、用户及业务服务能力、IT运营能力五大方面。对标主流互联网公司和国际知名投行，国泰君安尽管在科技转化能力和IT运营能力两个方面还不错，但是其他方面国泰君安认为依然与之有较大差距。例如在人工智能等前沿科技获取方面，目前该公司正在积极寻求战略投资或共研合作对象。

国泰君安的信息技术战略重点工作很大程度上聚焦在"数字化国泰君安"，建设"人机同行，All In AI"的智能化公司。目前，国泰君安IT条线基于平台已经领先实现了IT工作的全数字化管理，零售业务条线通过建立3A3R指标体系，也实现了公司互联网业务的全数字化运营。

【采访札记】

国泰君安为何不争第一

何 伟

跟分析师一起分析国泰君安数据，发现一个有趣的现象：去年有些指标可以拿到行业第一，但是公司主动放弃了，甘居老二老三的江湖地位。

证券业里，公司云集，竞争惨烈，评比成风，排行榜横行，众券商争先恐后。国泰君安这两年有条件又有机会冲刺老大宝座，至少在部分指标上如此，但是，国泰君安没有在位次上用力、动脑筋，原因何在？

儒雅低调的老总杨德红给我们的解释是：我们不争第一。最近偶然看到一份资料，助我找到了更深层的解答。

今天的国泰君安，是20年前由两家竞争对手——上海的国泰和深圳的君安合并而成的。合并缘于一段公案。借改革开放的天时，得风气之先的地利，在深圳的君安当时业务领先，业绩领跑，资产和利润均做到了行业第一，江湖老大地位无人能撼动，业界甚至将中国股市的那段时期称为"君安时代"。

君安的掌门人叫张国庆，此君与万国的管金生、申银的阚治东并称股市"三大教父"，是呼风唤雨的改革明星。

事业达到顶峰，敢闯敢试的张国庆琢磨如何用股权改造国企君安，解决公司深层的机制问题。一个思路是MBO模式，即经营层以回购的方式获得公司股权，以实现对公司的控制。经过一年的腾挪互套，张国庆和团队一起把中国最大的证券公司改造成一家由私人占大股的证券公司。张的超前举措，很快引爆证券业。几乎所有的证券公司都蠢蠢欲动起而效之。国有企业的股份制改造，一直争议不断。被视为占了大便宜的公司领导被内部人举报，监管部门进驻君安，认定张等涉嫌"侵吞国有资产，将国有资产变相转入私人名下"，张本人获刑4年。这场始于机制改革的创新终以闯祸收场。那个年代，资本市场所有的报应，与是非曲直无关，与社会情绪有关。极具戏剧性的是5年后，身心疲惫的张出狱，发现社会上MBO热潮如火如荼，让多少国有企业的经营者一夜之间摇身变成暴富起来的群体，同时还尽享创新的荣耀。

一心东山再起的张国庆召集旧部，组建了"小君安"，终因时运不再，归于销声匿迹。伤口愈合的君安则与稳健的国泰联姻，倒是很快东山再起，开始了新生。

这段公案虽已随风飘逝，但是留存的启示成为国泰君安企业文化的遗产。其一，张国庆的MBO改革没错，错在时机太早，枪打出头鸟。改革潮起潮落，陈尸沙滩的先烈历历在目。领先一步死，领先半步生的案例不胜枚举。其二，中国的公司还年轻，特别是证券公司。马拉松赛的前路还很长，没有把握不必贸然创新，跟跑仍然是一个务实的选择。跟跑的经济学是创新成本低，风险远比领跑的老大小。其实长期当老二，算长远账并不比老大差。实际上，国门开放后，中国绝大部分企业都下意识地选择模仿学习跟跑战略。领跑者很风光，但是也很辛苦，甚至很危险。我曾听过一位坐上行业头把交椅的老总，走下主席台后同我大倒一肚子苦水，其中的辛苦自知。

回过头来看国泰君安，之所以选择了稳健跟跑战略，是基于现实的算计和历史的教训。国泰君安注重客户利益，而非公司利益至上，更非唯利是图、求富心切。因此业务只向上、不冒险，不走奇险小路，不挣野路子钱。用他们的口号就是"为客户创造价值，为社会增添福祉"。譬如个股期权业务费率更高，国泰君安如果下下功夫去开拓，去年很有可能助其冲上业绩老大地位，但是，考虑到监管风险放弃了。实际上，国泰君安秉持中规中矩不逾矩的儒商理念，是监管者眼中麻烦最少的公司之一，获得年度中国区全能投行和最佳投行的殊荣名副其实。

回味国泰君安"不争第一"的价值策略，感知的是蕴含其中的经营哲学。长跑比赛中，有谁见过领跑者最终拿到了冠军？

（作者系证券时报社长兼总编辑）

特变电工：掌控特高压核心技术

证券时报记者　余胜良

> 特变电工总裁黄汉杰说："特变电工的海外销售收入占比达20%左右，特变电工计划未来收入一半来自于海外，就相当于我们在海外再造一个特变电工。"

位于祖国边陲之地新疆昌吉，特变电工在资本市场的支持下"三大步"前进，业务遍及国内外，在新疆、四川、湖南、辽宁等地有14个现代化产业园，在境外有能源装备基地和能源公司。在这背后，是这家公司持续投入研发，攻克特高压核心技术，并把握新能源发展带来的结构性机会，拓展新能源电站的工程总包业务，还对新能源电站关键设备进行研制开发。

为何特变电工可以从大漠走进全世界，可以从公司当初小车间萌生的"四特精神"中寻找答案。

边域

位于昌吉总部的特变电工商务区就如同公园一般，特变电工工厂区距离商务区不远，厂区同样干净整洁，车间里用一尘不染形容大致不会差，工人们工作井然有序，生产工具、物料各有固定处所。特变电工很多年前就学习精益管理，精益管理已经渗入生活区和厂区骨髓之中。

在车间里上班的工人不多，变压器生产需要一定数量的技工，在绕线、叠片等环节还需要工人手工操作，高度依赖工人的经验。每个正在生产的变压器旁边的铭牌上写着该产品将用在哪个项目上，大多是内地城市，还有运往非洲海外的。

特变电工总裁黄汉杰介绍，特高压变压器都是个性化产品，每一个产品都要按照甲方需求单独设计，生产出成品后，要做实验看是否符合要求，然后拆开运输到甲方工地安装起来。这些产品单价可以超过亿元，而运输这些数百吨的重家伙也是难题。据介绍，要以时速不高于15公里运输，要求运输平稳。

这个并不大的厂区联结着全国甚至全球的技术和资源。2018年4月我们参观时，特变电工沈变公司总工程师王健，正在生产一线指挥，而一个变压器旁两位身着工作服的老外，则是来自ABB的监理。

特变电工在中国特高压变压器方面积累了领先优势，就是在这个车间里，诞生了世界首台±800kV换流变压器，让特变电工2017年第二次摘得国家科学技术进步特等奖。

特变电工早已是全球最大的变压器生产厂家，公司多晶硅产能规模居全球第四、全国第二，多晶硅成本全国领先，连续两年荣获光伏EPC工程（设计采购施工总承包）规模全球第一。

地处新疆，拓展客户并不容易，一开始在国内竞争的时候，销售输变电特别是高电压的变压器产品很难获得用户认可，特变电工就邀请客户来现场实地考证技术能力，特变电工走出去参与全球竞争，也面临着很多这样的不信任。通过建设自己的电力设计院，积极参与国内外工程建设，通过工程质量来取得客户信任。随着特变电工承接交付量增多，现在客户已经不再怀疑。

特变电工通过一系列努力化解地域劣势，比如把产业布局到国内各个区域，能够保证就近服务，就近采购和运输。新疆与8个国家接壤，新疆工厂就围绕这些邻近国家服务，把劣势变为优势。此外，特变电工也有意识地通过跟政府招商引资合作，把一些过去内地采购的原材料引入到新疆生产，比如铜、电解铝。同时，特变电工还对一些影响质量的关键环节做内部配套，比如大型产品油箱的加工、电磁线的加工。特变电工通过自主配套能力的增强，来解决两头在外的问题。

此外，特变电工新疆工厂走差异化竞争的道路，提高产品附加值，比如整流变压器、铁路牵引的变压器等。同时，公司还得到新疆铁路部门和交通运输部门的大力支持，在专业化运输的协调和保障以及运费优惠方面，政府也给予了大力支持。

三大步

特变电工有今天的成就，上市之后的"三大步"功不可没，正是三大步都走得扎实，才有今日"灌篮成功"。

特变电工上市之后走出的第一大步是并购。

1997年，特变电工在上交所上市之后，投资约1亿元重组了行业排名第四的衡阳变压器厂。衡变是我国长江以南最大的变压器研制基地。仅1年时间，衡阳变压器公司便由改制前的年亏损780多万元，扭亏为盈，年实现净利润1175万元。

1998年重组四川德阳电缆厂；1999年重组天津市变压器厂；2003年重组山东鲁能泰山电缆有限公司，该厂是我国最早从事高压电缆研制的企业；2003年重组沈阳变压器有限责任公司，是我国变压器行业的发源地，技术标准制定和人才培养的摇篮；2003年成为新疆众和大股东，新疆众和是新疆专业从事铝冶炼的企业。

通过并购，特变电工对旗下变压器企业重新整合，统一技术、设计、采购等，资源使用效率提高，规模化优势充分体现。

特变电工上市之后大发展的第二大步，则是抓住机会完成募资扩大了特高压变压器产能。

2007年有媒体报道，特变电工门口的出租车司机已经对来自天南海北的客人习惯了，过去三年他们发现来往昌吉和乌鲁木齐的客人突然多起来。此前特变电工在超高压变压器上已有所突破，特变电工在手订单超百亿元，但受困于产能限制难以完成。

在此阶段，特变电工自主创新能力全面构建，在新能源领域、新材料领域，都达到了行业的领先水平。

特变电工的第三大步，则是大力发展系统集成，以总包业务带动特变电工输变电业务销售。系统集成是特变电工打开海外市场的主要手段，特别是一带一路沿途国家，工业基础薄弱，总包更符合其需求。

特变电工在新能源上的发力，也和总包业务密不可分，特变电工近些年发力风电、光伏电站，就是靠总包业务带动扩张。

"装备制造业的企业去做工程总承包和集成服务，要管这个设备三十年甚至更长时间的运行，要帮客户负责维护下去，这是我们的优势，而简单做工程总包的企业服务是一次性的，缺少设备和专业技术服务能力。"黄汉杰介绍。

由于总包业务会占用大量资金，资金周转速度慢，特变电工近年来的多次融资多与此有关。

2016年以来，特变电工着眼于"全面建成国际化、现代化、世界级高新技术企业集团"，追赶世界先进水平，开始二次创业新征程。

研发

特变电工规模快速扩大和持续性的研发投入密不可分。

变压器行业从诞生之日起到上世纪末，一直在学习、吸收、追赶国外先进制造和研发技术，尤其在高电压、大容量产品领域，几乎全部依靠进口，经历了"亦步亦趋、关键技术受制于人"的漫长过程，以及外国人利用其技术优势限制中国行业发展的窘境。

特变电工总裁黄汉杰表示，科技兴则民族兴，科技强则国家强，特变电工坚持每年将销售收入的约4%用于科技研发。"十二五"期间累计投入近60亿元，用于加强自主创新能力建设，推动企业的健康可持续发展。

在持续不断地研发下，特变电工自主创新研制出世界首台（套）特高压产品，改写了世界节能发电新纪元。特变电工承担了世界第一、第二条 ±1000kV 特高压交流输电工程，以及世界第一、第二、第三、第四条 ±800kV 特高压直流输电工程，代表着世界绿色节能输电发展方向。

在研发特高压 ±800kV 直流输电技术的同时，特变电工又在推进 ±1100 千伏特高压变压器产品的技术研究工作。特变电工攻克特高压绝缘设计、解决了远距离输送上由于电压升高而带来的绝缘、直流偏磁等一系列世界级技术难题，一旦成功下线，将成为国家"西电东送"战略核心设备。

输变电工程严重依赖国家投资，最近两年中国特高压领域投资停滞，特变电工又抓住新能源带来的输变电机会，进行了一系列创新。特变电工新能源公司专注柔性直流输电技术方向的研究攻关，2017 年研制出世界首台 ±800kV/5000 兆瓦特高压柔性直流换流阀阀塔，此外公司还研制出 10kV/1 兆伏安的电能路由器，集中式、组串式逆变器等系列产品。这些产品专门针对新能源电站需求开发，可以提高发电量和转化效率。

"四特"精神

特变电工的宣传栏里写着公司的"四特"精神：特别能吃苦、特别能战斗、特别能奉献、特别能学习。"四特"精神是破解特变电工能够做大的钥匙之一。

特变电工的前身是昌吉变压器厂，1988 年总资产不足 15.8 万元、债务高达 73 万元，是一个资不抵债的濒临倒闭的街道小厂。当年 2 月，工厂厂房已垮塌，张新已经拿到到乌石化的调令，工资从 75 元涨到 100 元，张新要工作的乌石化电气车间比变压器厂还要大几倍。

变压器厂换过好几任厂长，也没有搞好，1987 年一年之内换了两任厂长，还每况愈下。张新在拿到调令和师傅王秀芝告别的时候，发现老工人生活特别困难，春节期间也只能吃面条咸菜，张新决定留下来，承包经营企业。53 名职工，在他没投自己票的情况下，51 人投票选了他做厂长。

在张新带领下，变压器厂克服订单不足，客户不信任，债主逼债，工厂失火等重重困难，1992年第一个承包期结束的时候，已经可以兑现承包奖金197万元。张新召开员工大会，号召要向优秀企业看齐，扩大规模再生产，这才有了特变电工历史上第一个现代化工厂。特变电工不仅开新疆企业租赁承包之先河，在1993年还在全国变压器行业率先实行股份制改造，张新还主动推销过公司股票。

张新在纪念公司20周年活动讲话中表示，出身在这样艰苦的环境下，付出艰辛汗水浇灌的事业之花会比在正常环境下更有生命力，"我们这个在大漠深处、边缘城镇恶劣环境中生长的幼芽，在大漠中经风雨、经沙暴、经炎热、经饥渴下茁壮成长，当它从新疆走向全国，走到了更好的自然环境，更好的市场环境，更好的资源环境中去的时候，它的成长和发展就能更好更快地实现"。

未来

输变电行业对国家投资有依赖性，现在中国有特高压投资计划，对特变电工的产品就有需求，另外，不少周边国家电力基础很弱，是特变电工的拓展重心，特变电工总裁黄汉杰表示，特变电工从1997年开始走出去，向世界各国提供能源装备以来，目前已向70多个国家提供了装备和服务，在海外设立了104个海外办事处，外籍员工和常驻国外的员工超千人。近些年特变电工积极参与"一带一路"，海外市场累计签署项目金额已经超过100亿美元，覆盖超过30多个国家。特变电工的海外销售收入占比达20%左右，特变电工计划未来收入一半来自于海外，就相当于我们在海外再造一个特变电工。

此外，下一步电力设备行业需要解决能源结构转换带来的新需求，要在光伏、风电占比不断增加的情况下，提供更高质量的能源服务。除了技术升级，生产供应环节会使用信息技术，产品要万物互联，跟国家正在发展的智能电网结合起来，使产品运行数据能直接跟电网调度互联互通，实现远程诊断、远程维护，甚至预防式维修。

特变电工会坚持对现有制造业的改造提升和技术进步，在产业链、价值链的高端来谋篇布局，做好集成服务，从电力工程的设计、方案的选择、施工，到产品的安装、调试、长期运营维护，一体化提供集成服务。

特变电工总裁黄汉杰表示，"特变电工从 1997 年上市到 2018 年 22 年，上市给特变电工插上了翅膀，加速了特变电工的发展，快速地促进了产业的整合，资本市场培育了我们"。

一批机构成为特变电工的忠实投资者，据前十大流通股股东持股统计，有国家队之称的中央汇金等账户最新持股远超大股东。对此黄汉杰表示，"我觉得这反映了'国家队'对特变电工的认可，也感到荣幸。我们要继续做好自身工作，给投资者做好回报。"

【采访札记】

国之重器　人才为要

王冰洋

地处西北边陲的新疆，地广人稀。由于远离内地和自然禀赋等条件限制，人力资源缺乏已成为制约当地经济发展的一个重要因素。在新疆采访期间，在与当地企业和媒体界人士的接触交流当中，都能感受到他们为此而产生的缺憾，以及他们对于各方面建设人才的渴望。

不过，在位于新疆昌吉州的知名民企——特变电工，我们看到的却是另外一幅景象。据公司总裁黄汉杰介绍，目前企业 2 万余名员工当中，有院士 5 人、享受国务院津贴等专家 300 人、博士硕士 1400 余人，大专及以上学历员工占 75% 以上。公司先后建成了博士后科研工作站、院士工作站、国家工程实验室、国家认定企业技术中心、高层次人才工作室、技能大师工作室等科技载体平台，为特变电工走上科技兴企之路提供了超强的智力支持。

九层之台，起于累土。铸造大国重器，人才即为"累土"。正是因为汇聚了行业精英，筑起了人才高地，才让特变电工在高端技术装备制造领域竖起了"国之重器"的标杆。前不久热播的《大国重器》（第二季）中，有这样一段解说词："在全球最高等级特高压工程的起点——特变电工，解开了核心重器换流变压器的制造诀窍。昌吉－古泉±1100千伏特高压直流输电工程，这个堪称人类电力工程史上的巅峰之作，未来每年可以满足5000万中国家庭的用电需求！"当我们在特变电工参观时，这个全球首条±1100千伏特高压线路所需的超级变压器已经下线，自重约700吨，工程师们正在模拟如何把这个"庞然大物"运到数公里之外的作业区。

特变电工所处的变压器行业，担负着电力传输"总调度"角色，与千家万户的用电休戚相关。但是人们并不知道，从变压器诞生之日到上世纪末，我们国家就一直在学习、追赶国外先进制造和研发技术，尤其在高电压、大容量产品领域，几乎全部依靠进口，经历了"亦步亦趋、关键技术受制于人"的漫长过程，以及外国人利用其技术优势限制中国行业发展的窘境。

如何改变受制于人的发展窘境？特变电工认识到，关键还得靠人才。人才是赢得国际竞争主动的战略资源，也是企业发展最根本的动力和保障。多年来，特变电工紧紧围绕企业发展战略，以"高精尖缺"人才引进培养为导向，加强高层次创新型人才和科技领军人才队伍建设，在核心人才的引进、培养、激励等方面做出了许多有益探索。

在人才引进方面，既注重行业成熟人才的引进，也重视引进高起点应届毕业生，构建核心团队的自我培养模式。特变电工与清华、北大等高校建立了长期合作关系，形成了资源共享、优势互补、互利双赢的校企合作新局面。2018年公司便引进了700多名985、211院校的毕业生。在人才培养方面，特变电工建立了资金保障机制，每年至少投入6000万元用于员工培训，并摸索出一套符合企业特点、能与业务工作无缝对接的培训模式。在人才激励方面，建立了完善的保障激励机制，给予研发人员专项奖励、股票期权或专利持有权，让他们共同分享企业发展带来的成果；同时还在员工购房时给予适当优惠和补贴，增强他们的归属感和荣誉感。

栽下梧桐树，引得凤凰来。通过"内培、外引"，特变电工近年来引进各类专业化、创新型人才近千人，国际化人才比重每年以20%的速度递增，已形成一支拥有院士、学科带头人、外籍专家4000余人的科技人才队伍。

高素质人才为企业技术进步奠定了基础，也为企业创新发展提供了保障。近几年特变电工先后斩获我国科学技术领域最高奖项——国家科学技术进步特等奖2项、一等奖4项、二等奖1项，行业及省部级科技进步奖等近200项……就在2017年，公司凭借"特高压 ±800kV 直流输电工程"项目，第二次摘得国家科学技术进步特等奖！

国之重器，人才为要。特变电工的跨越式发展如此，一个地方的发展兴盛也是如此。如果说，特变电工因人才聚集而兴，那么，特变电工身处的新疆，更渴望、也更需要广纳各方建设人才而用之。也希望将来能有更多有志之士奔赴这块热土，为新疆的生产建设、繁荣发展出一把力。

（作者系证券时报社副总编辑）

新疆天业：PVC 行业敢为天下先

证券时报记者　余胜良

新疆天业集团、新疆天业董事长宋晓玲说："天业从组建之初就经历很多危机，比如亚洲金融危机、全球金融危机，大家都觉得没希望的时候，PVC 最低价都破了 4000 元 / 吨，很多企业熬不过去，天业始终有新产品，有些高端产品价格还比较平稳。"

新疆天业位于新疆乌鲁木齐西 150 公里的石河子，国内主流券商研究机构覆盖的公司中，这家公司的距离最远。

从一家要破产的玻璃厂，转型生产节水设备并上市，并成为国内聚氯乙烯（PVC）龙头企业。其大股东天业集团总资产由组建时的 1.58 亿元增长至 2018 年年末的 406.68 亿元，PVC 生产能力为 140 万吨 / 年，离子膜烧碱 100 万吨 / 年，电石生产能力 245 万吨 / 年，电石自给率超 90%。

提起新疆 PVC 化工产业，给人第一印象都是资源优势，不过新疆天业和天业集团有今天的成就不仅仅依靠资源优势，它在 PVC 行业做了许多"敢为天下先"的重大创新。比如开发出多项循环经济关键支撑技术，构建出国内第一套电石法聚氯乙烯循环经济产业链，首家上马煤制乙二醇项目，结合市场的需求，采用差异化发展思路，研发高附加值产品，23 个 PVC 牌号背后代表了研发上的内在实力，体现了创新能力，也向我们阐述了这个坐落在大西北的企业，为什么能取得今天的成就。

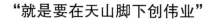

"就是要在天山脚下创伟业"

新疆天业集团、新疆天业董事长宋晓玲介绍，天业集团最初生产农用薄膜和烟草膜，农用薄膜要用聚乙烯，当时烟草膜用的是 PVC，公司所有原料都是从内地运过来，生产的产品再拉到内地去，这样物流运输成本就高。2003 年，新疆维吾尔自治区提出"优势资源转换战略"，天业集团就紧紧抓住这个机遇，上马了 120 万吨联合化工项目，依托新疆丰富的煤炭、矿产资源发展氯碱化工。

在百度地图上搜"新疆天业"，可以看到相关的公司、小区星星点点围在城市周边。"新疆天业"名字源自王震将军曾说过的"兵团人就是要在天山脚下创伟业"，从成绩上看这家公司人如其名。

新疆天业子公司天伟化工有限公司和新疆天智辰业化工有限公司的产品在市场上大受欢迎。天伟化工 2014 年 12 月投产生产特种 PVC，电石法特种树脂按医用级专用树脂级别生产，打破了乙烯法 PVC 在医疗器具、透明片材等高端市场的垄断，产品质量已达到医用级质量要求。

"天伟化工只有 800 人，晚上人会更少，大量操作都是在计算机上完成，工人只是做一下现场巡检，设备运行安全有充分的保证。"新疆天业集团总经理、新疆天业董事周军介绍。

PVC 行业有个共性，就是受到周期性困扰，业绩会随着行业进行周期性波动，这也是同行业发展的难点和共同的课题。如何摆脱周期困扰？天业集团做了大量工作，其核心是主业产品差异化、多元化发展。新疆天业 2014 年剥离了原来的普通 PVC 产能，在 2016 年将天伟化工装入上市公司，经营情况远超预期，2017 年天伟化工实现净利润 6.74 亿元，2016 年至 2017 年已经超额完成了三年业绩承诺。

天智辰业只有 1500 名工人，同样很现代化，核心部门就是一座电脑控制室。天智辰业旗下有 20 万吨 1, 4- 丁二醇、25 万吨乙二醇等优质项目，其中煤制乙二醇项目为国内首套、技术先进。

新疆天业和天业集团合资兴建的 60 万吨乙二醇项目正在施工，乙二醇也是投资者关注的焦点之一。

此外，需要提示的是，新疆天业 2003 年提出循环经济理念建设 20 万吨联合化工项目时，国家当时已暂停了上市公司融资很多年，2006 年启动股权分置改革后才打开融资渠道。2007 年国家批准天业集团 120 万吨联合化工项目，为抢建设速度，项目落在天业集团头上。这就造成了大集团小上市公司的格局，天业集团也一直有意提升资产证券化水平。

万吨级 CPVC 项目

宋晓玲介绍，新疆天业在制造 PVC 生产工艺中第一次使用干法乙炔、第一次使用电石渣制水泥，这在当时在全国来说是变不可能为可能。类似关键技术突破，新建天业吃螃蟹的经历还有很多，这也使天业集团在发展过程中始终处于行业领先地位。

"PVC 是一个大类产品，听起来没有多大差别，但在专业人士看来，这是一个非常具有差异化的行业，每个厂的 PVC 内在质量差异还是挺大的，因为 PVC 生产过程中还要添加各类助剂，助剂的品种和数量都很有讲究，PVC 复杂就在这里。"新疆天业集团总经理周军形容，"这和做饭有点相似，不同厨师手里做出来的饭也不一样。"

周军介绍，中国 PVC 的聚合技术以前都是从国外引进的，在国产化的过程中虽然也做了一些优化，但产品品质与国外相比还是有一定差距。现在新疆天业与国外技术完全对标，把每个技术细节力争做到极致，使产品在中高端领域站稳了市场，在国际市场上也打开了空间。

生产特种 PVC 对单体的纯度有更高的要求。电石法路线和乙烯法路线生产出的单体质量是有明显差距的。新疆天业开发出电石法单体精制技术，与国内同类技术相比，单体的纯度明显提升，为特种 PVC 树脂的生产奠定了扎实基础。

PVC 种类繁多，很多高端产品国内都不能生产。比如 CPVC 树脂，以前 CPVC 只有日本和美国能生产，中国有大量需求，但价格昂贵，结果抑制了需求。近年来中国虽然已经能够生产出 CPVC 树脂，价格也有所下降，但产品品质与国外相比还有一定差距。

PVC 行业有一个说法，能把 CPVC 做好的企业一定是行业一流水平，做好 CPVC 有三个条件：第一是 PVC 树脂必须要氯化专用料，内部孔隙率要特别发达，要有利于氯化反应的进行；第二是氯化工艺要保证氯化的均匀性；此外 CPVC 加工过程比较苛刻，对加工设备及加工工艺的要求较高，这个产业链还是极具挑战性的，但市场前景广阔，因为 PVC 树脂通过进一步氯化后会大幅提高耐温性能，拓宽了应用领域，如果能够有效降低成本，市场潜在需求巨大。

周军介绍，现在直接用天伟化工的特种树脂做 CPVC，采用具有自主知识产权的分置式气固相工艺已经完成了工业性试验，生产出的 CPVC 树脂和制品均达到国家标准。

现在美国和日本的 CPVC 工艺是水相法工艺，虽然产品质量好，但是水相法的废水处理成本非常高。2010 年起天业集团研究院正式组建氯化高聚物创新团队，历经实验室基础研究、中试试验研究、工业性试验等多个不同阶段，相继解决了设备结构过于复杂、氯化均匀性较差等关键技术问题，最终形成了具有核心自主知识产权的分置式气固相氯化新工艺，已获得 10 余项专利成果。分置式气固相氯化新工艺不仅没有废水排放问题，还能很便捷地根据用户的不同需求进行氯含量的调节。

周军介绍，分置式气固相氯化技术具有明显的竞争优势，产品生产成本显著低于水相法技术。天业集团正在布局万吨级 CPVC 项目，项目建成投产后，将加大改变我国 CPVC 的市场竞争格局和产品发展趋势，新疆天业的竞争优势也将得到充分体现。

PVC 产品潜力仍很大

新疆天业自己制定的通用树脂质量标准跟国外的标准相对应，国家标准只是基本标准。

行业传统认为乙烯法 PVC 比电石法 PVC 质量要好，这其实是一个误区，电石法 PVC 质量做不好的原因是技术水平不到位，如果把技术水平做上去，电石法 PVC 一样可以在诸多领域应用。

现在天业集团已经从追求规模优势，转向了追求多牌号、多品种附加值。天业集团的 PVC 是期货市场的免检产品，客户满意度较高。

宋晓玲表示，天业从组建之初就经历很多危机，比如亚洲金融危机、全球金融危机，大家都觉得没希望的时候，PVC 最低价都破了 4000 元 / 吨，很多企业熬不过去，天业始终有新产品，有些高端产品价格还比较平稳。

她认为，通用 PVC 有七八种牌号，天业有 23 种牌号，这种多元化、差异化、高附加值，让天业渡过了一次次难关。天业 20 多年盯着一个产品，但是在盯着一个产品的过程当中，又辐射出来了很多改进后的、附加值高的产品，任何产品都有周期性、季节性、淡旺季，有多元化、差异化的产品结构就使得天业抗周期能力非常强。

现在，天业集团 PVC 差异化产品大概占 30% ~ 40%，未来的目标是差异化产品要超过 70%，跟外国企业完全一样。

PVC 产品还有许多潜力可挖，从人均消费量来看，我国人均消费量与美国、德国、日本等发达国家相比还是偏低。未来随着 PVC 生产和加工技术的不断提升，潜在需求还会被不断激发出来，未来市场空间可期。

乙二醇项目满负荷生产

天智辰业生产的乙二醇（EG）处于高景气周期内。天智辰业一期项目电石炉尾气装置 2012 年建成投产，该装置年产 5 万吨乙二醇、3 万吨 1，4- 丁二醇；二期项目 2016 年建成投产，年产 20 万吨乙二醇及 17 万吨 1，4- 丁二醇。乙二醇主要用于聚酯化纤，主要生产涤纶，丁二醇用于生产氨纶，都主要用于纺织行业。

目前 25 万吨乙二醇项目满负荷生产，产品供不应求。2018 年公司在 25 万吨 / 年乙二醇装置的基础上，通过挖潜改造新增 10 万吨 / 年乙二醇产能，天智辰业乙二醇年生产能力将达到 35 万吨，产品 100% 用于聚酯化纤，装置的技术水平和产品品质居行业前列。

宋晓玲介绍，公司扩产 60 万吨乙二醇并不是简单做规模上的扩大，公司聚焦点还是不断创新，又比其他企业提前实现装置大型化。另外，催化剂升级，在技术、工艺上也有突破，又可以实现成本最低，质量最优。

我国乙二醇市场空间广阔，2017 年我国乙二醇表观消费量为 1444 万吨，同比增长 14.8%，我国乙二醇对外依存度达到 61%。60 万吨煤制乙二醇项目由新疆天业和其大股东天业集团合资建设，选址位于兵团十户滩新材料工业园，位于石河子市区北边 65 公里的 147 团。

十大工程

宋晓玲认为，天业能走到今天，所有机遇背后都是创新驱动。公司成立之初就有创新的理念、意识，公司现在的高管都是当年建设之初的建设者，当时的一个理念就是任何一个工艺、管理，一个小小的改变，实际上都在创新。这种创新精神和文化深入到了企业发展的方方面面，根植到了每个天业人的思想意识中，一大批创新人才和创新团队随着企业发展而成长，形成了双向效应，成就了企业发展。把优势资源发挥到极致，本身就是实现高质量的发展。集团公司承担新技术、新产品的研发，可以作为一个孵化器，攻关出来之后实现工业化，然后可以放到上市公司，通过资本市场更好地进行互补。

回溯到 1995 年，新疆天业才刚刚接触到 PVC，其承建的 6000 吨 PVC 是全国计划经济定点企业的最后一个，也是最小的一个。

当时电石法 PVC 被认为是落后产能，存在环境污染、质量差、效益差等问题，当时市场上 30% 是国家要淘汰的电石法，而现在电石法占 80% 以上的市场份额，这也带领中国在 PVC 化工产业走出了自己的道路。

宋晓玲介绍，公司在产品研发方面有非常大的投入，平均下来占销售收入的3%。公司从组建的时候就非常注重产品研发和技术攻关，小试、中试等一系列的实验，基础研究、应用研究都有投入，"最近我们在做十大创新工程，公司把所涉足产业中影响企业发展、质量、成本的关键技术拎出来进行专项攻关"。小到解决天业关键环节的一些瓶颈问题，大到可解决行业关键瓶颈问题。

"天业发展的核心动力是创新，创新成就了我们过去，也必将成就更加辉煌的未来。"宋晓玲说。天业集团目前拥有技术中心、工程中心、博士后工作站、院士专家工作站、研究院等多个国家级创新平台，在化工催化、新材料、现代煤化工等重大关键技术领域已形成具有国内领先水平的创新平台和研发团队，在行业核心技术领域拥有较强话语权。随着一些关键核心技术的突破和产业化，将为新疆天业的发展带来巨大发展机遇。

"我们要通过创新驱动，不断推进企业的高质量发展。2018年是天业'奋起再次创业，打造千亿天业'的关键一年，随着天业十大创新工程的实施和兵团十户滩新材料工业园区重点项目的顺利推进，新疆天业将在内涵和外延上都会出现质的飞跃，企业的发展前景值得大家期待。"对此宋晓玲信心满满。

【采访札记】

兵团精神铸就的创业样本

王冰洋

位于天山北麓的石河子市，曾经是新疆生产建设兵团总部所在地，1950年人民解放军进驻这片戈壁屯垦戍边，把荒野变成"戈壁明珠"，新疆天业即诞生于此。

电视剧《沙海老兵》展现了第一代兵团人为建设边疆、稳固边防付出的艰辛与努力，加深了国人对新疆生产建设兵团这支特殊力量的认识与了解。这次在新疆采访，我们欣喜地看到，他们的事业已后继有人，他们的后辈、生长于此的"兵二代"已在各个领域成为骨干，全面传承了他们的精神。

新疆天业董事长宋晓玲即是一位"兵二代"，她所带领的管理团队也有很多像她这样"献完青春献终身，献完终身献子孙"的兵团人后代。他们身上有一个共同特质，即不向困难低头的兵团精神。

新疆天业大股东天业集团，是一个烙着兵团印记的西部边疆企业，其前身是一个濒临破产的玻璃厂，组建的时候总资产 1.58 亿元。公司用"天业"命名，即源自王震将军曾经的嘱托和要求："兵团人就是要在天山脚下创伟业。"经过 20 多年艰苦创业，现在企业总资产 369.98 亿元，已成为引领中国聚氯乙烯（PVC）特种树脂和高效节水农业两大行业发展的领军企业。

随着企业实力的不断壮大，新疆天业的产业布局和产品系列也变得更加丰富多元：从塑料地膜到节水灌溉，再到高附加值氯碱化工，处处都彰显出企业勇创"天地伟业"的魄力。与此同时，作为新型兵团企业的代表，他们所执念的兵团精神也在与时俱进，赋予了新的时代内涵。

首先是勇于探索，敢为人先。作为化工企业，环保是一个绕不开的问题。如何保证既实现企业发展，又能为后人留下碧水蓝天？经过多年探索，新疆天业提出了发展循环经济的理念，用宋晓玲的话说就是"吃干榨净"。从原料进厂到最后产品出厂，公司把生产过程中产生的废气、废渣、废液全都变废为宝。新疆天业建成我国第一个"煤 – 电 – 电石 – 聚氯乙烯 –100% 电石渣水泥"循环经济产业园区，实现了工业与农业的融合发展，成为国家首批循环经济试点示范单位。陪同采访的中信建投化工行业分析师告诉我们，他到企业调研一般首先关注的是厂区气味。在天业厂区和车间参观一圈后，他说这里的环保做得确实不错，比沿海一些一流化工企业还要好，这很大程度上得益于先进的循环经济工艺流程。

其次是专注品质，铸就品牌。高质量的产品是企业立足市场的根基，新疆天业通过实施"增品种、提品质、创品牌"战略，不断提高产品质量与附加值，赢得了市场口碑。由于质量过硬，他们生产的"天业"品牌PVC树脂产品，每吨要比同行高出50元以上。经过多年努力，目前，公司已打造出系列具有国际竞争力的"中国氯碱品牌"和"中国节水品牌"，成为全国首家电石法聚氯乙烯进入医疗器具、透明片材等高端市场的企业。

三是科技引领，创新驱动。近两年，新疆天业紧跟科技发展趋势，积极打造智能工厂，实现了安全、环保在线监测和自动化控制。我们走进公司PVC生产管理中心，就能感受到科技的力量。在控制室里，有30多台电脑，工作人员通过显示器上闪烁的数据进行监控操作，每人手边一部对讲机，若有异常情况，随时与生产线上工人沟通。尽管身处西部边陲，天业集团却有一个豪华技术后援团——"两站三心"，即博士后科研工作站和院士工作站，国家级的技术中心、工程中心与化工研究院，这些技术大咖为天业提供了超强的智力支持，实现了一项又一项关键技术突破，确保了公司在行业居于技术领先地位。

在石河子采访临近结束时，我们特地去瞻仰位于市中心的新疆兵团军垦博物馆。走进博物馆，迎面墙上是红底白字的"人民革命军事委员会命令"。这是毛泽东主席1952年2月向驻疆将士下达的命令："你们现在可以把战斗的武器保存起来，拿起生产建设的武器。当祖国有事需要召唤你们的时候，我将命令你们重新拿起战斗的武器，捍卫祖国。"

如今60多年过去了，新疆已发生翻天覆地的变化，对此兵团人及其后代功不可没。新疆天业堪称兵团人"拿起生产建设的武器"也能杀出一番天地的创业样本。在今天的天业人身上，流淌的是兵团人的血；引领他们的，是永不褪色的兵团精神！

（作者系证券时报副总编辑）

顺丰控股：登顶中国快递界"一哥"

证券时报记者　刘　凡

顺丰控股更愿意将自己定位为一个科技公司。走进顺丰控股的办公大楼，大到公司的派单系统，小到墙上的企业文化标语，无不透着浓浓的科技味。

1993年3月26日，对广东顺德小镇青年王卫来说是个特别的一天，凭着往来粤港之间送货赢得的街坊口碑，他成立了自己的团队，专门做通港快件的生意。很多人都记得这个勤奋踏实的小伙子，却没想到这个低调的小伙子，在25年后，会创造出一个以服务好、价位中高端、信任度高而登顶行业"一哥"的快递帝国。

顺丰控股的心中显然有个更大的"舞台"，它更愿意将自己定位为一个科技公司。走进顺丰控股的办公大楼，大到公司的派单系统，小到墙上的企业文化标语，无不透着浓浓的科技味。如顺丰控股CIO（首席信息官）、董事罗世礼所言，科技在改变这个世界，也改变着物流运输行业，顺丰控股顺势而为，率先转型成为综合科技物流服务商，进一步挖深自己的"护城河"。

科技顺丰：打造多面"护城河"

翻看A股公司成绩单，顺丰控股一直是在营收、利润上都是引领行业的"龙头老大"。在产品上，顺丰控股的快递服务也成了全行业的标杆。在国家邮政局公布的一系列调查结果中，顺丰控股的快递服务产品质量总是第一：最快——顺丰控股连续多年蝉联国家邮政局快递全程时效排名榜首；最满意——根据国家邮政局发布的《快递服务满意度调查结果的通报》，顺丰速运连续多年排名第一；投诉率最低——在国家邮政局《关于邮政业消费者申诉情况的通告》数据统计中，2017年全年，顺丰控股月平均申诉率为1.56件（每百万件快递有效申诉数量），全行业最低，也远低于全国平均的5.79件。

"准时""安全"，顺丰控股凭借着这些优良的口碑，牢牢抓住了优质客户的心，有大量的中高端个人客户，也有知名企业客户把顺丰控股作为快递首选，包括苹果、华为、小米、优衣库、绫致、中国平安等各个领域的国内外知名企业都是顺丰控股的长期合作伙伴。

高品质、差异化模式为顺丰控股获得了较高的溢价。尤其在当前，因同质化产品竞争日趋激烈，很多快递企业往往寄希望于打"价格战"抢占市场份额。在此情况下，顺丰的优势尽显。目前，顺丰控股的单票收入在22～24元，在快递企业掀起涨价潮期间，顺丰控股不受其影响，维持了价格的稳定。

一系列骄人成绩的背后，是顺丰控股长期坚持不懈地努力，并早早地建立了高高的"护城河"。站在顺丰控股位于南山科技园的大楼的内部，几十平方米的大屏幕不停地滚动着，每秒都在传输着来自全国各地的最新的派单数据。轻轻一点，每个城市的大街小巷，快递员在哪里工作，都可以实时查询到。顺丰控股甚至制作了自己的快递地图，其详细、准确程度丝毫不亚于当前任何一家地图类专业公司的数据。

大到顺丰控股自主研发、全面掌握了核心技术的无人机"特种部队"，以及智慧物流打造的"天罗地网"，和可操控全国的亿级的强大的中央信息处理系统，小到经过3000次以上的碰撞测试的装一串葡萄的包装袋，一张经过精心设计后省下了亿元成本的电子运单……顺丰控股在科技上的布局可谓是步步用心，缜密到了"武装到牙齿"的地步。

顺丰科技还从海内外知名院校招募了一批大数据、人工智能等领域的专家和高端技术人才，并与包含美国佐治亚理工学院、香港科技大学等9所海内外高校，以及11家科研企业加强合作，以推动智慧物流人才队伍建设及技术交流和融合。

截至 2017 年 12 月 31 日，顺丰已获得及申报中的专利共有 1004 项，其中发明专利 366 项；有 3679 名科技人员，其中本科学历 2298 人，占比 62.46%，研究生及博士生 480 人，占比 13.05%，另有专家顾问团队数十人……这些高科技公司才有的研发"豪华阵容"，却是顺丰控股近年来在科技投入上的"大手笔"结出的硕果。2017 年顺丰控股在科技上的投入高达 16.04 亿元，其中研发投入 11.67 亿元。

顺丰控股还通过强大的"天罗地网"——"天网＋地网＋信息网"三网合一建立了可覆盖国内外的综合物流服务网络。截至 2017 年 12 月 31 日，顺丰控股全货机加散航总计航空线路 1776 条，2017 年航班总数 124.4 万次，日均约 3400 班次，可覆盖中国大陆、中国香港、中国台湾以及海外等 34 个国家和地区。2018 年 2 月，顺丰控股与湖北合建的全国首个货运机场的立项顺利获批。此外，顺丰控股还获得了国内首个无人机全国通航的许可证，开启了无人机物流运输的新时代。

温度顺丰：看不见的"软实力"

如果说三网建设、科技投入都是顺丰控股可看得见的"硬实力"，那么顺丰控股提出的平等、有温度、有信仰、有生产力的企业文化，则是顺丰控股竞争力中看不见的一面，属于"软实力"，也是顺丰控股成功的秘诀之一。

从王卫开始，顺丰控股非常注重一线员工。其中比较著名的案例就是王卫为自家快递小哥"怒发冲冠"。那是在 2016 年，北京东城区一名顺丰快递员被人抽耳光，王卫在朋友圈表态："如果这事不追究到底，我不再配做顺丰总裁！"2017 年 2 月顺丰控股上市，被打小哥更受邀成为嘉宾之一和总裁一起敲钟。

2018 年 3 月，有报道称，顺丰控股为员工定制"耐克工作服"采购金额超过了 1 个亿。该工作服系王卫亲自参与设计，主要是考虑员工夏天送货天气热等需求。此举受到了外界的一致好评，网友评论说"顺丰又在诱惑我，想去他家当快递小哥了"。

在顺丰控股的大楼内，"平等""诚实守信"等文化类标语在墙上随处可见。顺丰的员工之间也直呼其名。在随手拿到的一份顺丰企业文化内刊中，我们发现，刊物上看不到高管讲话，全部是一线员工讲述自己在顺丰工作和生活的文章，且绝大部分是在顺丰工作超过20年的老员工。

事实上，顺丰控股近些年来大力改进分拣设备、提升数据效率等投入也远高于同行业。顺丰正在努力从劳动密集型向科技密集型企业转变，这也是出于对员工工作时长的缩短、效率的提高等方面的考量。王卫曾表示，"顺丰所有的技术设备投入都是帮助员工降低工作时长，让员工感受到顺丰有着与其他快递公司不一样的温度。"

为吸引人才，顺丰控股在薪酬待遇上也毫不吝啬。顺丰控股年报披露，2017年，一共有员工136432人，而2017年该公司职工薪酬支出约为163.12亿元，折合人均薪酬支出11.96万元。对于高层次人才，顺丰控股更是给出了比王卫还高的薪水。Wind数据显示，前三名高管报酬总额达到1810.94万元，在2017年A股公司高管薪酬中的排名为第15位。

顺丰控股也是A股目前首家采用直营模式的快递公司，较之于相对灵活但偏松散的加盟模式，直营模式的优势在于让企业在管理和网络调配上具有绝对控制力，在企业的标准化经营、品牌塑造、规范高效、获取全流程数据方面占据优势。目前，美国邮政、德国邮政、FedEx、UPS和法国邮政等发达国家的邮政均采用直营模式。

升级中的顺丰：打造综合物流集团

从昔日的往返粤港之间的小小快件公司，到如今拥有重货、冷运、国际、同城等多个业务板块的巨型综合性物流集团，顺丰控股每走一步，都是稳扎稳打。2016年—2017年，重货营收从24.5亿元涨至44亿元，增长79.9%；冷运营收从14.4亿元升至23亿元，增长59.7%。此外，国际业务增长 43.7%，同城配增长 636.2%。

在国内已难逢对手，它将目标瞄准了国际一流物流企业 UPS 等。据悉顺丰控股和 UPS 已宣布在香港成立合资公司。2018 年 5 月，双方推出联名产品，从中国到美国的快递件 2 ~ 3 个工作日到达，到欧洲 15 国和加拿大 3 ~ 4 个工作日到达，价格约为海外同行的六成。

站在行业发展的角度，顺丰控股的迅猛发展既是因为顺丰人的前瞻性布局及努力奋斗，也受益于行业的高速发展。如今，经历了 10 多年的高速发展之后，人力、运输等成本上升，全行业还面临着电商巨头自建物流等跨界竞争对手的挑战。阿里系的菜鸟平台模式、京东的仓配模式，正将业务链条向上延伸。顺丰控股又会如何看待物流行业的未来？

罗世礼对未来信心满满，认为行业还有巨大的发展空间。他的判断是，今天的物流业在科技上，水平还相对较低，所以只要抓住科技的机遇，就能将自身的优势进一步提升。王卫更是在 2017 年就已经把眼光瞄准了物流行业之外，并断言："顺丰的竞争对手不是同行，而是跨界企业"。

【采访札记】

"在用户看不见的环节都用科技来完成"

证券时报记者　胡学文

提及顺丰快递的印象，很多人第一感觉可能都是快，且小哥相比同行更为负责。这也是笔者从快递服务中得来的第一手体验。如果一定要把顺丰快递和科技画上等号，顶多也就是对顺丰快递小哥收派件时的"巴枪"有点科技含量的认知，或者就是那件传说中与耐克合作的快递小哥专属战衣，据说防水防晒外加符合人体工学。但是笔者跟随本报"上市公司高质量发展在行动"采访团走进顺丰控股后，对这家企业有了全新的认识。

走访顺丰控股，受访人员言必称科技，顺丰控股对于摆脱低端劳动力密集型企业标签的迫切可见一斑。科技含量当然口说无凭，衡量评价一家企业是否有科技含金量，无外乎人、财、物几个方面在科技领域的投入和产出。

首先是人，或许是为了凸显其科技成色，连在安排接受本报采访的高管人选上也颇为用心。最终做客证券时报"高管面对面"栏目，接受证券时报副总编辑高峰专访的，为公司高管罗世礼。此君是顺丰年薪最高的高管，更重要的身份为首席信息执行官，全面掌管顺丰控股核心武器"天网地网信息网"。其曾是平安IT后援的"大管家"，尤其精于大数据。

除了技术领头羊是顶尖大拿之外，顺丰控股的技术团队也不容小觑。据顺丰控股年报披露，目前顺丰的科技团队（含外包）约3700人。这个技术团队的规模，对比起我们通常对于快递属于低端劳动力行业的认识着实是让人惊讶。

再就是资金，正所谓兵马未动，粮草先行。为了开足马力急速推进技术发展，仅2017年顺丰控股科技投入16.04亿元，其中，研发投入经费11.67亿元，较2016年的5.6亿元翻了一番。顺丰方面透露，科技方面的投入还会继续加码。

出色的科技领头人+庞大的技术科研团队，辅之以充足的资金弹药，让顺丰科技插上了腾飞的翅膀，支撑着顺丰控股在这个前有"三通一达"穷追不舍，后有京东、菜鸟虎视眈眈的行业里，牢守第一的宝座。亮眼的业绩之外，最直接的佐证莫过于人工成本的明显下降。2017年顺丰控股完成货件量30.52亿票，同步增长18%，与之同时，人工成本占比收入下降1.75个百分点。简单地说，就是活干得更多了，但人并没有同比增长那么多，所以成本反而下降了。这主要得益于技术促进效能提升。顺丰控股还持续加大科技投入，智能化的系统与技术有效地促进了营运效能和管理效率的提升。如2017年上线的微信公众号，电子运单比例飙升至96%，显著减少输单和客服环节成本，仅此一项节省将近4亿元的成本。

技术提高能效、降低成本是一方面，其还有酷炫的一面。在顺丰控股的展厅里，我们还首次见到了顺丰控股自主研发的无人机。最长的续航里程可达 1000 公里。与目前市面上消费级无人机不同，顺丰控股无人机是完全自主研发的，尤为关键的是其完全智能的飞控平台，未来通过这个自主研发的飞控平台，在法律法规允许的情况下，可以同时远程操控 N 台无人机运送货物，甚至精确到几分几秒；还有"会说话的包裹"，顺丰控股通过在中转后台给每个包裹植入芯片，使得包裹可以根据操作人员的语音指令及时响应，大大提高海量包裹在存库中的周转效率。此外，顺丰控股还意图通过自主研发针对多种场景和海量物流信息的大数据挖掘技术，能够形成区域性的客户脸谱，分析不同区域不同类型客户的需求、喜好，并与商家形成数据对接、交互……

事实上，这只是顺丰控股展示的一部分我们看得见的科技硬实力。顺丰控股围绕快递全生命周期投入了大量科技研发，从下单、收派、中转、运输环节均取得一定成果。正如前面提到的微信下单，为公司带来明显的成本节约，同时智能排班和路径规划技术，能够高效分配小哥资源、辅助小哥完成最优路径规划，甚至未来覆盖区域大楼的电梯大小、楼梯宽度都会被采集并运用于服务。在中转环节除了投入全自动分拣设备外，还会自主研发低成本、高效率的小型分拣机器和设备，满足不同体量的中转需求，自动分拣系统每小时最快可以分拣 15 万件快递。

顺丰控股对于未来科技运营的描绘中，收、转、派三个环节，除了收件和派件必须用到人，中间的周转环节，希望尽可能不用到人，也就是所谓的"用户看不见的地方都用科技来完成"。

正是这些我们普通用户直接看得见和直接看不见的科技加持，让顺丰品牌在快递行业成为"快、准时、安全"的代名词。这些词汇字面上看似都无奇，背后却是收、转、派全流程环环相扣，精细管理加科技推动共同努力下的承诺兑现。基于这份承诺，顺丰值得托付！

荣盛石化：纵横双向发展成就龙头地位

证券时报记者 李曼宁

> 荣盛石化董事长李水荣说："如今的荣盛不仅在自身理想道路上昂首迈进，而且日益承担起振兴民族产业的光荣使命。"

从 8 台有梭织机起步，到 700 多亿元营收，荣盛石化已从当初的纺织小厂成长为国内率先拥有"炼化—芳烃—PTA—聚酯—纺丝—加弹"全产业链的民营化工龙头。

如今，公司即将建成 4000 万吨 / 年大型炼化一体化项目，荣盛石化是如何进化到现在的规模与地位的？

过去 20 多年，公司始终坚持纵横双向发展战略，荣盛石化的"进化史"，堪称民营化纤、石化企业的转型范本。

纵横双向发展

"喜奔竞，善商贾"，《萧山县志》中对萧山如是记载。萧山现为浙江杭州市市辖区，GDP（国内生产总值）多年位居省内县区市首位。

荣盛石化的总部就坐落在萧山，20 世纪 70 年代，为治理钱塘江水患，萧山人围垦造田，350 平方公里的滩涂变成肥田，成就一段壮举。荣盛石化过去 20 多年的发展历程，亦是萧山精神"奔竞不息、勇立潮头"的注脚。

公司所在地萧山区益农镇红阳路 98 号，与董事长李水荣颇有渊源，李水荣的爷爷曾在此围垦造田，还开办过印染工厂。

大概是传承了家族"善商贾"的基因，李水荣早年经营木材生意，

1989 年，因为看好纺织行业的发展前景，他倾家投入 20 多万元，租用了 6 间闲置平房，买了 8 台梭织机，聘用 20 多名工人，重新开始创业。

在《新财富》2018 年 500 富人榜上，李水荣以 447 亿元身家排名全国第 31 位，再登萧山首富之座。李水荣麾下现有荣盛石化、宁波联合和天原集团 3 家 A 股公司平台，但他个性低调，极少见诸媒体。

李水荣的笑容极具感染力，交流中也总是笑意盈盈，并不时爽朗大笑。他感叹每逢尾数是"8"的年份就有大事发生，笑称荣盛这些年"运气好"。

2008 年，美国次贷危机引爆全球金融危机，纺织行业景气指数一度下滑至自 2003 年三季度以来的最低点，聚酯涤纶产品的销售价格自 2008 年 9 月快速下跌，至 2009 年 1 月达到最低点，最高下跌 40％。在这样的形势下，荣盛石化 2008 年仍然实现盈利，随后 2009 年公司业绩迅速回升，公司也于 2010 年顺利上市。

荣盛石化似乎擅于穿越周期的波动，并时机恰当地转型。1995 年荣盛石化正式成立，公司自成立起便明确了"向上游进发"的目标，并逐步确立了"纵横双向"发展战略，即纵向不断向上游拓展产业链，横向不断研发新型化纤产品，提升差别化率。

1996 年，国内纺织化纤行业遭遇寒冬，荣盛石化果断放弃织布业务。1997 年，公司从日本引进先进的 PET（聚对苯二甲酸乙二醇酯）切片纺涤纶长丝及加弹设备，从传统纺织业向上游化纤行业转型。2002 年，公司年产 20 万吨聚酯及直纺长丝项目建成并投产，主业架构由 PET 切片纺长丝及加弹向聚酯、熔体直纺长丝、加弹一体化生产转变。2003 年，公司通过投资逸盛石化继续向上游 PTA（精对苯二甲酸）产业延伸。

2009 年，荣盛石化控股子公司逸盛大化 PTA 项目投产，其适时投产也成为公司在经历金融危机后盈利能力回升的重要原因。

目前，荣盛石化在 PTA 领域优势明显，PTA 是连接石油化工与化纤工业的重要中间产品，公司现已布局辽宁大连、浙江宁波和海南洋浦三大PTA基地，控股和参股的PTA产能共计约1350万吨，约占PTA全国总产能的近三成。

2015年下半年，荣盛石化全资子公司中金石化芳烃项目投产，公司成功跻身芳烃产业链。该项目规模为年产芳烃200万吨，单线产能全球最大，约占全国总产能的11.5%。

2017年5月，荣盛石化收购控股股东荣盛控股持有的浙江石油化工有限公司（"浙石化"）51%股权，由此，公司成为国内首家自下而上打通"炼化—芳烃—PTA—聚酯—纺丝—加弹"全产业链的民营化工企业。

伴随公司不断纵横发展，2017年，荣盛石化实现营业收入705亿元，同比上升55%；实现净利润20亿元，同比增长4.2%。2018年前三季度，公司业绩继续稳定增长，预计2018年全年盈利同比增长20%以内。

传统行业也有机器人样板间

荣盛石化子公司盛元化纤的生产车间，全然颠覆了大家对化纤行业的固有印象，原来传统行业也有机器人样板间。

硕大的厂房内，涤纶"丝饼"在流水线上传送，机器人穿梭其间，仅零星可见几位工作人员的身影。机器人车间虽稍显清冷，却充满着高速作业的紧张感。

在纺丝业务环节，荣盛石化于国内同行中率先引进德国高端工业自动化设备，并在"卷绕落丝、输送、检验、中间立体仓储和包装"五大步骤实现了全自动一体化。

盛元化纤已被评为杭州机器换人示范应用企业。上述自动化流程可有效减少用工成本，稳定并提升产品品质，具有国际先进水平。而设备全部投入使用后，减少了40%左右的劳动力。

以纺丝卷绕环节为例，在传统卷绕车间，传统人工"丝饼"落筒36个卷绕位需2人接力完成，落筒后又需要人工用台车运输至下道流程。而在自动化卷绕车间，自动化落筒采用悬挂式落筒机器人操作，以盛元化纤4套卷绕装置测算，仅该环节就可以节省人工近200人，同时避免人工操作失误对产品质量造成的影响，以及避免"丝饼"在运输过程中受损。

2018年初，盛元化纤生产的"涤纶低弹丝"产品通过了"浙江制造"认证，这意味着，自此该产品包装上便能印制代表浙江制造业先进性区域品牌形象标识的"品"字标志。

不仅技术装备达到国际先进水平，公司还格外重视研发投入，在生产中积累了丰富的工艺经验。荣盛石化于2012年建立"院士工作站"，次年建立"博士后科研工作站"，2017年，公司又成立"聚酯新纤维研发中心"。聚合部门在前期项目中成功应用大规模熔体直纺聚酯和纺丝技术，并在后期项目中进一步完善，逐步提高了国产化设备配套比例。

此外，荣盛石化中金项目选用了新技术路线，部分以燃料油（较石脑油便宜）为原料制成芳烃产品，在解决全球石脑油供应紧张的同时，大幅节约原料采购成本。公司还引入"循环经济"理念，利用副产品氢气将燃料油加工成石脑油，有效降低生产成本。

再造一个荣盛

点开荣盛石化官网，首先跳出的就是舟山项目的鸟瞰图。图片下是董事长致辞："如今的荣盛不仅在自身理想道路上昂首迈进，而且日益承担起振兴民族产业的光荣使命。"

"项目投产成功后，荣盛石化的发展将翻一番，意味着'再造一个荣盛'。"李水荣这样评价公司正在推进的浙石化舟山项目。该项目已被纳入集团未来5～10年的战略重点。

早在10多年前，李水荣就有了做炼油的目标。过去20多年来，荣盛石化历经多道产品转型，一步步向产业上游迈进，若舟山项目顺利投产，公司产业链将延伸至石化行业顶端。

2015年6月，荣盛控股牵头成立了浙江石油化工有限公司（持股

51%）。这是一家由民资控股、国企参股的新型混合所有制合资公司，公司共同发起人还包括巨化集团公司（20%）、浙江桐昆控股集团有限公司（20%）和舟山海洋综合开发投资有限公司（9%）。

从浙石化立项、审批到建设，一系列动作手笔之大、速度之快，超出了市场预期。2017年4月，环保部批复了浙石化4000万吨/年大型炼化一体化项目。随后5月，项目获浙江省发改委正式核准批复。2017年浙石化注入上市公司，一期项目进入全面建设阶段。

浙石化项目位于舟山绿色石化基地，占地面积约1307.9公顷，涉及围填海面积855.5公顷。舟山市为国内重要的石化产品生产及消费基地，产品可直接辐射国内及国际两个市场。

此外，项目所在的舟山绿色石化基地有很多远期预留发展土地，具备产品深加工的条件。荣盛石化也将会在做好现有炼化一体化项目的基础上，结合市场情况和自身特点，未来适当地开展下游产品深加工，提升产品附加值。

浙石化项目总投资超过1700亿元，将分两期建设，每期年产2000万吨炼油、520万吨芳烃、140万吨乙烯。项目一期预计2019年投产，二期预计2020年底投产。李水荣介绍，单一基地，一次性统筹规划4000万吨/年规模的炼化项目比较罕见。通常炼厂单体规模必须达到3000万吨/年才能做到烯烃、芳烃的综合匹配，目前国内还没有单一基地年产能超过3000万吨的炼厂。

若项目顺利投产，这对主导该项目的荣盛石化来说，无疑将是里程碑式的事件。有分析师测算，若按照当前60～70美元的油价，项目一期就将产生百亿级的利润。

目前，浙石化一期项目建设已进入收尾阶段。此外，2019年1月11日，按照国家发改委和国家工信部的评估要求，受到浙江省发展改革委的委托，石油和化学工业规划院在北京组织召开了《浙江石油化工有限公司4000万吨/年炼化一体化项目二期工程建设方案》评估会，对浙石化4000万吨/年炼化一体化项目二期工程建设方案进行了评估。

近年来，产业链一体化成为 PTA 龙头追求持续稳定利润的方向，为减少上游炼油产能的掣肘，降低综合成本，获得全产业链利润，不仅是荣盛石化，桐昆股份、恒逸石化等行业龙头也纷纷投产大炼化项目，掀起了一股炼化潮流。

成本与质量为制胜法宝

李水荣把成本与质量视为荣盛石化发展的两大法宝。从成本来讲，企业无论体量大小，都要控制好成本。荣盛石化创造了很多行业里的领先，比如当初生产聚酯，一般企业生产聚酯是年产 10 万吨，荣盛石化却能做到 20 万吨，且 20 万吨和 10 万吨的成本差不了多少。

在投融资管理上，荣盛石化也展现出不凡的成本控制能力。以中金石化项目为例，中金石化芳烃装置与国内同等规模的装置相比，节省成本约 40 亿元，大幅降低了单位投资成本。随着浙石化炼化一体化项目投建，公司上下游相互配套，规模效益也将进一步凸显。

除了降低单位投资成本、运维成本，荣盛石化还"会算账"，注重资金管理。浙石化舟山项目即展现出荣盛石化一流的资本运作能力。为筹措资本金，2017 年 7 月，荣盛石化启动了规模为 60 亿元的非公开发行，其中，公司控股股东荣盛控股认购了 6 亿元。2018 年 4 月，荣盛石化非公开发行获证监会批文。通过定增，公司减少了贷款利息支出，降低了财务成本。

做企业要与资本相结合，但企业也应慎用杠杆。"我们这么多年平稳过来，也是因为荣盛资金管理得好。一个企业首先是准备工作要做好，银行给你钱，要看你实力强不强。"李水荣说。

实际上，大企业、好企业一直在高质量发展当中生存，荣盛从 20 多万元起步，到现在资产上千亿元（集团资产上千亿元，股份公司资产逾 700 亿元），如果没有高质量发展就不会有现在的荣盛。

高质量发展要求创新创先。荣盛石化起步时只有两个工厂，刚开始是做织布，之后做假捻，假捻以后做切片纺，然后做聚酯直接纺，再做

PTA、芳烃、PX，直至做到炼油一体化，一共七道转型，七个环节公司一直在创新创先。

在质量管控上，公司尤其注重细节。PTA本身质量差异不大，但涤纶丝的质量差异比较大。如果去车间参观涤纶丝，不懂行的人看会觉得都差不多，但懂行的人知晓存在巨大差异。李水荣介绍，之前有一位日本专家来公司考察，他评价说，不用看涤纶丝，看荣盛石化对车间卫生的管理，就知道公司的涤纶丝质量很好。

【采访札记】

李水荣：企业做到最后都是一张脸

周　一

从杭州市中心驱车一个多小时，穿过一片初级工业化和田园风光交织的复杂地带，看到马路两边几根硕大的白色管道，就到了萧山区益农镇，这便是上市公司荣盛石化的所在地。

我对荣盛石化董事长李水荣的采访，是在常见的寒暄中开始的。"啊，周一，你这名字起得好，一生二，二生三，三生万物。"李水荣一拿到我的名片，就在名字上大做文章。一道去采访的同事，有三个姓李的，李水荣马上抓住这一点，哈哈大笑："都是我们李家人，就当是来我家里做客。"

今年（2018年）62岁、头发依然乌黑的李水荣就是这样一个善于抓住关键点、跟谁都能自来熟的企业家。也正是因为李水荣善于抓住每一个发展机会，荣盛石化从20多年前20多万块钱投资起家，发展成为现在上市公司市值600多亿、集团资产上千亿的民营石化化纤行业龙头企业。

荣盛石化的工作人员告诉我，20世纪80年代，李水荣办企业之前，是当地远近有名的木匠师傅，手艺很好，带了很多徒弟。他家盖的房子，到现在样式也不落伍。荣盛石化现在新的办公楼，设计方案也是李水荣敲定的。

当木匠师傅的经历，在李水荣身上烙印犹存。他的手掌粗壮有力，工匠精神深入骨髓。这次采访要拍视频，李水荣看到背景里一盆幸福树长得有点不对称，马上弯下腰去，把树挪了个方向。

"你看，这样是不是更好看了？"李水荣笑着说。

李水荣跟我讲起他爷爷的故事。荣盛石化现在所处的益农镇，当时是在钱塘江边上，他爷爷从绍兴来到这里，在沙滩上开荒，开出来以后变成了土地，慢慢攒下一点家业。后来雇了一个民工，办起印染厂染土布，从德国进口染料，做洋生意，生意越做越大。

不幸的是，钱塘江潮变幻莫测，把他爷爷开荒的这片滩涂都坍掉了，家里的土地一下少了很多。但是，塞翁失马，焉知非福？因为土地坍掉了，他奶奶又是个大善人，经常周济身边吃不饱、穿不暖的人家，人缘很好，后来划分成分的时候，李水荣家就被评了一个上中农。

时移世易，李水荣的爷爷也许做梦也想不到，他生不逢时的生意基因，有一天会在自己的孙辈身上发扬光大，把李水荣家族推上了萧山首富，《新财富》2018年500富人榜第31名。

李水荣说，不管现在有多少钱，财富再多，企业不管好，也都会流失的。因此，首先要把企业做大做强，不光做大很重要，做强也很重要。第二，企业做大到一定程度，就不再是为了钱。

"所有企业做大做强，钱多少不会去算它了，多了都是数字。企业一定要做好，做到最后都是一张脸。做不好的话，脸没有了。刷脸刷脸，刷的就是这个脸。现在手机都刷脸了，走到哪都刷脸，不付钱不要紧，刷个脸就好了，就这个道理。"李水荣说。

企业做大做强了，还能为国家争脸。据李水荣回忆，俄罗斯人过去看不起中国人，因为中国穷。2000年的时候去俄罗斯，俄罗斯人还是有点看不起中国人。但是现在去，就不一样了，把中国人待为上宾。因此，他觉得，把企业做大做强，把事情做好，既是为个人争脸，也是为国争光。

"做企业做得这么辛辛苦苦，如果最后做失败了，也会伤心。所以，我爷爷、爸爸说，一个人做事业辛苦，心不苦就不辛苦，辛苦辛苦是心苦啊，心苦才是真的苦。心不苦，睡觉半个小时就够了。"李水荣说。

为什么浙江这块土壤能长出这么多的心不苦、事业做得很大的企业家？为什么浙商能成为中国企业家群体里现象级的存在？李水荣认为，浙江做大做强的企业家，都是实干，创新，勇立潮头。

"浙商精神就是做大做强主业。主业这边做一下，那边做一下，这种企业现在都不行，都没有品牌。主业做好了，家家都好了。"李水荣说。

谈笑间，两个多小时的采访结束了。李水荣挥手跟我们告别，趁着暗下来的天色，赶去宁波参加另外一场活动。

（作者系证券时报常务副总编辑）

海通证券:"行稳致远"30年

证券时报记者 桂衍民

> 海通证券董事长周杰说:"稳健乃至保守的风控理念渗透到海通人的骨子里,不冲动,不赚快钱,不赚短期的钱。"

海通证券坐落在上海人民广场东南角的一条不起眼的路上,一幢低调朴实的楼宇就是公司形象的真实写照。

这家证券公司成立于1988年,当年只有13人,在四川中路一间拥挤的小楼里起家,2018年公司员工逾万人,资产规模5347亿元,净利润86亿元,成为中国证券业的一支劲旅。

证券业发展历程就是改革开放时代的一部波澜壮阔的历史。这个从零开始的行业,一路披荆斩棘,开路搭桥,一大批叱咤风云的证券公司在市场的波涛中几乎全军覆没,一大批行业精英在金融市场的博弈中倒下。海通证券则穿越了行业周期和市场的风浪,成为中国证券行业——自成立至今30年来尚在营运且未更名、未被政府注资、未被收购重组的唯一一家证券公司。

"稳健乃至保守的风控理念渗透到海通人的骨子里,不冲动,不赚快钱,不赚短期的钱。"海通证券董事长周杰如此概括公司的生存理念。

稳健乃至保守的经营理念

从中国证券业协会和第三方发布的证券公司2017年各项业务排名上,可以发现海通无论财务指标还是单项业务指标,基本都在行业前三,是什么力量使海通证券不仅经受住证券市场大风大浪的挑战,而且发展成为行业强龙？市场公认的答案是：海通证券有敏锐的前瞻眼光、稳定的管理团队、高素质的人才队伍和人性化的管理制度。

海通证券在对各项业务的战略布局上颇具前瞻性。相较于很多企业急功近利、追逐热点，海通2007年就决定走向境外，成立香港子公司，2009年耗资18.22亿港元与建银国际和工银国际争夺大福证券。彼时海通证券无论资产规模还是盈利水平，在内地尚不拔尖，国内证券市场也尚未从2008年全球金融危机中完全恢复，大福证券的效益亦非最佳状态。但经过几年脚踏实地的努力，海通国际各项业务发展势头良好，海通证券当年的境外出击的确独具战略眼光。

不同于国内不少金融机构频繁变更管理层，海通证券管理层在行业内是出了名的稳定，且业务能力出色。管理层大多数在公司拥有十多年管理经验；现任董事长周杰和总经理瞿秋平有丰富的资本市场投资经历和出色的大型企业管理经验，在团队管理和业务经营方面见解独到。

正是这种多年积累的团队管理从业经历、默契的配合和精诚团结，使海通在改革开放中，抓住了一次次市场转瞬即逝的机会，使公司战略上没有失误、战术上表现出色，不断成长壮大。海通不但实现了"建起来""站起来"到"大起来"三级跳，而且对已经开始的第四个10年"强起来"的目标，也有了坚定的信心。

海通证券在业界有"博士军团"之称。公司极为重视专业人才队伍建设，年年重金在国内外招揽优秀人才。20世纪90年代全国正规大学毕业的博士生每年不到20人时，海通就拥有数量不少的博士。即使今天，海通证券的"博士军团"在行业内依然耀眼，正式员工中博士多达159人。

海通证券的文化核心就是要做"志同道合的海通人"。周杰的观点是，企业文化是公司的软实力，企业制度设置出发点是以人为本。30年来，无论市场牛熊、公司盈亏，海通证券坚持善待员工，积极承担社会责任，希望所有在海通工作的员工都能获得一份体面的生活。

海通证券各项业务发展都不错，这个"几乎没有短板"的公司，但在大众眼中却非常低调。"海通证券30年的文化一直是坚持稳健乃至保守的风控理念。"瞿秋平点评说，"这种风格用海通证券的说法就是'行稳致远'"。

海通证券对"行稳致远"的理解是有"行稳"才能"致远"，要"致远"必先"行稳"。

"行稳"是指海通证券秉承的"稳健乃至保守"的风控理念。30年来，正是这种有些保守的理念，让公司成功穿越了多个市场周期、业务周期、监管风格轮换和行业转型发展的高峰低谷，30年日益发展壮大，从"建起来""站起来"到"大起来"，正步入"强起来"的新阶段。

"行稳"的烙印深深地渗透到海通所有业务线，"这种稳健乃至保守的业务风格，就是海通不冲动，不赚快钱，不赚短期的钱。"周杰说。

集团化国际化满足客户不同需求

在国内证券界，海通证券最大特点就是在集团化和国际化方面坚定不移，成效显著，已成为该公司当下最大的竞争优势。

海通证券以证券母公司业务为出发点，通过设立、收购专业子公司，不断扩充金融产品服务范围，延伸金融服务边界，已基本建成涵盖经纪、投行、资产管理、私募股权投资、另类投资、融资租赁等多个业务领域的金融服务集团。

2017年，海通证券旗下子公司的收入已占公司的60%：私募股权投资业务实现利润总额21.78亿元，融资租赁业务实现利润总额15.62亿元，海通国际证券实现净利润30.3亿港元，均创历史新高。

周杰称，海通证券的集团化战略是顺应经济趋势，满足客户的不同需求应运而生的，为客户，尤其是企业客户在不同阶段提供不同类型的服务。

周杰举例说，当企业开始创业或者创业到一定阶段的时候，海通证券的直投PE子公司可以提供股权投资服务；在企业上市之前，海通的融资租赁子公司可以为企业提供融资服务；企业要上市了，海通证券可以提供承销保荐服务；上市后，企业要扩大生产规模或向上下游延伸，海通证券可以提供再融资和并购服务；企业发展壮大了，海通证券还有其他服务，比如说上市公司的股权托管、股权质押等等；企业想到境外发展，海通的境外子公司还可以为其提供国际金融服务。

海通国际化战略也取得了显著成效。据瞿秋平介绍，海通证券早在2002年就提出了"立足亚太、辐射欧美"的国际化发展战略，并从实际出发，确立了"两阶段"路径：第一阶段主要聚焦中国香港、东南亚等毗邻市场，积累经验，适时进入其他新兴市场；第二阶段逐步进入欧美成熟市场。

2009年至2014年，海通证券通过收购香港大福证券、在H股上市及增发、收购恒信金融集团，构建了自己的境外业务平台，顺利实现了国际化的第一阶段目标。2015年海通证券又通过收购葡萄牙圣灵投资银行，为国际化的第二阶段做好了战略储备。

"坦率地讲，海通在任何一个国家和地区的优势，不是先和当地同行直接竞争，而是先帮助我们国内的企业或投资者在境外立足发展。"周杰认为，香港是一个非常好的切入点，这些年来，境内许多企业在香港上市融资、在香港投资，现在又有了深港通、沪港通，这些都给海通创造了很好的业务机会。

周杰介绍，海通收购的大福证券曾经是香港最大的证券经纪商，拥有非常好的零售网络。海通收购后为它做加法，增拿了投行牌照、研究咨询牌照，提升了它的竞争力，现在海通国际已经成为香港最有竞争力的中资投行。

"我们把香港定位为整个海通证券国际化人才的培养基地，海通母公司每年都会派员去香港培训学习。内地团队与当地团队的融合过程就是不断提升业务能力的过程，他们把境外经验和方法带回来，又会提升我们内地的展业能力和水平。"周杰说。

"我们现在在亚洲、欧洲、北美洲、南美洲等14个国家和地区设有分行、子公司或代表处，境外业务收入贡献率不断提升，协同效应正在显现。"瞿秋平说。

2017 年，海通国际证券投行业务继续保持领先，股权融资金额在港中资投行排名第一；中国离岸债券发行数量排名全体投行第一。海通银行是海通国际化战略的重要组成部分，拥有伊比利亚本地市场的专业知识以及长达 20 多年的海外市场经验，其立足于支持中国、欧洲、南美洲和非洲间的跨境业务交流，把海通的业务发展到更广阔的地理区域。

瞿秋平介绍，海通证券将继续推进国际化战略，适时在全球主要目标市场进行业务布局，利用现有的境外业务平台，做大客户基础，增强跨境产品的提供能力和专业的服务能力，提高国际化业务收入的占比；同时，还将加快跨境业务的整合，借鉴国际先进投行经验，探索以业务线为主导、以法律架构线或地域线为辅的矩阵式管理模式，以满足该公司全球化运营管理的需求。

信息技术引领业务发展，数字化起航

证券公司如何布局未来？这也是全行业都在思考和关注的问题。

周杰将国内投资银行的发展转型概括为六大必然趋势——从通道型中介转向资本型中介、从以业务为中心转向以客户为中心、从散户为主到散户逐步机构化、从境内业务为主转向境内外联动发展、业务合规与风险管理日益强化、金融科技加速发展。

这六个趋势其实已勾画出当下中国证券行业的发展蓝图。去通道化、以客户为中心、散户机构化或产品化、走出去和引进来、强化合规风控、加大信息技术的应用等等，也已成为整个证券行业的共识和展业方向。

"一张蓝图绘到底"的战略是海通集体智慧的结晶，也是海通多年来的发展根基。周杰提出，海通证券要为员工创造价值，实现美好生活；为客户创造价值，实现共同成长；为股东创造价值，实现卓越回报。

海通证券的核心战略是"一张蓝图绘到底"，梳理成以客户为中心的"12345 战略"，即一体两翼、三轮驱动、四根支柱、五大能力。同时，强调了基础设施和金融科技的投入，向一体化、数字化和智能化转型，要求 IT 技术的角色从原来服务业务的发展，到推动业务的发展，

再到今后引领业务的发展。

正是在此战略下，海通证券以"集团化、国际化、信息化"发展方向为指引，坚持"统一管理、自主可控、融合业务、引领发展"的信息科技发展战略，通过持续提升生产运行、软件研发、科技管理三大科技能力，为海通证券全面数字化、打造中国标杆式投行而奋斗。

瞿秋平介绍，海通证券定义的数字化内涵是：基础设施建设是数字化转型的基础，大数据平台是数字化转型的核心，智能化是数字化转型的方向，自主可控是数字化转型的关键。为此，海通证券针对每一项内容制订具体的规划。

大数据平台方面，海通证券要求在技术支持下，形成能深度洞悉客户、业务和管理的企业数字化大脑，用于辅助企业运营管理。据了解，海通证券大数据战略主要是围绕"1+3+N"方式展开。

海通证券的人工智能战略以大数据平台为中心，以人工智能平台为基础，全力打造海通大脑。基本策略是，以互联网金融领域为切入点，逐步扩展至其他业务领域。在互联网金融领域，海通证券已先后研发投产了智能选股、智能舆情、智能账户、智能搜索、智能资讯、智能客服等六大功能。在业务运营领域，海通将分散在近300家营业部的业务处理功能集中到8个区域处理中心，实现后台自动化、智能化的审核和业务流程检查。

【采访札记】

有一种速度叫稳健

何 伟

在走进海通证券前的讨论会上，分析师特别强调：海通是唯一一家迄今没有更名、未被政府注资、未被收购重组过的大型证券公司。换句话问，一批证券公司出道打天下，凭什么只有海通举着大旗走到了今天？

我们得到的回答是：行稳致远。

无论是 2005 年前后的证券乱象、2008 年的金融危机，还是 2015 年股市的异常波动，都没有使海通各项业务大起大落。海通人对"行稳致远"的理解是只有"行稳"才能"致远"，要"致远"必先"行稳"。

"行稳"，是指海通证券一贯秉承的"稳健乃至保守"的风险管理理念。"稳健乃至保守的经营理念渗透到海通人的骨子里，不冲动，不赚快钱，不赚短期的钱。"海通证券董事长周杰如此概括公司的生存理念。或许正是因为这种偏保守的经营哲学，才成就了今天的海通证券。

30 年来，正是靠这种有些保守的理念，保佑海通穿越多个市场周期、业务周期和行业转型发展的高峰低谷，从"建起来"到"站起来"，再到"大起来"，步入现在"强起来"的新阶段。

问题是，30 年中国资本市场波谲云诡，投机猖獗，海通是如何做到行稳而不急？

在黄浦江一侧的海通大厦里，与董事长周杰和总经理瞿秋平一席攀谈，我发现"行稳"离不开其坚守的两个战略。

一是集团化战略。海通证券各项业务不仅规模大，而且整体发展均衡。海通不偏科，业务结构均衡，依靠综合实力的平均分取胜。用分析师的话说，"海通属于各项业务齐头并进，几乎没有短板的证券公司"。当企业开始创业或者创业到一定阶段的时候，海通的直投 PE 子公司可以提供服务；在企业上市之前，海通的融资租赁子公司可以为企业提供融资服务；企业要上市了，海通证券可提供承销保荐服务，如发债、IPO；上市后可以提供并购、再融资服务；企业发展壮大了，海通还有其他服务，比如说上市公司的股权托管、股权质押等等。现在海通直投 PE 管理规模已超过 300 亿元，融资租赁子公司的规模已达 500 亿元，成为集团重要的收入和利润贡献单位。这种集团化的战略，使企业能在发展的不同阶段通过不同的平台提供多元化的服务，这是一个全生态链的融资服务模式。

二是国际化战略。行走于国内国际两个市场，两条腿总比一条腿走得稳，东方不亮西方亮。2010年收购香港的大福证券，2015年收购葡萄牙圣灵投资银行，在亚、欧、南北美洲布局14家分行子公司。如今，海通国际已成为中资企业在香港发行市场的一支重要的力量，其单项业务和整体实力均居中资券商之首。海通的国际化不是简单在境外设个机构，而是要立得住。海通在任何一个国家和地区的优势，不是先和当地同行直接竞争，而是先帮助我们国内的企业在境外立足发展。

"行稳"的烙印深深地渗透到海通证券所有的业务线。曾经在万国证券工作了4年的周杰，深知证券行业是一个高风险的行业，认为证券公司的首要任务就是管控风险，决不"操白粉的心，挣白菜的钱"。周杰提出了"时时合规、人人合规、处处合规"12字风控原则，要求员工8小时以外只要谈及工作都要合规，前中后台每位员工必须合规，在全球14个国家和地区的海通员工在展业时要合规。

凡靠机灵挣快钱热钱的，不是这次，就会是下次跌倒在赛道上，或是被罚下场。跑马拉松的人一定是有耐力和耐心的选手，看似慢跑，甚至有些笨拙，实则能跑得很长很远。真正的胜者，是聪明人下笨功夫。其中的道理很像龟兔赛跑，但摘取奖牌的往往是大巧若拙者。

道理我们都明白，实际操作中，能投机还是投机，能抄近路还是抄近路，特别是在这些年浮躁喧腾的资本市场。

"海通证券30年的文化一直坚持稳健乃至于保守的风格。"总经理瞿秋平说。也许正是依靠老老实实的合规合矩，这家从零开始的证券公司，在一大批叱咤风云的同行覆没在市场的波涛中、一大批行业精英跌倒在金融市场的博弈中的大背景下，却能够守身如玉穿越行业周期和市场风浪，成为国内发展最快的证券公司之一，各项业务始终立于行业的第一方阵。

竞技场上，还有一种速度叫稳健。

（作者系证券时报社长兼总编辑）

锡业股份：百年历史的全球锡业老大哥

证券时报记者　张骞爻

云锡前身是 1883 年清政府云南当局创办的个旧厂务招商局。发展至今，公司已有 136 年的历史，可谓"百年老店"。

号称"万紫千红花不谢，冬暖夏凉四时春"的滇南小城个旧，因丰富的锡矿资源闻名世界。在这片土地上，孕育出了世界锡业龙头云南锡业（以下简称云锡）。云锡成了一张显赫的名片。2000 年，云锡将企业主要资产推向资本市场，锡业股份就此问世。

锡业征途多曲折

拥有亿万年历史的丰富矿藏、浸润百年传承的企业文化、占据世界第一的行业地位，锡业股份到底是一家什么样的企业？它的过去如何？现在怎样？将来又将如何发展？

想要探究清楚这些问题，就得先认识一下它的控股股东云锡。

云锡前身是 1883 年清政府云南当局创办的个旧厂务招商局。发展至今，公司已有 136 年的历史，可谓"百年老店"。云锡是中国最大的锡生产、加工和出口基地，是世界锡生产行业中产业链最长、最完整的企业，在世界锡业排名中一直名列第一。目前，云锡已发展成为拥有 40 多个全资控股子公司、两家上市公司（锡业股份和贵研铂业）、总资产超过 550 亿元的大型国有有色金属联合企业。

国有企业的发展与国家政策的引导密不可分，锡业股份的创立就与国家政策的支持有着直接的关系。据锡业股份董事长汤发介绍，九十年代末，与众多国有企业一样，云锡发展也陷入了困境，为了让国企能够三年脱困，国家出台了很多政策，其中就包括鼓励和支持国有企业上市。锡业股份就是在这一大背景下走上资本市场的。

由于有色金属属于周期行业，受自然资源、宏观经济形势和国家政策的影响较明显，所以锡业股份在20年的发展过程中，虽然整体上处于上升趋势，但是期间也曾经历过一些曲折。最为明显的是经营上先后出现过三次较为明显的低谷：第一次是21世纪初，从2001年到2002年，因为整个市场行情都不好，锡业股份也难以独善其身；第二次是2008年，受全球金融危机、出口退税政策调整、原材料价格上涨以及冰雪灾害的影响，锡产品一方面成本上升，另一方面价格又大幅下跌，外贸订单大减，最后导致净利下滑了95%；第三次是2013年到2015年，锡业股份两度出现亏损：先是2013年，受宏观经济形势影响，市场需求萎缩，有色金属及贵金属价格持续下滑，锡业股份遇到前所未有的经营困难，首次陷入亏损，亏损额高达13亿元；接着在2015年，由于国内经济下行压力持续加大，大宗商品价格全线探底，锡业股份主要产品价格遭遇断崖式下跌，当年锡业股份再度亏损，亏损额扩大到近20亿元。

在出现第一次亏损后，锡业股份依靠控股股东的大力支持，于2014年将亏损严重的铅业分公司予以剥离，在很大程度上缓解了经营压力。2015年，得益于控股股东的进一步支持，锡业股份以发行股票为对价，通过37.5亿元购买了华联锌铟75.74%股权，华联锌铟这一优质资产正式合并到锡业股份。通过这次重组，锡业股份不仅资产质量明显改善，而且还一举奠定了锡、铟双龙头的市场地位。

亏损资产的剥离与优质资产的注入，在财务角度来看，其起到的效果就是：锡业股份的盈利能力得到了持续的、大幅度的提升。

天赐资源在个旧

地理教科书显示，个旧地处云贵高原的南端，是一个历史悠久的工业城市，是中国的锡都。锡业股份的矿区就坐落在锡资源优渥的个旧，该地区锡资源占全球总储量的 1/3 以上。

纵向来看，全球锡资源储量一直处于下行趋势：从 2007 年到 2016 年这十年间，已累计下降约 23%，2017 年同比又下降了 2.1%。不过，就锡业股份来说，近年来通过区域性矿山平台构建，地质找矿能力和地质勘探水平都得到了进一步提升，资源保有储量不仅没有减少反而在逐年增加。这就为锡业股份可持续发展提供了有力保障。目前，锡业股份锡精矿自给率基本维持在 40% 左右的较高水平。

据 2017 年公司年报，锡业股份拥有锡冶炼产能 8 万吨 / 年（其中，自产锡精矿约为 3 万吨）和铜冶炼产能 10 万吨（其中，自产铜精矿约 3 万吨），锌精矿产量超过 10 万吨（10 万吨锌冶炼项目在建），同时拥有锡材、锡化工产能分别为 3.84 万吨 / 年和 2.4 万吨 / 年，2017 年商品锡锭产量为 3.38 万吨（不含贸易量）。2005 年以来，锡金属产量稳居全球第一，2017 年国内及全球市场占有率分别为 43.55%、21.08%。目前，锡业股份的锡储量还有近 80 万吨，锡、铟储量位居世界第一，此外，铜和锌储量分别有 120 多万吨和 400 多万吨，矿产资源非常丰富。

从某种意义上说，个旧锡产业和锡文化发展的历史，也就是云南近代工业和工业文明发展的历史。个旧锡业开发历史悠久，最早可以追溯到遥远的春秋末年。锡矿开采和加工的兴起与发展，造就了个旧这个城市的特有气质。走在个旧大街上，云锡总部大楼耀眼夺目，一直是城市的地标。路遇的人们，一打听，基本上都是云锡的员工，再往深一点打听，就可知道他们的亲朋好友也都散布在云锡的各个岗位，他们把这种世代传承的身份称为"云锡人"。和官二代、富二代一样，云锡人也是代代相传的，目前锡三代、锡四代已成长为企业的主力军。

创新技术领头羊

与所有优秀的制造企业一样，锡业股份从成立之初就重视技术创新。

　　1999 年，锡业股份率先引进澳斯麦特强化熔炼技术，用澳斯麦特炉取代所有的锡精矿还原熔炼反射炉和电炉，同时对锡精矿还原熔炼车间及其配套工序和设施进行全面改造。该项目于 2000 年 11 月正式启动，2002 年 4 月澳炉成功点火运行。目前，锡业股份已经形成沸腾炉富氧焙烧脱硫—顶吹炉富氧熔炼—电热机械结晶机、真空炉、电解互补精炼流程—烟化炉富氧侧吹炼渣工艺，并采用 DCS 集散控制系统，锡冶炼技术及装备处于国际先进水平，是中国乃至全球锡行业技术领跑者。"锡业股份坐拥稀缺资源，已是绝对的行业龙头了，市场地位很难被撼动，但它还在不断地提升技术，这很难得。"中泰证券分析师刘洪吉这样评价。

　　2017 年年报显示，锡业股份全年完成研发投入 2.86 亿元，实施科技项目 48 项。投入专项科技资金 2000 万元，设立研发基金 1000 万元，审立创新项目 21 个，研发新产品 10 种，提质提级现有产品 5 种。电子锡焊料中心认定为省级创新平台，有机锡平台完成申报程序，锡材公司评定为省级创新型企业。数字化矿山建设有序推进。采选冶科技攻关持续强化，锡、铜、锌选矿回收率同比分别提高 2.5％、0.82％和 2％。全年获中国有色金属工业科技一等奖 3 项，云南省科技进步一等奖 1 项，专利授权 13 件。

　　汤发透露，今后锡业股份要更加聚焦有色金属、更加聚焦锡产业特别是锡深加工产业，要打造锡新材料研发加工中心、铟新材料加工研发中心和锡化工中心这三大中心。"我们的最终目标是，将公司培育和打造成全球最具竞争力的国际一流企业；培育和打造成全球最大、最优的锡生产商、供应商和服务商。"汤发自豪地说。

　　凭借自身技术实力，锡业股份获得了多项产业政策支持。锡业股份于 2013 年成功通过《锡行业准入条件》评审，是当年锡行业唯一一家纳入准入名单的企业。2017 年，商务部批准锡业股份开展锡精矿加工贸易业务，使锡业股份成为锡行业唯一获得此项资质的企业。锡业股份在 2017 年底已经开始承接这方面的业务。与此同时，他们还在为争取

获得铜精矿加工贸易的政策支持而积极开展相关工作。

"不管是过去还是现在，从矿山选采到深加工，我们整个产业链都十分重视科技创新，这是我们能够长久发展的一个制胜法宝。"汤发如此强调。

拓展锌铟新疆土

占据优势的不只是锡业股份得天独厚的资源、不断创新的技术，还有它独有的管理理念和战略方向。

2013 年，锡业股份首次亏损 13.4 亿元，公司下属铅、铜冶炼业务亏损是主要原因。因为锡业股份铅冶炼自给率较低，大部分原料都需要外购。2011 年到 2013 年铅冶炼业务年亏损分别达到 2.43 亿元、3.98 亿元和 7.69 亿元。2013 年底，锡业股份管理层大换血之后，迅速做出将亏损的铅冶炼业务剥离出上市公司的决定。结果锡业股份 2014 年度就扭亏为盈了。"此举很关键，因为它让公司避免了经营业绩的连续亏损。"汤发解释道。

锡业股份在剥离亏损资产后，又注入控股股东的优质资产华联锌铟来增厚业绩和提升市场竞争力。2016 年 6 月，锡业股份以非公开发行股票的方式拟募集总额不超过 24 亿元资金，其中 21 亿元用于投资年产 10 万吨锌、60 吨铟技改项目。资料显示，华联锌铟的铟、锌金属储量分别位居全球第一、云南省第三，项目所需原料自给率达到 100%。项目建设期为 2 年，预计建成后，年产锌和铟将分别达到 10.22 万吨和 87.40 吨，有助于锡业股份向锌铟产业链深加工端延伸，进一步巩固资源优势和行业龙头地位。公司表示，该项目已在 2018 年实现联动试车。

在完成一系列资本运作后，锡业股份开始轻装前行，叠加锡、铜、锌逐步进入价格上涨周期，锡业股份盈利能力相应出现大幅提升。2016 年 1 月，锡行业骨干企业发表联合倡议书，响应国家"供给侧改革"号召，一致同意当年减少精锡产量 1.7 万吨，切实维护锡行业健康发展。受此提振，锡价由年初 9.3 万元 / 吨上升至年底 14.6 万元 / 吨，涨幅达

57%。此前的 2015 年 11 月、12 月，锌、铜骨干企业也先后发表了倡议书，计划 2016 年减少精锌产量 50 万吨、精铜产量 35 万吨。实际产量的减少，再叠加海外大型锌矿山闭坑以及嘉能可减产因素催化，锌价由年初 1.3 万元 / 吨上涨至 2.1 万元 / 吨，涨幅高达 58%；铜价年内由 3.6 万元 / 吨上冲至 4.5 万元 / 吨，涨幅也有 24%。产品价格的上涨，使锡业股份当年就获得了明显的收益。

2017 年，锡业股份再接再厉，全年实现营业收入 344.10 亿元，较上年同期增长 2.93%；主营业务收入 342.80 亿元，较上年同期增长 3.11%；营业利润 13.01 亿元，归属于上市公司股东的净利润 7.06 亿元，同比增长 418.86%。目前，锡业股份业务增量主要来源于华联锌铟的业务整合，未来还将向募集年产 10 万吨锌、60 吨铟冶炼技改项目、个旧矿区 2000 吨 / 天多金属选矿项目等延伸。

手握优质资产和创新技术的锡业股份，在矿产价格稳中有升的形势下，业绩蒸蒸日上。然而，管理层并未因此而高枕无忧，因为有一种挑战又摆在他们的面前：锡业股份地处西南边陲，较难吸引并留住一线人才，而发展中的锡业又需要大量优质人才，这是一个很大的矛盾，需要解决好。"2017 年，商务部特批锡业股份成为国内唯一一家进行锡金矿加工贸易的企业，是一次难得的机遇。我们要充分利用好这个机遇，做好国际、国内两个市场的工作。为此就需要吸引更高层次的人才。现在，锡业股份已经开始走出云南走进名校去寻找人才。未来随着企业的发展壮大，我们希望能有越来越多的有识之士愿意投身锡业，成为云锡人。"锡业股份董事会秘书张扬说。

回顾历史，锡业股份在发展过程中虽然经历过一些磨难，但总体上业绩优秀，后劲十足。"看现在催人奋进，看未来信心百倍。"这是董事长汤发对锡业股份的信心。

"三朝国企"报国情

王冰洋

云南个旧是闻名于世的"锡都"。这次到锡业股份采访，本以为能有机会走进这个不曾去过的滇南小城，窥探一下"锡都"的风貌及其发展成名史。不巧的是，公司领导正在昆明公干，于是我们的访谈便随之转移至此。这让我们与"锡都"个旧失之交臂，留下些许遗憾。

不过，在与锡业股份董事长汤发的访谈中，他反复提到个旧。这就在一定程度上弥补了我们的遗憾。

据汤发介绍，锡的开采和使用历史非常悠久，早在周代，中原大地锡器的使用就已非常普遍了。春秋末年，西南边陲出现了一个名为滇国的小国，考古学界称其为"最后的青铜王国"。青铜是铜和锡的合金，青铜器的锻造自然离不开锡。滇国之所以成为"青铜王国"，一个重要原因，是它的自然禀赋得天独厚：其南部山区有一个似乎永远也开采不尽的巨大矿源，即个旧锡矿。

如今，2000多年过去了。在现代科技和管理力量的驱动下，这个古老的矿区又焕发出新的生机与活力。云锡（即锡业股份的控股公司云南锡业）凭借它的存在，一跃成为世界锡业的龙头老大。

老大固然可喜，但让汤发津津乐道的则是，云锡"三朝国企"的"产业报国"情怀。

云锡的前身是个旧厂务招商局，由清政府云南当局拨专款于1883年创办。期间，巨大的社会变迁早已让公司面目全非，但其"官办"色彩却始终未变。因此，"三朝国企"于它可谓名副其实。

创办初期个旧矿品出口主要依赖水路：先由马帮将矿品从各矿区运到蔓耗水码头，然后装船运到香港，再运到世界各地。在那个国家积贫积弱、备受西方列强欺凌的年代，个旧锡矿与洋务派创办的其他实体企业一样，并未让国人的"强国梦"得到实现。不过，经过他们的艰苦努力，总算是在中华大地上播撒下了现代工业文明的种子。

云锡"实业报国"的情怀，在抗战时期得到了充分体现。其时面对强敌入侵，中华民族上下一心、同仇敌忾，大家有钱的出钱、有力的出力，竞相加入到支持抗战的滚滚洪流。其中就闪现着云锡人的身影。

相关资料记载，为了破坏个旧锡矿在世界经济中的战略地位与重要作用，日军在1940年10月到1941年9月将近一年的时间内，先后对个旧地区进行了30批、194架次的疯狂轰炸。矿区人民为了保证国家军需之用，通过出口锡矿换取外汇，不惜冒着生命危险，坚持生产与经营，将大锡卖到了全世界。在其高峰时期出口运输量占云南全部货物出口的75%到80%，位列该省外贸出口第一位。随着个旧锡矿成为国际市场"质量第一、数量第二"的抢手货，个旧"世界锡都"的美誉不胫而走。

1950年，中国人民解放军昆明军管会从国民党手中接管了云锡的生产经营工作，并将公司改名为云南锡业公司。2000年，云南锡业公司将自己的主要资产打包后在深圳证券交易所上市。

开启于40年前的改革开放，让云锡走上了一条市场化、科学化、国际化的发展大道。虽然国内外市场风云变幻，但，云锡向前迈进的步伐却一刻也没有停止。云锡上市后前行的步伐进一步加大，锡业"世界老大"的地位越来越稳固。

汤发自豪地说，云锡在全球锡业拥有"五最"优势，即历史最悠久、资源最丰富、产业链最长、门类最齐全、市场占有量最大。对于国家的贡献，不仅表现在上缴利税、安排就业、出口创汇等方面，其他如扶贫济困、技术创新、环境保护等方面公司也做了大量开拓性工作，社会效益同样很显著。一般来说，资源型城市环境问题都比较突出，而位于锡矿区的个旧市前几年却获得了"最佳人居奖"。由此不难看出，云锡人在开采矿产的同时，对于自然环境的保护是多么用心！

虽然我们此行并未踏足个旧，但从对汤发的访谈中，我们看到了千年锡业发展的缩影，感知这个"冬暖夏凉四季春"的滇南小城的风貌，也看到了汤发为"锡都"和云锡描绘的未来：成为全球最大、最优的锡生产商、供应商和服务商。

如此一来，我们又觉得此行并无遗憾！

（作者系证券时报副总编辑）

嘉泽新能：创新型新能源发电企业御风而行

证券时报记者　黄　豪

经过 7 年发展，嘉泽新能已形成了集风力、太阳能发电、智能微电网的投资、建设、开发、运营于一体的发展格局。

深居西北内陆高原，这里的气候属典型的大陆性半湿润半干旱气候，冬寒长，夏暑短，气候干燥，风大沙多，可谓自然风场。宁夏平均海拔在 1000 米以上，日照时间长，太阳辐射强，这同时也为光伏发电创造了良好的条件。优厚的自然条件也让嘉泽新能乘"风"而行。

嘉泽新能成立于 2010 年，2017 年 7 月 20 日在上交所上市，正式登陆国内资本市场，成功翻开了公司跨越发展的新篇章。

从贫困县走出的上市公司

从 2010 年成立到 2017 年成功上市，嘉泽新能只用了 7 年时间。

站在嘉泽新能总部大楼前，嘉泽新能的广告箱夺人眼眶，上面写着"献人类清洁绿电，还自然碧水蓝天"——这是嘉泽新能的企业使命。在董事长陈波的办公室里，书架上还整齐摆放着公司的各种奖杯、奖牌。这是嘉泽新能自创立以来勇于承担社会责任和履行社会义务所受到的各种嘉奖。公司从无到有，到成功上市，在短短的几年时间里，所取得的巨大成就令人瞩目。

从业务范畴上看，经过 7 年发展，嘉泽已形成了集风力、太阳能发电、智能微电网的投资、建设、开发、运营于一体的发展格局。目前，嘉泽新能下设宁夏国博新能源有限公司、宁夏嘉原新能源有限公司、新疆嘉泽发电有限公司等子公司。据公开资料显示，截至 2017 年底，嘉泽新能资产总额 89.28 亿元，较上年同期增长 13.28%，风电、光伏项目累计并网装机容量近百万千瓦，项目遍及宁夏、新疆、陕西、河南等省，快速跻身于国内民营新能源发电企业的先进行列。

谈起嘉泽新能的诞生，陈波回忆道，这源于他个人的经历。"1996 年辞职下海，刚开始起步做民航服务，后来也确实赚到了钱。但是这些行业受政策影响比较大，到后期完全转变到市场经济以后，行业竞争太过激烈，作为第三方服务方就很难生存下去。"至于投身新能源发电领域，陈波表示一个原因是因为自己有了回归实业的想法，另外一个原因是因为他觉得电力市场比较稳定，至少不用去考虑销售问题。正好 2010 年新能源风电市场比较成熟，当时就成立了嘉泽新能。

得益于贫困县 IPO 的绿色通道，嘉泽新能顺利插上资本的翅膀，于 2017 年 7 月 20 日登陆沪市主板。嘉泽新能的上市也填补了宁夏 14 年没有企业在主板上市的空白。

新的起点，新的动力，成功上市的嘉泽新能对于未来的发展也显得更加有底气。"随着新能源行业技术的不断提高和投资成本的下降，我们的装机量将会越来越大。"陈波表示。

陈波进一步解释称，现在主要设备造价不停在下降，同时，技术不停在提升，原先不能发电的地方现在都能发了。其称，"五年前，我们在考虑一个风电场选址的时候，年平均风速低于 6.2 米 / 秒的，就不太具备开发条件，但，经过这五年的发展，现在年平均风速 5.5 米 / 秒的地方成了热门地方"。

创新驱动公司成长

近些年来，我国市场经济日益显现出多元化特征，陈波以敏锐而理性，果敢而稳健的作风，带领嘉泽新能实现 A 股上市，并发展壮大。

如果说嘉泽新能在新能源领域的创业史堪称中国民营经济从萌芽到壮大历程的缩影，那么嘉泽新能在新能源领域的开拓则是中国引领中国民营企业经济发展和开拓创新的真实写照。嘉泽新能能够发展壮大，其中一个关键要素便是公司独创了"全生命周期＋担保发电量"的运营模式，即在公司完成项目开发、方案规划、设备选型和电场大数据分析应用的基础上，选定并要求合格供应商按照公司管理、监督和控制的标准，完成工程建设、生产运维和质量安全等各环节的具体执行工作。基于此创新模式，嘉泽新能与合格供应商建立了长期稳定的合作关系。

陈波指出，"嘉泽全生命周期的运营方式，主要考虑到跟金风科技合作。我们双方的技术人员共同来认定这个区域是否适合建风电场，商定用什么样的风机、在哪个点去立风机等问题，我们将 EPC 总包给金风科技去做。双方约定风电场多长时间开工，工期是多长时间，什么时候可以并网发电。在这种情况下，如果工期延误，金风科技将给予嘉泽新能相对应的赔偿。通过这样的方式，公司实现了风险的规避。"

对于选择金风科技作为合作伙伴的原因，陈波表示，因为金风科技是国内行业龙头，用的是永磁直驱技术，机组没有齿轮箱，风机切入风速相对来说比较低，在宁夏这样的三类风资源地区，金风的低风速机组更适合一些。除了搭建"全生命周期＋担保发电量"运营模式，嘉泽新能多年来同时也在倡导技术创新，组建了自己的技术研发部。在陈波眼中，创建技术研发部最终效果是显而易见的。风机在一线运行过程中，研发部通过技术监测等手段发现问题，并将之反馈给供应商，最终倒逼供应商进行技术革新。其次，技术研发部通过对风机进行大数据分析，去监测每一台风机是否正常运转，从而间接降低风机运营成本。从效果上看，嘉泽新能平均风机利用率连续七年维持在 99.6% ~ 99.7% 的水平，高出行业平均水平两个百分多点。

在公司发展目标上，嘉泽新能同样追求"与时俱进"。在嘉泽新能上市之初，为了解决经营活动中的现金流量问题，公司制订了一个三年发展规划，即"增规模、去杠杆、降负债"。同时在政策方面，证监会也出台了相关政策，上市公司定增及募投资金不能用于置换原有的银行贷款。这样的大背景，客观上也需要嘉泽新能不带杠杆地去展开工程建设。而这也在财务报表上得到了印证。嘉泽新能2017年年报显示，公司报告期内发生主营业务成本3.76亿元，同比增长24.98%，主要系新增投产风电项目运营所致。此外，公司2017年投资活动现金流量净额显示为12.39亿元，较上年增加33.31%，主要系公司新增投产风电项目购建固定资产及无形资产所支付的现金增加所致。

对于未来发展目标，嘉泽新能表示，公司计划到2020年，装机容量超过200万千瓦，总资产接近200亿元，负债不增加，而负债率降到50%以下。

布局分布式和微电网

嘉泽新能2017年年报显示，公司报告期内主营业务为新能源电力的开发、投资、建设、经营和管理。公司目前主要从事集中式风力、光伏发电的开发运营。

目前，嘉泽新能业务构成主要以风力发电为主。年报显示，公司2017年风力发电量合计为17.10亿千瓦·时；光伏发电2017年产能仅为7868万千瓦·时，光伏发电占比较小，且主要来自地面集中式光伏电站。最近几年，我国光伏产业整体保持了强劲的上升势头，新产品、新技术相继问世，产品价格下降，整个行业逐渐进入平价上网阶段。其中分布式光伏尤为火热，受到产业资本疯狂追捧。

受上网电价调整等多重因素影响，2017年光伏发电市场规模快速扩大，新增装机5306万千瓦，其中光伏电站3362万千瓦，同比增加11%；分布式光伏1944万千瓦，同比增长3.7倍。到2017年12月底，全国光伏发电装机达到1.3亿千瓦，其中，光伏电站1.01亿千瓦，分布式光伏2966万千瓦。

2018年3月，嘉泽新能公布重大资产重组预案，公司拟向泰通工业等33名对象非公开发行股份及支付现金，购买其持有的中盛光电能源股份有限公司（下称"中盛光电"）100％股权，交易作价25亿元，其中现金支付约2.56亿元，股份支付约22.44亿元；公司同时拟募集不超14.87亿元配套资金，用于中盛光电国内分布式光伏发电建设项目、中盛光电国外集中式光伏发电建设项目。资料显示，中盛光电主营业务为光伏电站的咨询、开发、运营和系统集成，为国内外客户提供光伏电站的一站式解决方案，曾获得"2017中国光伏电站投资企业20强"等荣誉。此前，嘉泽新能原有光伏发电业务收入主要来自地面集中式光伏电站，而中盛光电在国内市场上主要从事分布式光伏电站的开发。陈波对证券时报记者表示，"通过实施本次重大资产重组，可以为公司注入优质资产，进一步提升盈利能力及核心竞争力。"

用资本力量发展企业

2017年7月20日，对嘉泽新能全体员工来说，是一个难忘的时刻。伴随着洪亮的锣声，嘉泽新能上市了。

公司上市对于嘉泽的员工来说不仅来自于情感的认同，而且每个员工切切实实都拿到了股份。"公司是为数不多的全员持股上市公司，全员持股的公司，更符合嘉泽一直打造的'家文化'的感觉。"陈波这样说道。目前，嘉泽新能运行的电场都是在条件相对艰苦的地方，员工的稳定对公司来说是极为重要的。对于"家文化"的塑造，嘉泽新能还做了很多其他的工作。证券时报记者在嘉泽新能红寺堡智能微电网示范项目等基地发现，一线运维人员都很年轻。陈波坦言，这些员工的婚恋问题，都纳入公司的考虑范围之内，比如人事行政部门经常组织员工跟当地医院、学校组织联欢；员工在当地安家，公司还会给予一定的奖励。

除了全员持股，自嘉泽新能上市后，陈波多次在公开场合表示，将利用资本的力量去发展嘉泽。"新能源是一个资本密集型的行业，借助资本的力量，才能让嘉泽有更好的发展。现在我们有了这个平台，就要把它用到实处。"陈波表示，借助上市公司融资平台，公司计划到"十三五"末，实现风、光发电容量200万千瓦，除集中式电站外，大力开展分散式风电和微电网布局，努力涉足光热、地热、生物质等发电领域，全面了解新兴产业和科技前沿技术，推进公司产业结构步入新的格局。

为寻求符合公司战略发展方向的投资机会，及为公司储备和培育优质项目资源，嘉泽新能于 2017 年 12 月与宁夏开弦资本管理有限公司等共同设立了宁夏宁柏产业投资基金（有限合伙），借助基金管理人在投资方面的经验与渠道，为公司未来的项目开发提供坚实的保障。

将扶贫进行到底

自 2010 年成立以来，嘉泽新能在快速发展壮大的同时，践行扶贫和慈善事业，履行社会责任，始终将自身发展与区域经济共存共荣，积极推动当地经济转型升级，创造更多就业机会。公司始终坚持"践行爱、传播爱"的原则，构筑一面爱的"回音墙"。

在宁夏，嘉泽新能与宁夏职业技术学院、金风大学联合办学，对高考落榜的宁夏当地贫困家庭学生进行二次招生，之后送到宁夏职业技术学院机电系进行两年的机电专业培训，第三年到嘉泽新能基地进行新能源培训。陈波告诉证券时报记者，培训期间所有的吃住行及学费，均由嘉泽新能来承担，培训合格即录取。这样基本月工资能到六千，对于一个贫困家庭，确实也算脱贫了。

嘉泽新能同时也在加快新农村风光互补养殖扶贫项目的建设。这些项目的建成，将满足所在地居民生活用电需求，从而引导、实现当地居民从"做饭靠柴火、取暖靠煤炉"的生活方式向清洁、高效、低碳的现代生活方式转变。这也正好印证了嘉泽新能"献人类清洁绿电，还自然碧水蓝天"的企业使命。

陈波表示，"嘉泽目前是宁夏市值最大的上市公司，所以，我们肯定会更加小心翼翼，如履薄冰把公司经营好，不辜负宁夏政府和宁夏人民对我们的期望"。

【采访札记】

嘉泽新能何以成为宁夏市值最大A股公司

万　鹏

　　在全国31个省、自治区和直辖市中，宁夏上市公司的总市值是最小的，仅有680亿元（2018年7月9日数据）。而在宁夏13家上市公司中，市值最大的公司就是嘉泽新能，达到了155亿元，占宁夏上市公司总市值的23％。是什么让嘉泽新能备受投资者认可，能够高居宁夏上市公司市值榜首呢？在我们走进嘉泽新能，对公司进行深入采访后，这一问题的答案也逐渐变得清晰。

　　2017年7月20日，嘉泽新能正式登陆沪市主板，结束了宁夏14年没有新增主板上市公司的历史。嘉泽新能董事长陈波认为，"和其他公司相比，嘉泽新能一个最大的区别就是没有历史遗留问题。"

　　嘉泽新能成立于2010年，2015年8月改制为股份制公司，随后仅用不到2年就成功登陆A股市场，这其中的一个重要因素就是受益于贫困地区IPO"绿色通道"政策。然而，"绿色通道"政策的实施，并不意味着公司的上市标准和难度有所下降，据了解，嘉泽新能在2017年4月和5月两次接受了证监会的现场核查。我们走访的多个嘉泽新能的风电场和光伏电站均在现场核查名单之列。

　　现场核查对拟上市公司的资产质量和财务真实性提出了较高的要求，大大压缩了"带病闯关"的空间，给部分拟上市公司带来了很大的威慑。以2017年监管部门组织的两次现场核查为例，分别有35家和22家企业被抽中，而在现场检查准备和实施期间分别有13家和10家企业撤回了IPO申请。从这个意义上说，嘉泽新能顺利通过两次现场核查，也给投资者吃下了一颗定心丸，对公司的资产质量和财务状况有了更大的认可。

　　作为一个风能资源丰富的地区，宁夏共有150多个风电场（2017

年数据），竞争不可谓不激烈。嘉泽新能凭借灵活的机制、高效的管理，取得了明显的竞争优势。

2017年年报显示，嘉泽新能10个风电场全年平均利用小时数为1941小时，公司主要竞争对手——某国有企业当年在宁夏风电项目的平均利用小时数仅有1807小时。嘉泽新能更高的发电效率来自于公司独特的创新模式。

据了解，嘉泽新能对新能源发电项目，采取了全程控制下的供应商一站式服务的创新模式。通过该创新模式，嘉泽新能与风电设备供应商建立了长期稳定的合作关系，使得嘉泽新能能够利用合格供应商的风机制造背景及电场运维管理实践经验，快速有效地提高嘉泽新能电场的发电效率。嘉泽新能还与风电设备供应商建立了以发电量为基础的考核体系，使得合格供应商必须及时有效地解决电场维护、部件维修、信息技术产品支持等方面出现的突发问题，保障电场的发电量，确保公司电场的基本盈利水平。

我们在嘉泽新能的多个风电场进行采访时发现，嘉泽新能的风机运行状况明显好于附近其他公司风场的风机。对此，陈波列举了一组数据："嘉泽新能平均风机利用率连续七年维持在99.6%～99.7%的水平，高出行业平均水平两个多百分点。"

除了通过合作共赢的模式创新来调动供应商的积极性之外，嘉泽新能还充分利用科技手段降低成本、提升效率。通过嘉泽新能红寺堡基地的集控中心，工作人员可以查看公司全部风电场，甚至每一台风机的实时信息，如该风电场当前的风速、当日的发电量数据等，还能及时发现工作异常的风机，以便技术人员迅速抢修。这就是陈波说的，"对每一台风机进行大数据分析，去监测风机是否正常运转，间接降低风机运营成本。"

技术只是降低成本的一种手段，真正实施起来，还是需要靠人。嘉泽新能2017年年报显示，嘉泽新能全年机组平均利用率达99.6%以上，综合厂用电率控制在3.8%以内。员工较强的主人翁意识来自公司特有的"家文化"，也来自股权的激励——嘉泽新能是为数不多的全员持股上市公司，全员持股为嘉泽新能留住了人才，也吸引了人才。

陈波认为，在A股市场中，能够和嘉泽新能对标的公司不多，目前的市值水平反映了市场对于嘉泽新能的认可。"未来三年，我对嘉泽新能非常有信心，只要有利于上市公司发展的事情，我会全力以赴去推进。"

（作者系证券时报记者）

上港集团：做全球卓越的码头运营商和港口物流服务商

证券时报记者　王一鸣

上港集团总裁严俊说："基层的几年锻炼奠定了我对码头的感情，或者说依赖，我这辈子可能不太会离开码头了。像我这样对港口、码头有感情的上港人有很多"

港为城用，城以港兴，上海之所以能够获得如今的国际大都市地位，港口对这座城市发展的意义不言而喻。

开埠至今已步入第 176 个年头的上海港，位于中国大陆东海岸的中部，是"黄金水道"长江与沿海运输通道构成的"T"字形水运网络的交汇点，前通中国南、北沿海和世界各大洋，后贯长江流域及江、浙、皖内河、太湖流域。公路、铁路网纵横交错，集疏运渠道畅通，地理位置得天独厚，自然条件优越，腹地经济发达。

现在，负责这座百年老港公共码头运营的是上港集团，其是由原上海港务局于 2003 年 1 月改制后成立的专营港口及相关业务的大型专业化集团企业。2005 年 6 月，上港集团经整体改制，成立了股份制公司，2006 年 10 月 26 日在上交所上市，成为全国首家整体上市的港口股份制企业，目前是我国大陆地区最大的港口类上市公司，也是全球最大的港口公司之一。

一直以来，上港集团将上海港的区位优势发挥得淋漓尽致，2017年，上海港集装箱吞吐量首次突破 4000 万标准箱，连续八年年集装箱吞吐量稳居世界第一，主要经营指标居行业前列。

在"一带一路"倡议和长江经济带国家战略中，上海港作为21世纪海上丝绸之路的桥头堡与长江经济带江海联运的重要枢纽，将形成更加安全、便捷、高效的物流路径，成为引领长三角，带动长江流域，辐射全国的"龙头"。肩负新使命，上港集团正在谋划新的创新发展之路——将以建设智慧、绿色、科技和效率港口为目标，积极融入国家"一带一路"倡议和长江经济带战略，助力上海国际航运中心建设，致力于"成为全球卓越的码头运营商和港口物流服务商"。

第一集装箱港的崛起

近代以来，上海是我国对外交通和贸易往来的重要港口。要探究其成为"全球第一集装箱港"的起源，还得追溯到近40年前的20世纪80年代。

20世纪80年代中期以后，面对世界新技术革命的严峻挑战和国际、国内两个市场的激烈竞争，以及城市发展本身资金不足、资源短缺等一系列制约，上海开始重新思考自身的发展方向，先后制定了《上海经济发展战略汇报提纲》《上海城市总体规划方案》等重要文件，提出要把上海建设成为开放型、多功能、产业结构合理、科学技术先进、具有高度文明的社会主义现代化城市。

在推动上海振兴发展、发挥上海沟通内外作用的过程中，如何发挥上海在港口建设上的独特优势具有重要意义。《上海经济发展战略汇报提纲》中明确指出，上海是重要的交通枢纽，有得天独厚的地理条件和广泛的国际联系。

这就需要积极适应国际航运业发展新趋势，探索上海港生产结构的转型。当时，集装箱运输作为一种新型的现代化运输方式，具有装卸速度快、质量好、船期短的优势。早在20世纪60年代，欧美国家就已开始采用集装箱运输的方式，到七八十年代，集装箱运输的优越性越来越被人们所承认，以海上运输为主导的国际集装箱运输发展迅速。

对上海来说，要发展集装箱运输，以适应国际货运的发展要求，就需要有专门的集装箱码头。而刚刚开始发展集装箱装卸业务的上海港还没有集装箱装卸专用泊位和设备。从 1980 年起，上海对部分码头泊位进行改造，建成一批现代化集装箱码头。同时，上海还积极开辟集装箱航线，建设通达环太平洋地区的干直线网络，吸引著名的外国航运公司在沪设立机构。

1992 年，以上海港为枢纽，形成国际集装箱班轮航线 17 条，主要有上海至中国香港、日本、韩国、东南亚、澳大利亚、新西兰、波斯湾、地中海北岸、西欧、美国等国家和地区的集装箱运输航线。上海港在全国集装箱运输中的地位也不断提高。1992 年，上海共完成集装箱吞吐量 73.1 万标准箱（TEU），占全国主要港口集装箱吞吐量的 26.4%。

15 年后的 2007 年，上海港集装箱吞吐量突破 2600 万标准箱，首次超过中国香港、仅次于新加坡，跃居全球第二。2010 年，上海港的集装箱吞吐量超过新加坡港，首次成为世界第一大集装箱港。

2017 年，上海港集装箱吞吐量首次突破 4000 万标准箱，连续八年年集装箱吞吐量稳居世界第一。

目前，上海港已与世界上 200 多个国家和地区的 500 多个港口有着贸易往来。现有集装箱国际班轮航线 260 余条，每月有超过 3200 班次，航线遍及全球各主要航区，是中国大陆集装箱航线最多、航班最密、覆盖面最广的港口。

上港人的码头情怀

上港集团总裁严俊，毕业至今，围绕码头事业，一干就是近三十年，也见证了上海港近三十年的飞速发展。

"我大学一毕业就进入上海港务局，现在是上港集团。先是在基层工作，之后进入行政管理岗位。基层的几年锻炼奠定了我对码头的感情，或者说依赖，我这辈子可能不太会离开码头了。"严俊回忆说，"像我这样对港口、码头有感情的上港人，在集团有很多，所以上港集团的团队很有凝聚力。"

在现任领导班子带领下，上港集团对港口发展做出了一些有益尝试，虽然从数据看公司已经排在世界前列，但在上海要建成国际航运中心的过程中，仍大有可为。

"未来如何保持上海港的枢纽地位和竞争力？未来的港口是什么样的？是我们一直在思考的问题，建成的洋山港四期码头是个很好的开始。"严俊说。

严俊提到的洋山港四期码头，目前是全球最大的单体全自动化码头，也是全球综合自动化程度最高的码头。经过三年的建设，洋山四期于 2017 年 12 月正式开港。这座"无人"码头不仅是上海市的重大工程，也是上港集团全力推进"四个港口"建设的核心工程。

搭载"中国芯"的无人码头

作为上海国际航运中心的核心港区，洋山深水港是中国（上海）自由贸易试验区的重要组成部分，其建设主体为同盛集团。洋山深水港一期于 2002 年 6 月开工建设，2005 年 12 月 10 日正式开港，随后二、三期工程相继竣工投产。

2006—2010 年，上港集团先后以现金、定向增发等形式向同盛集团收购了洋山一、二、三期码头资产。

与前三期工程相同，洋山四期的建设主体仍为同盛集团。上港集团目前仍延续洋山深水港区二、三期的模式，现阶段受托经营管理洋山深水港区四期码头。在未来条件成熟时，将收购洋山深水港区四期码头相关资产。

2017 年 12 月 10 日，上海国际航运中心洋山深水港区四期工程正式开港。根据规划，洋山四期共建设有 7 个集装箱泊位，设计年通过能力初期为 400 万标准箱，远期为 630 万标准箱。与劳动密集型的传统集装箱码头相比，洋山四期码头劳动力成本能降低 70%，而生产效率将提高 30%。

"在过去，一台桥吊需要十几个工人服务，而现在，只需在中控室看看电脑屏幕、敲敲手指，一个工人就可以操作几台桥吊。"上港集团介绍时说，"洋山四期的港口作业采用'远程操控双小车集装箱岸桥（QC）+自动导引运输车（AGV）+6远程操控轨道式龙门起重机（ARMG）'的装卸生产工艺方案，并采用全球首创的双箱吊轨道吊作业模式，可以在大幅度提升作业效率的同时，极大改善操控人员的劳动环境，降低劳动强度，女性也可以成为大型港口机械的操作者。"

不仅如此，洋山四期还是国内唯一一个搭载"中国芯"的自动化码头。其码头的软件系统，主要由码头方上港集团自主研发的码头智能生产管理控制系统（TOS）和振华重工自主研发的智能控制系统（ECS）组成，也是国内唯一一个软件系统纯粹由"中国制造"的自动化码头，这一举打破了国外的技术垄断。

目前，上港集团已经掌握了自动化码头核心操作系统完整的知识产权，将在积累更多运营经验的基础上，逐步输出技术和管理，形成全国布局、跨国经营的新格局。

自由贸易港区的洋山样本

数据显示，2017年洋山港区整体完成集装箱吞吐量1655.2万标准箱，已占全港集装箱吞吐量的41.1%。初步判断，在洋山四期全部投入运营后，年吞吐量有望达到4500万标准箱。外界对于未来洋山自由贸易港区的建设进展亦保持颇高的关注度。

2017年3月31日，在国务院印发《全面深化中国（上海）自由贸易试验区改革开放方案》中，上海自贸试验区将在洋山保税港区和上海浦东机场综合保税区等海关特殊监管区域内，设立"自由贸易港区"。对标国际最高水平，实施更高标准的"一线放开""二线安全高效管住"贸易监管制度。

谈及具体探索的举措，上港集团方面透露，公司将积极推进洋山自由贸易港区建设，以业务需求为导向，推进口岸监管模式创新，促进洋山自由贸易港区货物、资金、服务等各类要素自由高效流动，努力形成

"境内关外"自由港模式下的口岸便利性，降低航运、跨境贸易和港口物流等相关业态的口岸综合成本。

同时，上港集团将加大洋山自由贸易港区功能拓展，提升物流增值服务，发展新兴业态，为贸易提供多功能全方位服务。发挥母港的货源集聚优势，促进物流便利化，着力打造成为国际物流中心等。

营造港口"生态圈"

诚然，从2006年在港口行业率先整体上市，到2015年在A股率先推出员工持股计划，再到未来"自由贸易港区"的设立，上港集团的改革一直为市场瞩目。向改革要红利的同时，整体上市13年来，上港集团的净利润已增长近四倍至百亿元，稳居行业榜首。

这得益于上港集团这几年坚持"港口为主，适度多元"的发展格局。在依托码头主业的产业开拓方面，上港集团依托互联网＋技术的大平台建设收获新成果，其中包括集卡预约平台、设备交接单EIR的平台以及长江支线平台的建设等。

同时，上港集团多元产业发展稳步推进。在物流板块方面，加快物流转型发展，努力打造"公共服务平台"为载体的综合物流服务体系；在金融投资方面，先后入股了上海银行和邮储银行等。

高质量发展势头如何保持？上港集团认为，未来仍将立足母港，稳健发展核心主业与适度多元化并举。

一是公司不断深化"长江战略、东北亚战略和国际化战略"，致力于构建服务于长江流域经济发展的物流体系，强化洋山深水港的国际中转地位，逐步参与跨地区港口经营。二是聚集科技创新，以科技兴港全力推动"四个港口"建设，包括加快形成传统码头自动化改造整体技术方案等。三是推进以港口主业为依托的多元发展。包括加强港口传统主业与互联网、新技术的融合；进一步拓展港口物流产业，推进冷链物流中心、空箱服务中心等建设。

根据上港集团"十三五"规划，在稳步发展主业的情况下，上港集

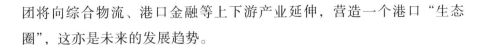

团将向综合物流、港口金融等上下游产业延伸，营造一个港口"生态圈"，这亦是未来的发展趋势。

老码头闯出新天地

胡学文

上海老电影里经常出现老码头的桥段，一群精壮大汉在车水马龙的港口搬运来自天南海北的货物，也把汇集于此的货物发往五湖四海……前往上港集团进行"上市公司高质量发展在行动"采访，虽然已经在心里对这家企业较之老电影里的港口码头拔高了很多，但真正踏足其中，还是极大地翻新了笔者的认知。

2017年，上海港集装箱吞吐量突破4000万标准箱，达到4023.3万标准箱，同比增长8.3%，并连续八年保持集装箱年吞吐量世界第一。在实现营业收入快速增长的同时，公司实现归属于母公司的净利润115.36亿元，首次突破百亿元。

此次接受专访的是上港集团总裁严俊。他毕业就来到了上港集团，一干就是30年，对港口有感情，对工作有激情，言谈之间颇有流露。老港务严俊很接地气，采访过程中几个比喻让人印象深刻。一是谈及上港集团不俗成绩单时，严俊形容为"我们把中国海岸线形象地比喻成一张弓的话，长江就是一支箭，上港集团这几年发展最大的优势是来自于整个区域经济对港口的支持"；谈及上港集团的港口预约服务时，形容为"就像滴滴打车一样便利"；介绍起长江支线平台，比喻为"托付集装箱就像打开网站买机票一样，想要哪天就哪天"；谈起自动化码头操作系统，严俊更是形容为"就像玩电子游戏一样自如"……

事实上，严俊口中看似轻松的比喻，恰是上港集团未来三到五年窗口期最希望培育起来的利润增长点。如今，上港集团越来越认识到，光靠码头主业来支撑集团的可持续发展是远远不够的。尤其是在当前公司营收和利润都达到较高基数的背景下，如何继续实现稳步增长成为摆在公司面前的课题。

几十年港务工作练就一身"好水性"，摸透了这个行业的水深水浅，沿着港务产业链，上港集团还真找到了新门道。巩固码头主业，适时适度多元，包括在港口物流方面，不断提升服务功能，加快业务转型发展，努力打造"公共服务平台"为载体的综合物流服务体系；在金融投资方面，先后入股了上海银行和邮储银行；在业务创新方面积极开动脑筋，依托互联网＋技术进行平台建设。随着客户需求的不断变化、新技术的不断发展，目前，上港集团致力于打造三个平台。一是设备交接单EIR平台，覆盖货物流转的全流程，客户手机终端可视化，并且由此产生的产业链大数据可供各方所用；二是集卡预约平台，解决陆路进入上海港的集装箱运送方式；三是长江支线平台，通过上海港走的客户，托付集装箱就像买飞机票一样，通过平台可以自由方便地选择出行时间。

思路一变天地宽。科技强港让上港集团尝到了甜头。目前全球规模最大、自动化程度最高的集装箱码头洋山四期就是有力的证明。洋山四期2017年年底顺利建成并试运行，更为关键的是，在洋山四期这个全新的码头，投入使用了由上港集团自主研发的码头智能生产管理控制系统，进一步提升了港口信息化、自动化和数字化水平，使洋山四期码头拥有一颗"中国芯"。自动化码头运用科技手段全面改善了整个生产作业环境，使员工的劳动强度大大降低。同时，全自动化码头与传统码头相比，人工成本也大幅降低，并且作业效率也有很大提升。"以前我们桥吊司机基本没有女孩子，全是男司机，现在我们中控室里面，好多都是女同志在作业！"严俊的这番话，令人不由感慨：码头已经步入自动化时代，码头上那些清一色青壮年汉子肩扛手拉的岁月已逐渐成为过去那些有关码头的记忆，码头也与时俱进更新了。

（作者系证券时报记者）

西藏珠峰：争夺全球有色金属话语权

证券时报记者 梅 双

西藏珠峰董事长黄建荣表示："未来 5 ~ 10 年，我最大的愿景是实现我们的产业目标：在塔吉克斯坦共和国北部打造世界级有色金属产业园区，矿山年采选能力达到 600 万吨，带动实现上下游配套的产业链；同时在南美地区锂盐湖资源的开发中，奠定和保持储量及产能规模的领先地位。最终，在行业内受尊敬，全球范围内有一席话语权。"

从边陲之地走进中亚丝路，从摩托车生产制造企业跨越为矿产资源类上市公司，西藏珠峰如同它的名字一样，在迈向大型跨国矿业集团的路上砥砺前行，勇攀高峰。

作为西藏自治区较早发行股票并上市的公司，西藏珠峰一路坎坷。公司曾经面临珠峰摩托涉案的退市困境，也经历了处理历史遗留巨额债务的艰苦阶段，如今已然焕发蓬勃生机。2015 年 8 月，西藏珠峰的控股股东新疆塔城国际资源有限公司通过重大资产重组，将其培育多年的中亚优质矿山资产注入上市公司，之后又逐步剥离了国内的冶炼资产，彻底转型为一家有色金属资源综合开发的大型矿业公司。

2015—2017 年，西藏珠峰分别实现净利润 1.6 亿元、6.5 亿元及 11.14 亿元，实现了跨越式快速发展。公司下属主要子公司塔中矿业有限公司是目前塔吉克斯坦共和国最大的中资企业，拥有铅锌铜银资源矿石量近 1 亿吨，近 600 万吨金属量，成为我国在"一带一路"国家建设布局上的标杆企业。

2018年年初，西藏珠峰还参与收购南美地区优质锂盐湖项目，开启新能源产业链的资源投资布局。一路开矿，一路探索，西藏珠峰步履坚定，阔步向前。

踏上寻矿路

西藏珠峰的办公楼展览区里，陈列最多的是塔中矿业生产的原矿石，一片绵延起伏的矿山模型位于展区中央，公司董事长黄建荣对这里的地形早已谙熟于心。

墙面上一幅幅珍贵的照片串联起西藏珠峰发展历程中的重要瞬间：2010年11月，与塔吉克斯坦共和国政府签署深化矿业领域合作的备忘录；2014年9月，签署成立中塔工业园区合作备忘录；2017年11月，塔中矿业产能5万吨的铅冶炼厂投产……西藏珠峰取得这些成绩绝非偶然。

20世纪90年代初，随着1993年上海期货交易所的成立，中国的有色金属市场就跟国际市场完全接轨了。在期货市场淘到第一桶金后，黄建荣加入了下海的大潮，并创办了上海海成资源公司，主营自己比较熟悉的有色金属贸易。也正是在贸易过程中，黄建荣与新疆有色局逐渐有了接触。那几年，新疆政府在上海组织了一些招商引资会，黄建荣也频繁去新疆塔城进行考察。黄建荣由此看到了机会，再加上当时国家政策的支持，他于1996年在新疆塔城投资成立了新疆塔城国际资源有限公司。

刚开始，黄建荣主要利用塔城作为一个口岸城市的便利，把苏联解体后几个国家被拆解下来的大量废旧有色金属回收到国内加工。两年以后，他发现废旧金属已经越拆越少，不过他同时也发现，这些周边国家有丰富的矿产资源，如哈萨克斯坦的铜、铅锌产量非常大，俄罗斯的铝产量非常大，因此，他决定做大宗物资商品进口，贸易量也越做越大。

随着对行业了解的加深，黄建荣的认识也慢慢发生变化。他意识到，要获取更多资源就要投入开发，他开始介入上游的矿产资源。2006年，通过国际拍卖，黄建荣取得了位于塔吉克斯坦共和国萨格金州马钦区阿尔登矿务局的整体资产，其中包括派－布拉克、阿尔登－托普坎及北阿尔登－托普坎铅锌矿三个采矿权。

助力"一带一路"建设

在西藏珠峰子公司塔中矿业介入之前，派－布拉克和阿尔登－托普坎矿区的建设与采矿已经持续了二十余年，苏联还为此成立了专门的矿务局。然而，苏联解体后，大部分工作人员都撤离了塔吉克斯坦共和国，此后塔吉克斯坦共和国历经内战（南北抗争）一直到民族和解，期间矿区大部分建筑被当地居民占有，矿区也无力恢复开采。

直到 2007 年，塔中矿业来到阿尔登矿区，这里的沉寂终于被打破。原本接近荒废的道路被清理出来，汽车和机器的轰鸣再次回到这片山区。经过十几年的开发，塔中矿业现有铅锌铜银保有资源矿石量近 1 亿吨，金属量近 600 万吨，其中，锌 320 余万吨，铅 280 余万吨，且都已经国内相关资源储量评审中心评审。目前，塔中矿业采选生产能力达到 300 万吨 / 年，产品质量较好、品质稳定，市场畅销，较强的资源优势使得矿山具备持续的盈利能力。同时，规模优势使得塔中矿业在行业内处于较为领先的地位，与国内同行业公司相比具有规模及成本竞争优势。

现在矿山开采作业工序已经成熟，从井下中段开采的原矿到选矿厂的矿仓都实行了机械化流程，也实现了采选无缝对接，精矿通过卡车送上火车再运往哈萨克斯坦和乌兹别克斯坦。为了保障生产用水，塔中矿业还在附近修建了 3 个水库。

截至 2017 年末，塔中矿业已在塔吉克斯坦共和国完成投资约 4.13 亿美元。开业以来，塔中矿业累计实现产值约 8.34 亿美元，实现净利润约 3.77 亿美元，上缴税收约 1.90 亿美元（上述美元数据以 2017 年末索莫尼兑美元的汇率 8.8190：1 计算），解决当地就业超过 2200 人。

2013 年以来，塔中矿业依托国家"一带一路"倡议的东风，在原有投资的基础上，不断加速、加大投入，生产规模一再扩大，公司生产能力从年采选 100 万吨逐步增加到 300 万吨。塔中矿业很快成为推动

"一带一路"建设的领头羊，现在有越来越多的中国企业开始涉足塔吉克斯坦共和国及周边资源丰富的中亚国家的对外投资，很多起步较早的企业已经开始获得回报。

除了矿区以外，塔中矿业还在塔吉克斯坦共和国的中塔工业园区新建了一个年产5万吨粗铅的冶炼项目。塔中双方有意联合将"中塔工业园"提升为"塔吉克斯坦北部有色金属产业园区"，在未来5～10年，塔中矿业将和塔吉克斯坦共和国政府一起，推动产业园区的不断发展和升级。园区将由现69公顷的范围进一步扩大，建设一园多区，范围覆盖塔吉克斯坦共和国北部地区；引进有实力的中资企业，共同进行资源综合开发。

据黄建荣介绍，作为一个综合型产业园区，根据塔吉克斯坦共和国政府的资源配置情况，建成后该区将拥有600万吨矿石的年采选处理能力，年产铜、铅、锌等金属35万吨，形成矿山资源开发、矿山服务配套及其他相关企业集群。园区将吸纳塔吉克斯坦共和国近万人就业，有效推动塔吉克斯坦的工业现代化进程，促进中塔两国的经贸合作，加速推动"一带一路"倡议在塔吉克斯坦共和国及周边中亚地区的落地。

人才属地化管理

资源勘探是一个技术活，融合了多学科、多工种，需要资深专家团队。除了本身专业知识外，地质师的经验也很重要。矿业公司的资源研究评价可以说与地质师团队直接相关。而西藏珠峰是国内少数重视资源判断力的矿业公司之一，也是少数将总地质师列为高管的矿业公司之一。

2016年，公司引入任小华博士担任总地质师。任小华从事地质找矿等相关工作三十多年，为中国地质学会理事、陕西省"有突出贡献专家"、澳大利亚冶金地质协会院士，曾参与国家紧缺资源攻关课题、科技部"十一五"科技支撑计划项目等重要科研课题。黄建荣表示，在用人方面，公司充分发挥一线老员工的丰富业务经验，为他们提供展现个人能力的平台。无论在公司的贸易平台，还是子公司，西藏珠峰都给予员工充分的绩效奖励。

此外，在"走出去"的过程中，西藏珠峰也在人员属地化管理方面进行着有益的尝试和创新。塔中矿业的管理团队中，有近三分之一是塔吉克斯坦共和国当地人。为培养塔吉克斯坦共和国的年轻人，西藏珠峰还建立了完整的人才梯队建设流程。

在招募本地化人才方面，西藏珠峰不遗余力。一是同塔吉克斯坦共和国冶金学院签订长期协议，开展塔籍大学生招聘计划，并为在校学生提供实习机会。西藏珠峰提出了"学会中文、掌握技能、塔中矿业包就业"的承诺，旨在有计划有步骤地培养塔吉克斯坦共和国本地化专业人才，目前已与60名塔籍大学生签订劳动合同；二是利用工余时间不定期开展中俄语培训班，通过与孔子学院合作，加强中塔两国员工的语言交流沟通能力；三是开展"一中一塔师带徒"活动，促进塔籍员工工作技能的提升，并与塔吉克斯坦共和国工会签订集体劳动保护合同，保护员工的薪酬待遇和合法权益。

2018年3月6日，塔中矿业正式与湖南有色金属研究院、昆明理工大学签署《塔吉克斯坦共和国国际学生联合培养合作协议》，三方拟合作开展塔吉克斯坦国际学生的联合培养项目。这些塔吉克斯坦共和国学生通过汉语培训并在国内大学学习采矿、选矿等专业，符合条件的，将来就可以到塔中矿业就业。

力争拥有更强话语权

已成长为国内铅锌龙头之一的西藏珠峰还有更远的目标。西藏珠峰2017年12月发布公告称，其境外参股公司NNEL拟作价不高于2.65亿加元（折合人民币13.65亿元）收购加拿大锂矿资源公司Lithium X Energy Corp（简称Li-X），这标志着西藏珠峰正式开始新能源上游资源的投资布局。

被收购公司Li-X旗下的三大核心资产中两项位于阿根廷。阿根廷是南美"锂三角"中的一环。南美"锂三角"是世界盐湖锂资源最丰富的区域，地区锂产量占世界锂产量的 50% 以上。收购成功后，西藏珠峰将成为国内首家进入该区域盐湖锂资源开发的公司。

黄建荣布局新能源领域的想法其实由来已久。2016 年西藏珠峰制定了"一体两翼"的公司发展战略，基本有色金属为"一体"，新能源、新材料则是"两翼"。盐湖资源又是"两翼"布局里的重要一环。中国的盐湖资源主要集中在青藏地区，据黄建荣对青藏两地的了解，西藏的盐湖不如青海的盐湖，而随着对盐湖研究的深入，黄建荣又发现，中国盐湖的品质与南美相比还是相差比较大。

黄建荣表示，投资布局新能源的根本意图还是提高公司的持续盈利能力，以及抵御周期性风险的发展能力。一方面，公司看好未来新能源行业的发展，锂资源作为重要的上游原料，将会有较长时间的高速增幅；另一方面，公司所处的有色金属行业周期性较强，增加新领域的投资利润增长点，有利于公司盈利的持续稳定。

熬过漫长艰辛的创业时代，也走过企业开疆拓土的里程碑，黄建荣那份企业家精神丝毫未衰。已过花甲之年的黄建荣还定下了清晰的产业目标：未来 5～10 年，在塔吉克斯坦共和国北部打造世界级有色金属产业园区，矿山年采选能力达到 600 万吨，带动上下游配套产业链同时发展；在南美地区锂盐湖资源开发保持储量及产能规模的领先。使公司在全球范围内拥有一席话语权。

【采访札记】

黄建荣的梦想

官云涛

西藏珠峰董事长黄建荣，高个挺拔，给人的第一印象是友善和精明，嘴角总是弯弯地向上微笑，似乎要把周围的人都变成朋友。

黄建荣身上有着江浙人典型的烙印——守规则、脑子灵光、办事靠谱，但也有北方人的特点——不服输、有韧劲、认准的事情一定要干成。

黄建荣没什么架子，朋友喜欢叫他老黄、黄叔，同事叫他黄总、黄哥。没人见他发火、骂人、训斥下属，他也很少滔滔不绝地谈论公司战略、部署工作。他喜欢思考，把问题想透，一层层细致地布置任务，自己带头干起来，然后，一切水到渠成。

黄建荣的经历很传奇，他的那些商贸故事足够写一本小说。他是地道的上海人，做采购出身，改革开放之初，新疆政府去上海招商引资，他带着好奇来到新疆，商人的眼光让他留下来，风风火火地创办公司，做贸易、搞边贸商城、进口矿石。那时候边境的矿石交易不计重量，论堆交易，大堆小堆，现金交易，或者干脆用日用品换矿石。黄建荣朋友多、信誉好、生意如鱼得水，不仅拉动了整个新疆的进出口贸易额，甚至成为中国第三大铜矿进口商，影响到国内的铜价的涨跌。

当然，黄建荣也并非一路顺风顺水，他摔过大跟头，亏过大钱，被迫几次转行，经历过山穷水尽的日子，磕磕碰碰十几年，最终柳暗花明落脚在采矿挖掘行业，慢慢打拼出一片天地。

他平时话不多，可一旦有人聊起新疆、中亚一带，说起西藏、青海，他立刻来了精神；如果你再问问他铜矿、锌铅矿、银铅矿、伴生矿、次生矿，他会不假思索报出当地的矿产分布、矿品比较、开采情况、冶炼能力、生产成本，如数家珍；假如你还想知道一点点盐湖的碳酸锂矿，好吧，你会发现对面站着一位化学专家，他马上开始讲述盐湖的构成、中国盐湖和世界盐湖的优劣比较、哪个国家盐湖最优、开采条件如何、卤水质量如何、怎样把卤水便宜地运回中国、怎样把卤水折成碳酸锂当量，一串串数字和化工名词脱口而出。

多年来，中国领导人出访中亚，商务团总有黄建荣的身影。他不厌其烦地向中亚朋友介绍中国，想让更多企业家看到一带一路的商机。当年，他曾以超越常人的耐心和眼光，在塔吉克斯坦投资矿业，如今的塔中矿业公司，是该国最大的工业企业，不仅解决了当地2000多人的就业，而且是该国矿业学院毕业生最向往的企业。2017年，塔中矿业上缴税收7.65亿索莫尼，年工业产值占该国采掘工业产值的55%，两项指标均名列塔吉克斯坦共和国第一。

黄建荣是个有情怀的人。他为塔中矿业公司拉电线，顺便帮助解决了沿途几百里居民的用电问题；为培养高素质技工，他出资把汉语教育引入当地技工学校；他为矿工盖食堂、保证所有的餐饮清真化；他送塔吉克斯坦共和国工人来中国学习技能，希望有一天所有的员工当地化。

黄建荣很喜欢读书、读各种书籍，从国家时政到经济政策、从佛教到管理、从化工到贸易。他不想只当一个赚钱的商人，他的梦想是打造一个世界级的跨国矿业公司。黄建荣不但研究资源，也研究科技动向。他相信未来最受宠的资源是碳酸锂，锂不仅是电池能源的上游资源，也代表着清洁高效环保。

现在，黄建荣的目光又锁定南美洲的盐湖资源，那是提炼碳酸锂的主要原材料。他快速动手布局收购、扩大产能，他希望能紧跟中国资源的需求，依靠企业优秀的地质勘探和工程机械专家，拓展更大的海外矿业资源市场，他看好中亚和南美的矿产开发市场，他步步为营地推进公司业务、想与高人比肩，跨越发展。

黄建荣相信，西藏珠峰会成为世界级跨国矿业公司。他30多年的从商经历，就是踏踏实实的一串脚印，把每一个梦想都变成了现实。

（作者系证券时报记者）

陆家嘴：做商业地产投资开发领头羊

证券时报记者　王一鸣

陆家嘴董事长李晋昭说："如果说陆家嘴金融城主要以商办为主，那前滩将建设为一个'24小时城市'，实现与纽约、伦敦等国际金融中心的'零时差'。"

从一片满是仓库的棚户区，到眼下高楼林立的国际化金融城，陆家嘴金融贸易区这一路只走了二十多年。这也让上海曾经流传的一句"宁要浦西一张床，不要浦东一套房"永远成为了历史。

这片区域最初的开发建设者，成立27年的上海陆家嘴金融贸易区开发股份有限公司（以下简称陆家嘴）期间不仅积累了丰富的城市开发经验，亦经历、完成了多次关键转型，成了领先的商业地产投资、开发和运营商。

2004年，陆家嘴完成了主营业务从单一土地开发向土地开发与项目建设并重的战略格局转型，并逐步增加长期拥有的优质资产的比重，成为一家以城市开发为主业的园区开发型房地产公司。公司持有的主要在营物业面积从2005年转型之初约15万平方米，到2017年增至约264万平方米，业态涵盖办公、商铺、酒店、会展及住宅物业。

此后，作为浦东新区第三批国资国企改革的重点，陆家嘴在2016年初以现金方式收购了陆金发88.2%股权，并于2017年完成其剩余11.8%股权的收购，初步构建"地产＋金融"双轮驱动战略。

上市26年来，不仅主营进行了转型升级，陆家嘴业绩亦呈现几何级增长，营业收入由最初上市的6.04亿元增长14倍至2017年的93.25

亿元，净利润则由 2.89 亿元增至 31.30 亿元，增长近 10 倍。

展望未来，陆家嘴董事长李晋昭认为，公司将以成为商业地产投资开发领头羊为目标，在上海、天津、苏州三城开发建设并肩作战，开辟"商业地产＋商业零售＋金融服务"多元一体化上市公司发展格局。

陆家嘴的前世今生

陆家嘴地区现位于上海市浦东新区的黄浦江畔，隔江面对外滩。是众多跨国银行的大中华区及东亚总部所在地，中国最具影响力的金融中心之一。

说起陆家嘴这一地名的由来，据上海市地方志中相关记载：明永乐年间（1403—1425 年），黄浦江水系形成后，黄浦江水自南向北与吴淞江汇合折向东流进入长江入海。河道东折处，在浦江东岸冲积成一个突出的嘴形滩地。因明代翰林院学士陆深世居此地。故该地世称陆家嘴。因水流湍急，民间有"船老大好当，陆家嘴难过"的传说。

上海解放后，人民政府在这里修马路，铺设自来水管道，架设电线等，居民生活条件初步改善。陆家嘴地区成为浦东地区连接浦西的重要交通枢纽之一。

到了 1990 年 4 月，党中央、国务院正式宣布开发开放上海浦东后，陆家嘴成为金融贸易开发区，这也是国内唯一以"金融贸易"命名的国家级开发区。该金融贸易区为黄浦江和上海城市内环线所环绕，占地 28 平方公里。

上海为何要设立一个国家级金融贸易区？当年改革开放的总设计师小平同志曾这样说："金融很重要，是现代经济的核心，金融搞好了，一着棋活，全盘皆活。"小平同志认为，"上海过去是金融中心，是货币自由兑换的地方，今后也要这样搞。中国在金融方面崛起，要获得国际地位，首先要靠上海。"

为保证金融贸易区开发建设达到世界先进水平，彼时经上海市政府批准的陆家嘴金融中心区的规划方案，集中了中、英、法、日、意等国规划大师的智慧。根据规划，按功能布局，区内划分为若干重点开发小区：金融中心区、竹园商贸区、行政文化中心、龙阳居住区等。合理的功能布局，既突出了金融贸易功能的开发重点，又充分考虑了建设现代化都市的需要。

至 2009 年 3 月，国务院常务会议通过《关于推进上海加快发展现代服务业和先进制造业、建设国际金融中心和国际航运中心的意见》，陆家嘴被确认为上海打造国际金融中心的核心区域。而后，随着中央决定将中国（上海）自由贸易试验区扩区到陆家嘴，陆家嘴片区作为上海国际金融中心核心功能区的地位愈发凸显。

昔日阡陌纵横、满是农田、老厂房和危棚旧公房的区域，如今早已是高楼林立，成为上海乃至全国的金融名片。眼下，陆家嘴地区已集聚 4 万家企业，其中有十多家重要的要素市场，银行、证券、保险持牌金融机构 824 家，占全上海 2/3。世界 500 强企业有 200 多家在陆家嘴设立机构，共计 25 万名金融人才汇集于此。

延伸地产产业链

作为陆家嘴金融贸易区的城市开发商，陆家嘴对这片土地的开发亦贡献着自身的力量。

自 1992 年成立以来，陆家嘴一直致力于"陆家嘴金融贸易区"的重点功能区域土地开发和城市功能开发，是这片区域最初的开发建设者。公司所发行的 A 股和 B 股也分别于 1993 年、1994 年在上交所上市。

公司控股股东陆家嘴集团的前身则是上海市陆家嘴金融贸易区开发公司，成立于中央宣布改革和开发浦东新区后的 1990 年 9 月，是浦东新区国资委旗下大型企业集团，主要负责陆家嘴金融贸易区内土地开发、综合经营和协调管理工作。

1997 年 12 月，开发公司改制更名为陆家嘴集团，目前集团持有上市公司 56.42% 股份。

李晋昭现任陆家嘴集团党委书记、董事长,陆家嘴股份董事长,他也是上市公司和陆家嘴地区发展壮大的见证人。谈起公司的成长、金融贸易区的变迁,他如数家珍,并将陆家嘴26年的发展史用三个阶段加以概括。

一是土地成片开发阶段。包括功能规划研究、"七通一平"旧城改造、城市基础设施建设,以及依托"土地批租"方式,推进以金融、贸易产业为主要导向的招商引资。

二是配套功能完善阶段。拘于陆家嘴地区开发之初的环境和资金条件所限,城市功能配套缺乏、优质产业发展载体不足的问题日益凸显。为此,公司一方面从"以地招商"转为"以楼招商";另一方面拾遗补阙优化陆家嘴区域配套功能。

三是主营转型升级阶段。一方面,房地产板块业务,公司正通过项目公司获取房产开发项目(含商业及办公等类房地产),待项目开发成功后再转售资产或股权。另一方面,公司于2017年度完成陆金发100%股权的收购,初步构建"地产+金融"双轮驱动的战略。

李晋昭认为,公司将审慎地推进产融结合战略及投资项目的投后管理,在严控风险的前提下,开展地产与金融协同共振的研究与探索。例如地产基金、楼宇资产证券化等金融业务创新,逐步形成陆家嘴金融地产的业务链条。

走出陆家嘴

上市26年来,不仅主营进行了转型升级,陆家嘴业绩亦呈现几何级增长,净利润由最初上市的2.89亿元增至2017年的31.30亿元,增长近10倍。截至2017年末,公司总资产达到812亿元,持有的主要在营物业总建筑面积达264万平方米,在建面积超过121万平方米,其中,办公物业是陆家嘴的核心资产,在营甲级写字楼共18幢,总建筑面积超过163万平方米;其次为商业物业,总建筑面积超过44万平方米。

从收入构成看，商业地产仍是陆家嘴的主业，其次是金融业务。在2017 年公司实现的 76.53 亿元房地产收入中，房地产租赁 30.76 亿元，房产销售收入 29.93 亿元，物业管理约 10.64 亿元，酒店业务 1.27 亿元；金融业务板块实现收入约 16.71 亿元。

经历高速发展后的下一个问题是，如何保持高质量发展？李晋昭的回答是"走出去"。目前，陆家嘴已经把发展的区域延伸到了上海的前滩国际商务区、天津以及苏州，未来也会走向其他城市。

在未来拓展的新区域中，前滩国际商务区无疑受到外界高度关注，被誉为"第二个陆家嘴"，上市公司也于 2018 年 5 月 2 日将办公地址搬迁至此。

总面积 2.83 平方公里的"前滩国际商务区"位于黄浦江南延伸段，距人民广场仅 20 分钟车程。根据建设规划，前滩有 350 万平方米的建筑容量，计划聚集总部商务、文化传媒、体育休闲等功能于一体，是上海未来的新亮点。同时，该区域也是上海"十三五"功能集聚的重点区域之一，将致力于打造成上海浦东"重点区域整体开发"的示范区、"中央公共活动区"的样板区及上海构筑"全球城市"的试验区。

该片区由陆家嘴集团负责规划与开发，陆家嘴因此获得参与建设的机会。目前，公司正围绕前滩区域"三年出形象、五年出功能、十年基本建成"的总体目标推进项目的开发建设。在李晋昭看来，未来前滩的城市功能将更加齐备。如果说陆家嘴金融城主要以商办为主，那前滩则是一个全球化城市综合体，包括商业楼宇、社区居住、媒体城、能源中心等多种功能，而且，前滩将建设"24 小时城市"，实现与纽约、伦敦等国际金融中心的"零时差"。

陆家嘴"走出去"战略也考验着公司异地管理项目的能力。2017年，陆家嘴收购了苏州绿岸 95% 股权，这是陆家嘴首次借助金融杠杆，以小资金撬动大项目的一次尝试，也是第二个"走出上海"后的大型成片开发项目。

在天津，陆家嘴不仅拥有总建筑面积达 26.86 万平方米的天津陆家嘴金融广场甲级写字楼，还拥有天津虹桥新天地、天津 L+Mall 等商业物业。据介绍，位于天津和上海的两个 L+Mall 于 2017 年竣工，陆家嘴目前正抓紧推进项目招商。

保持新思维　要有新作为

企业唯有不断探索适合自身发展的商业模式和前进道路，方能随时适应经济环境的变化，进而在未来商业模式转型道路上领先一步，陆家嘴亦深谙此道。

"我们未来会坚持地产、零售、金融三业联动。未来在商业零售上也要取得新突破。进一步加强 96 广场、1885 广场等在营物业招商；推动上海 L+MALL 招商落地，打造'上海购物'新地标。并持续加大天津 L+MALL 招商力度，建设天津西站城市副中心新亮点。"李晋昭说。

在李晋昭看来，目前，商业地产竞争依旧激烈，在扩张布局的同时，作为商业地产商需密切关注行业新趋势和前景。在大型商场建设方面，陆家嘴更关心 80 后和 90 后新一代的消费观念，根据他们的购物需求来打造各个板块。上述提及的 L+Mall 就是一个在业态组合及品牌优化上的创新。整个项目的招商增加了休闲娱乐、餐饮服务类的配比；引进更多高品牌热度和高吸引力的商户，提升整个购物中心的品牌更新率，设置"网红区"等主题区域等。

陆家嘴不断利用物联网等最新科技技术改变商业楼宇的管理。"我们要做的不仅仅是一个商场，更是一座桥梁，一条纽带，从顾客的角度出发，高效满足消费者对于高颜值、高质量、高品位等各方面的需求。"李晋昭如是说。

在陆家嘴看来，企业应时刻保持创新思维，学习、参考海内外标杆房地产企业产业布局的经验和做法，通过"跨界"经营，拓展传统商业地产的发展边界，才能走得更远。

终点即起点

付建利

站在上海前滩办公室的落地玻璃窗前，陆家嘴股份董事长李晋昭望着不远处的国际学校、写字楼、居民区、黄浦江放言："这里未来将又是一个陆家嘴！"

他眼中的陆家嘴有两层含义：一层是地理概念的。20世纪90年代初期的浦东开发开放，造就了金融贸易区陆家嘴。如今，提到陆家嘴区域，人们就想起浦东的车水马龙、一幢幢的高级写字楼、全球500强、金融翘楚。另一层含义，是指陆家嘴这家上市公司。上一轮浦东的开发开放造就了陆家嘴的蓝筹股地位；如今，上市公司正在参与开发建设的前滩地区，被外界誉为了"第二个陆家嘴"。

李晋昭身高至少一米七八，采访时眼神始终直视着记者，微笑中谈起话来不疾不徐，无论是聊起陆家嘴区域的变迁，还是上市公司的商业演进，他都如数家珍、饶有兴致。20世纪上海浦东的开发开放，造就了浦东传奇，也造就了陆家嘴的诞生。那一代人的功绩，除了历史机遇，还要靠个人的胆量，敢闯敢干、敢于冲破现有体制的约束，大胆地去尝试前人未做过的事情。这一点，陆家嘴的创业者们做到了。

如今的陆家嘴区域，高楼林立，每一天都在上演不同的商业故事。这里不少写字楼都是陆家嘴在运营。楼宇运营需要大量的物流和人流管理，好比人身体的血液能保障整个体系的正常运行，陆家嘴股份一直做的，主要就是这个事情。

谈到地产类的上市公司，大家自然会称呼它们为开发商，脑中闪现的是噌噌上涨的房价、开发商买地、造房子、卖楼，但，李晋昭一再向记者强调，我不是卖房子的，我们主要是做商业地产，更偏向于商业地产的运营。他很不喜欢别人称他为"地产商人"，而更喜欢被称为"商业地产运营商"。

　　商业地产的运营就是给客户提供更好的服务。服务和运营的观念，在李晋昭的脑海中扎下了根。他认为未来前滩不会是仅仅一排排写字楼，而是商业、居住、教育、医疗、养老等多种服务相互配套的综合性城市新中心。李晋昭的商业地产运营，最终的目的，是为了让"人"这个主体生存得更舒适、让商业的繁荣更多地服务于人的生存与发展。靠买地、造房、卖房的模式赚大钱，李晋昭显然志不在此。

　　一个时代有一个时代的商业，一个时代有一个时代的人生。对于陆家嘴和李晋昭本人来说，如今，都面临着挑战与机遇。陆家嘴正在谋求转型升级与产金融合，陆家嘴确立了"地产＋金融"的双轮驱动战略，但具体如何融合？里面大有文章，也有不少挑战。李晋昭说，房地产行业本来具有很强的金融属性，什么行业未来可以容纳这么大体量的房地产？唯有金融！此外，陆家嘴正走出陆家嘴区域，走到了苏州、天津。而在上海，走出陆家嘴区域之后重点是走到了前滩。

　　"我们是走出了陆家嘴，走到了前滩，不能说是走出上海。"李晋昭不喜欢动辄提"走向世界"这些口号，他连"走出上海"都不愿提，他更想一步步把事情做好、做扎实。

　　李晋昭说，做商业地产运营，始终想的是"永续持有、永续经营"，任何时候，他想到的不是卖掉房子，而是运营好房子。陆家嘴区域早期只是一个 CBD、中央商务区的概念，但未来的前滩要补上城市功能配套的短板。同理，在未来的转型升级和产金融合中，团队必须有清晰的价值观，才能打造百年老店。

　　面对前滩的开发，以及陆家嘴新的征程，李晋昭用一句话来表达：终点即起点！过往的历史无论如何辉煌，都如奔腾不息的黄浦江，滔滔江水，永不复回，面对新的时代，新的商业环境，新的互联网革命和科学技术，陆家嘴和李晋昭，都在不断踏上新的起点。而梦想，很多时候都是在终点和起点的循环往复中实现的。

（作者系证券时报记者）

兖州煤业：践行全球战略大步走出国门

证券时报记者　康　殷

兖州煤业董事长李希勇说："兖州煤业和同行上市公司相比：第一，我们有煤炭安全高效开采的核心技术，在全球同行业中应该说是首屈一指的；第二，我们有煤气化、煤液化的核心技术，这是我们的一个优势；第三，我们拥有国际和国内两个市场统筹的发展路径，可以对冲风险，盈利能力提升有保障。"

翻开兖州煤业最新年报，一张横跨三大洲，囊括中国、澳大利亚和加拿大的资产布局图，生动诠释了兖州煤业的全球战略。兖州煤业是中国"走出去"最早、也是效果最好的煤炭企业。

2018 年 7 月 10 日发布的最新的《财富》中国 500 强排行榜上，兖州煤业排名第 54 位，煤炭行业排名第二位，仅次于中国神华。从山东走出来的兖州煤业，今日已是跻身中国煤炭业的龙头企业。

从山东一隅到领军全国

与尘土飞扬的煤炭开采旧日印象恰恰相反，走在兖州煤业东滩煤矿的厂区道路上，人们会发现路面干净整洁，两旁绿化树青葱翠绿。东滩煤矿是兖州煤业众多矿区中的一个。

兖州煤业前身为兖州矿务局，1996 年改制为国有公司——兖矿集团有限公司，1997 年兖矿集团有限公司独立发起设立兖州煤业，1998 年正式登陆资本市场。20 年来，兖州煤业坚持每年分红，上市以来总计分红 193.14 亿元，分红派息率达 30.11%，是当之无愧的鲁股"分红王"。

坐落于孔孟之乡的兖州煤业,也曾面对挫折和失落。作为中国最早建成的大型煤炭基地,兖州煤业堪称中国整个煤炭行业最具代表性的缩影。它占据中国煤炭业龙头老大地位10年之久,1998年最辉煌时企业利润占全行业利润的58%。此后,煤炭产业迎来了10年黄金期,市场供不应求,煤价一路飙升。

直到2013年,煤价出现了断崖式暴跌,大批煤企陷入亏损,整个行业遭遇到有史以来最冷的寒冬。长期潜伏的"大企业病"骤然引发,兖州煤业2013年净利润12.71亿元,同比下降近76%。随着整个煤炭市场持续走低,2015年兖州煤业迎来了"最为艰难"的开局,除产量外多项经营指标均未能达到预期。2015年兖州煤业全年净利润8.6亿元,同比下跌60%。

面对困局,2016年山东省"两会"上,兖州煤业董事长李希勇曾建议,将煤炭企业增值税率由17%降到13%,将山东省煤炭资源税率由4%降到2%,以缓解当年煤炭企业普遍存在的艰难局面。

困境倒逼改革。最近几年,兖州煤业通过海外并购,发展非煤产业,加强内部市场化管理等方式,实现了新旧动能转换。受益于国家供给侧结构性改革及去产能等政策,煤炭市场供需呈紧平衡态势,煤炭价格中高位运行,煤炭行业盈利能力大幅增强。最近两年,兖州煤业产销量大幅增长,盈利能力迅速改善。

2017年,兖州煤业净利润增长3倍,主要原因是内蒙古鄂尔多斯3座千万吨级煤矿在短时间内建成投产,另外就是兖煤澳大利亚成功收购澳大利亚联合煤炭公司100%股权。除此之外,公司加强内部管理,也助推了业绩增长。

与大量煤企不断圈地扩张、一味追求产量不同,兖州煤业通过拉长产业链,进军煤化工的路径,向下游产业发展。目前公司非煤业务主要包括煤化工、铁路运输、电力、热力、非煤贸易和机电装备制造等业务。从单纯煤炭销售,转向甲醇、二甲醚、石蜡、柴油、石脑油多种产品，进而追求更高的附加值。

走出国门布局海外

翻开兖州煤业最新年报，一张横跨三大洲，囊括中国、澳大利亚和加拿大的资产布局图，生动诠释了兖州煤业的全球战略。

兖州煤业是中国"走出去"最早、也是效果最好的煤炭企业。2017年，兖州煤业收购全球矿业巨头力拓公司在澳大利亚最大的煤炭资产——联合煤炭。这桩海外并购涉及煤矿、铁路和港口等资产，动用收购资金高达170亿元人民币，被业界称为"足以改变煤炭市场格局的并购案"。

在此之前，兖州煤业的海外并购也并非一帆风顺，兖煤澳大利亚还一度出现亏损。兖煤澳大利亚是兖州煤业在澳大利亚的投资产业平台，于2004年成立，2012年在澳大利亚上市。目前兖州煤业持有该公司约65%的股权。截至目前，兖煤澳大利亚拥有莫拉本、艾诗顿等9座煤矿和纽卡斯尔基础设施集团27%股权、威金斯岛码头9.375%股权等资产，拥有JOCK标准原地煤炭资源量86.09亿吨，JOCK标准储量18.07亿吨。2013年以来，受国际煤炭价格下跌和外汇汇率波动影响，兖煤澳大利亚陷入亏损。

"给西方人当老板，必须学会换位思考。绝不能把国内积累的经验和经营模式直接拿到国外套用，而要用欣赏和尊重来观察'不同'，形成互补。"谈及十多年的国际化经历，兖州煤业副董事长李伟如此表示。董事长李希勇第一次到澳大利亚子公司走访时，就曾吃到过"闭门羹"。李希勇是矿长出身，当提出到井下视察时，外籍员工却说，按照规定，没有预约不能下井。

中外双方文化、管理方式经过兖煤在澳大利亚十多年发展已经逐步融合。目前，兖煤澳大利亚已是拥有2000余名员工的上市公司，而兖州煤业外派人员只有9人，其余员工来自全球十余个国家。

2016年四季度以来，受中国煤炭"去产能"政策以及印度、澳大利亚等国家煤炭市场供求影响，全球煤炭价格大幅上涨，煤炭行业经营状况明显改善。瞄准全球煤炭行业低位反弹的趋势，兖煤澳大利亚2017年底顺利完成收购澳大利亚优质煤炭资产——联合煤炭，拥有及管理的煤炭资源量从48.05亿吨提升至86.09亿吨，年生产能力从收购前的4400万吨提高到8000万吨。2017年9月至12月，联合煤炭原煤产量792万吨，商品煤产量571万吨，商品煤销量556万吨，自产煤销售收入7.02亿澳元。李伟表示，兖煤澳大利亚盈利能力大幅提升，一是得益于中国供给侧结构性改革带动国际煤价上涨，二是附属莫拉本矿扩产项目投产所带动的产量提升。"关键是成功收购联合煤炭，极大提高了兖煤澳大利亚资产创效能力。"他说，收购联合煤炭仅4个月就为兖煤澳大利亚贡献税前利润2.13亿澳元。

目前，兖煤澳大利亚已经是澳大利亚最大的专营煤炭生产商。与过去不同，新时期的开放不仅强调"引进来"，也更注重"走出去"，全面参与全球经济合作和竞争。

创新实施内部市场化

工器具租赁超市、非标准件超市，这不是集贸市场，而是兖州煤业东滩煤矿厂区内部市场化体系下的新事物。正是通过内部市场化、岗位货币化改革，将每一件原料和产品、每一次劳务和付出都进行货币化计量，提升员工的生产积极性，也让兖州煤业焕发新活力。

改革源自"大企业病"的顽疾，作为一家拥有逾十万员工、超百家子公司的煤炭企业，兖州煤业存在集团管理过细、审批层级过多、员工效率过低等问题。

兖州煤业通过依托内部市场化搭建的"市场链"平台，全流程再造公司价值生成系统，将生产经营业务流程打造成为由相互关联的价值创造、价值增值活动组成的"价值链"。小到一颗螺丝钉、大到一台设备，从一个工序到一个工程，都明码标价、有价可循，节省的部分开支就会奖励给员工。

在东滩煤矿内部市场运行中心，通过信息管理平台可以查询到每名员工的绩效情况。工资表以现金账记录职工每一次值班，而非过去的工分，员工创造的价值减去成本就是收入。如一名井下掘进工收入是由工时乘工时单价减去支付得出。而工时单价是按照岗位工作强度等指标计算，工作中产生的耗材、水、电等费用也由个人承担，成本超支了如同掏自己的腰包。运行中心的工作人员举了个例子，东滩煤矿后勤服务中心车辆租赁市场装载机司机李师傅，因技高艺精，成了各单位争相"抢"用的人。想请他出车，至少提前 3 天预约排号。车辆租赁中心司机师傅月结算工资，最高与最低相差 1400 多元。还有一些细节，东滩煤矿一个可容纳 50 人的会场内就标明了："1 小时内会议收费 60 元，超出 1 小时后，每增加 1 小时费用增加 30 元，开水是 1 元一杯，茶水则是 2 元一杯。"谁主持召开会议，费用由谁签单支付。

在内部市场化推进上，兖州煤业让职工真正感受到了"干多干少不一样，干好干坏不一样"。按照市场的规律、仿真的市场去判断，做到每个点都最优最佳，最终让全流程达到最优。产业内部市场化的推进，使兖州煤业成本下降的速度跑赢了价格下降的速度，实现了盈利。"引入内部市场化机制就是把生产链打造成一个价值链，把每一个岗位都能变成'利润源'，让每一个员工都能成为一个'经营者'，以此提高员工内在的积极性，提高企业运营效率。"李希勇如是说。

煤与非煤并重发展

煤炭价格周期浮动，如何对冲价格波动对煤炭企业的冲击，兖州煤业走出了一套"产融一体、财富增值"的转型之路。

2018 年 12 月 6 日，兖州煤业控股子公司兖煤澳大利亚在香港联交所挂牌上市，实现了在澳大利亚和中国香港两地上市。兖州煤业在资本市场的布局再度引发市场瞩目。兖州煤业于 1998 年先后在纽约（后于 2017 年退市）、香港和上海三地上市。2012 年 6 月，控股子公司兖州煤业澳大利亚公司在澳大利亚证券交易所上市。目前，兖州煤业成为中国首家且迄今唯一一家拥有境内外三地上市平台的煤炭公司。自上市以来，兖州煤业先后成功发行五次股票、多次债券融资，实施了十余次重大战略性并购，成为中国资本市场利用率最高的上市公司之一。

兖州煤业的金融资本运作自2014年进入一个新的时期。2014年4月，在兖州煤业二届一次职代会上，李希勇说："要因地制宜，困则思变，紧紧围绕'依托煤炭、延伸煤炭、超越煤炭'这一课题，深度思考转型发展的路径和模式，积极打造具有兖煤特色的发展战略'升级版'。"此后，兖州煤业金融资本运作由发行股票、债券和并购，向投资领域倾斜。

2014年，兖州煤业出资3.75亿元合资设立中垠融资租赁有限公司，持股75%；出资1.25亿元为兖矿财务公司增加注册资本金，持股25%；全资设立端信投资控股（北京）有限公司；2015年，兖州煤业以7.83亿元认购齐鲁银行2.46亿股定向发行股票；以2.6亿元参股投资上海中期期货有限公司33.3%股权。

2016年，兖州煤业加快在金融领域投资的步伐，全资设立端信投资控股（深圳）有限公司；旗下兖煤国际以20.3亿港元认购浙商银行H股，占其已发行H股股份的13.54%。2017年，兖州煤业以11.2亿元完成对兖矿财务公司65%股权的收购，合计股权占比达到90%；以4.3亿元认购齐鲁银行普通股。

在实体经营和资本运营的"双轮驱动"下，兖州煤业已经形成上海、北京、深圳、青岛"四位一体"的金融投资管理平台体系，初步完成产业基金、资产管理、融资租赁、金融控股公司的设立，形成了多层次、多功能运营格局。目前，投资收益已逐渐成为兖州煤业利润的重要来源，将有利于长远抵御煤炭行业下行周期的经营风险。

兖州煤业非煤板块另一重要产业煤制甲醇也在快速发展。兖州煤业的煤化工业务目前以生产甲醇为主，目前，正积极推进鄂尔多斯能化荣信化工二期项目和榆林能化二期煤制甲醇项目，预计将于2019年年中正式投入商业运营。李希勇介绍，目前，兖州煤业煤制甲醇年产能150万吨，在全国甲醇市场产销量位居前列。

"与同行相比，兖州煤业有煤炭安全高效开采的核心技术，有煤气化、煤液化的核心技术，有国际和国内两个市场统筹的发展路径。"李希勇直言，"兖州煤业在开采技术、转化技术、市场空间三方面拥有比较优势，这也是企业充满自信的关键所在。"

【采访札记】

传统行业中的奔跑者

孙森林

2018 年 6 月初，兖州煤业在山东当了一次"网红"。据统计，2017 年，山东 192 家 A 股上市公司共缴纳税费 816 亿元，平均每家 4.25 亿。兖州煤业上缴税费总额为 84.5 亿元，居鲁股之首。

这个"冠军"还能不能保持，现在不好说。但，可以确定的是，2018 年，兖州煤业的煤炭产量将大幅提升，极有可能首次突破亿吨大关，成为仅次于中国神华的第二大煤炭企业，是 A 股同类公司中的唯一成长股。

兖州煤业何以在传统行业中快速奔跑？可以将原因归结为技术＋战略。

"我们有煤炭安全高效开采的核心技术，在这方面，我们在全球是首屈一指的。"兖州煤业董事长李希勇说，"另外，我们有煤气化、煤液化的核心技术，这是我们一个优势。"

在煤炭类企业中，兖州煤业最早提出了"煤与非煤并重"的战略。近几年，这个战略充分显示了其威力。

先说煤炭主业战略。2017 年，兖州煤业做了一件大事：收购联合煤炭公司。联合煤炭是澳大利亚顶级动力煤和半软焦煤生产商，煤炭资源储量达到 31.2 亿吨，可售储量 8.6 亿吨。由于煤质上佳和地理位置优越，联合煤炭的产品一直出口日本、韩国，订单以长协为主。通过收购联合煤炭，兖州煤业大大提高了抵御国内煤价波动风险的能力，同时，增强了盈利能力。2017年9月1日完成收购，到2017年底，短短4个月时间，联合煤炭就为兖煤澳大利亚贡献了14.3亿元的利润。有业内人士盛赞这是一次"教科书式的并购"。

再看看非煤业务。近年，兖州煤业力推煤制甲醇项目，目前已有150万t产能，预计明年产能还将大幅提升。尽管这一块业务在公司总资产中占比不高，但由于技术先进，成本较低，在甲醇价格持续走高和产能扩张的情况下，甲醇项目有望成为公司新的利润增长点。李希勇介绍，除了甲醇项目，兖州煤业还把产业链延伸到了有色金属领域。目前已有项目立项和前期勘探，预计下一步会有较大的发展。

和其他煤企相比，兖州煤业还有一个非常有特色的业务：金融。为什么要做金融，李希勇说："我们不是为做金融而做金融，而是通过运用金融工具，放大国有资本的功能，以金融产业促进实体产业的发展。"过去3年，兖州煤业金融板块的投资净收益分别为6.1亿元、7.6亿元、9.6亿元。

1998年，兖州煤业分别在香港、纽约和上海三地上市。上市20年，兖州煤业坚持每年分红，能保持这个纪录的上市公司寥寥无几。同时，资本市场也为兖州煤业的发展提供了足够的回报。兖州煤业上市至今，共进行了18次大型的并购，从当初的一个地方小矿发展成为总资产近2000亿元的国际矿业集团，这当中，资本市场功不可没。

"优化煤，延伸煤，超越煤""产融结合，双轮驱动"，这是李希勇当初为兖州煤业制定的战略规划，希望这个规划能让兖州煤业既能跑得快，也能跑得稳。

（作者系证券时报编委、新闻中心主任）

江苏国信：迎来"脱胎换骨"式改变

证券时报记者　孙亚华

国信集团是江苏省唯一的改建国有资本投资运营公司试点企业，信托和能源两个板块是其最核心的资产。

"除了证券代码没变，这面墙上所有内容都变了！"江苏国信总经理李宪强指着办公楼前重新装修过的背景墙，微笑着对我们说。

江苏国信，前身为同一控股股东国信集团旗下的舜天船舶。2016年，舜天船舶破产重整、重大资产重组同步进行，成为中国首家利用资本市场同步实施重整重组的案例，实现国有企业改革。同时，公司将江苏信托股权置入上市公司，是多年来信托行业首个曲线上市成功过会的案例。江苏国信被打造成江苏省内"能源＋金融"共同发展的双平台，拥有7家优质火电公司控股股权及江苏信托81.49%股权的核心资产。

作为国有资产证券化的先行者之一，江苏国信在感受到资本带来的强大助推力的同时，也迎来了速度与稳健如何协同等多重挑战。在某种程度上，这也是国企改革大浪潮下的一个缩影。

历史悠久　脱胎换骨

江苏国信的办公大楼坐落在南京六朝博物馆和原国民政府旧址的附近，周围高楼大厦的鳞次栉比无声诉说着岁月的变迁。

江苏国信注入的电力资产，拥有漫长的发展历史。李宪强说："新海电厂是1921年建厂的，跟我们共产党的建党时间是一样的，扬州二电厂相对比较迟一点，但也是20世纪90年代就成立的。"

但同时，江苏国信也一再强调对原有业务的剥离。舜天船舶破产重整、注入新资产成为江苏国信后，主营业务完全变更，高管人员全部更换，就连办公地点也进行了变更。李宪强形容重组后的江苏国信是"脱胎换骨"。

脱胎换骨后的业绩表现颇为亮眼。2016年江苏国信实现扭亏为盈。2017年，公司营业收入、归属于母公司所有者净利润分别为202.04亿元、21.8亿元，同比增长分别为20.16%、102.28%。2018年前三季度，公司业绩继续增长，营业收入、归属于母公司所有者净利润分别达到157.27亿元、15.83亿元，同比增长分别为13.63%、11.88%。2017年，江苏国信还入选沪深300指数。

发电业务变革从未停歇

2015年9月，国企改革指导意见明确提出"大力推动国有企业改制上市，创造条件实现集团公司整体上市"。2016年以来，随着国企改革"1+N"系列制度配套设施不断完善，国企改革进入重点实施阶段，而资产证券化被认为是国企改革最有效的途径之一。

国信集团是江苏省唯一的改建国有资本投资运营公司试点企业，信托和能源两个板块是最核心的资产，于2016年同时装进上市公司，覆盖了舜天船舶的亏损，同时也满足了核心主业上市的内在需求。江苏国信成功完成了资产证券化，但是国资改革后仍然由国企背景的领导层来做管理者，不少人担心是否会影响改革的深入推进。

其实，对于在电力行业摸爬滚打三十余年的李宪强来说，变革并不陌生。电力体制已经经历了"政企分开"、标杆上网电价出台、煤电价格联动机制出台等多次行业重大改革。"曾经的电厂只需要负责发电，不用考虑销售的问题。因为那时的电量、煤炭的采购都是按计划分配的，电力企业只用关心安全生产。后来国家成立了五大发电公司，电力市场走上了市场化竞争的道路。现在又有新的政策和变化。"李宪强解释。例如，在供给侧改革和环保政策趋严的压力下，煤价高企、电力新项目审批困难。为了应对这一变化，江苏国信成立能源销售公司，统一采购煤炭，增强议价能力；与煤炭供应商洽谈，使得公司 2018 年起享有和五大发电集团相同的长协煤比例；在北方港口成立煤炭储存基地，适时采购煤炭，降低成本。此外，公司大力发展清洁能源，2017 年下半年以来，淮安二燃、高邮燃机、仪征燃机陆续投产。靖江燃机项目已于 2018 年 4 月 18 日取得江苏省发改委核准，项目其他前期准备工作正按照计划有序推进。未来公司还计划在苏南继续投资燃机项目。燃气机组具有盈利能力稳定的特点，公司目前燃气机组装机容量 259.2 万千瓦，占比 24.79%，远高于全省 12% 的平均水平。公司旗下发电机组共有 22 台，全部是热电联产机组，综合效率高。根据国家政策，江苏国信还主动加强能源板块技术革新、节能技术改造。公司所有燃煤机组已于 2017 年年底完成超低排放改造。国信扬电 #4 机组 2017 年完成了增容提效改造，2018 年国信扬电 #3 机组计划实施增容提效改造，射阳港发电机组正在制定增容提效改造方案。

2018 年的火电行业整体景气度和前几年相比也发生了变化，前几年煤炭一直处于上涨状态，价格由 2015 年的 410 元 / 吨上涨至 2018 年一季度最高的 750 元 / 吨，最高涨幅超过 82.9%，2018 年下半年煤炭价格有望企稳。因为煤炭成本占发电成本的 75% 左右，煤炭价格稳定有利于公司 2018 年火力发电成本的控制。

江苏省是我国经济总量较大、经济增长及用电增长较快的省份之一，2018 年 1—5 月份累计用电量达 2395 亿千瓦时，位居全国首位，同比增长 9.3%。江苏国信七家电厂普遍位于江苏省电力负荷中心，从而保证了较高的利用小时数。

信托业务积极转型稳健发展

江苏信托是 1981 年经中国人民银行总行批准成立的国有非银行金融机构，是江苏省属国资资源中第一梯队的优质资产，2017 年江苏信托净利为 16.18 亿元，对江苏国信的利润做出了较大贡献。

江苏信托拥有相对较高的净资本，公司股东均是江苏省属国有企业集团。地处经济发达的长三角地区，区域经济活跃度高，市场需求旺盛，民间资本富裕，特别是江苏经济的快速发展，江苏沿海开发战略以及苏南、苏中、苏北共同发展战略的实施，为江苏信托的业务发展和进一步改革提供了良好机遇。

江苏信托总经理王会清表达了对于改革的迫切希望："僵化的机制是不可能转型成功和进行'高质量发展的'，公司一定会完善公司法人治理结构。"作为江苏国信旗下率先开展人才机制改革的业务板块，王会清介绍，在装入上市公司后，信托公司一直在分步骤地实行人才激励计划。目前是中层以下干部和成员全部实行市场化机制，薪酬与绩效挂钩。"人才结构上要'能上能下'，不是说当上领导后就只会往上走，消极怠工的话也会降职。"王会清说，"未来信托业必然会面临着规模增速回落和行业竞争加剧的新形势，公司正在积极提高主动管理能力。"

在信托业去通道的大环境中，去杠杆和资管新规让始于2008年的信托行业的粗放式增长戛然而止。来自中国信托业协会的统计数据显示，截至2018年三季度末，行业管理的信托资产余额为23.14万亿元，较二季度末下降了1.13万亿元。从信托资产规模的季度增速变化来看，三季度同比增速自2010年季度统计数据以来首次跌入负值区间。前三季度来看，行业运行整体呈现出集合资金信托占比持续稳步提高，通道业务持续缩减。多位分析人士均表示，资管新规下，加强主动管理业务的转型是大势所趋。江苏国信称，公司目前已经在积极加强与保险、商业银行等金融机构的合作，开展定制化集合信托业务，通过保险及银行推介资产、机构认购或代销方式募集资金，主动管理定制化集合信托业务。

公司在展现出对改革和发展的坚定决心的同时，几乎所有高管都多次强调风控的重要性。李宪强称，公司非常注重风控，专门引进了几位资深风控专家到公司来就职。董事会秘书章明介绍，2016年破产重组刚进行完毕，各个子公司的高管就来参加了合规培训。2018年，公司又邀请监管局和交易所相关部门的领导来进行合规方面的授课。江苏信托首席风控官则表示，信托公司目前从未出现过违约。2018年开始开展房地产信托业务，但也只和抗风险能力强的前50强进行洽谈合作。"要转型，但是步子一下子迈得太大并不是好事。'红线'坚决不能碰！"王会清说。积极变革，稳健发展，从江苏信托的投资风格可见一斑。

与大多数信托公司不同，江苏信托除传统信托业务外，还着力发展金融股权投资业务。2017年底在132.56亿元自营资产中高达96.67%的资金投向了金融机构，其中53.9%为长期股权投资，主要投向了金融企业，包括江苏银行、利安人寿、江苏两家农村商业银行等。2017年，江苏信托持有的7.73%江苏银行股权，实现投资收益9.18亿元。公司于2018年7月7日公告，再次以23.7亿元受让利安人寿股权，成为其第一大股东，持股比例达22.1%。2018年7月16日，江苏银行公告称江苏信托又增持逾400万股。

资本促进双主业加速发展

资本市场给上市公司带来的最大变化是什么？负责电力和信托业务的高管均不约而同地表示，资本让他们明显感受到了加速度。

多年来习惯稳扎稳打的李宪强对此颇有感触："我们过去建电厂，都是从一块空地一步步地做起来的，看着它一点一点地被建成完整的现代化工厂，成就感很大，但相对缓慢，也很辛苦。公司上市以后，价值感和以前完全不一样了。在资本市场的运作下，计划实施的速度全都进一步加快了。"换言之，以前有些项目需要数年才可能出来一定的成绩，但是有了资本的助力，做这件事情的周期可能就会大大缩短。在资本的助推下，江苏国信2018年的电力业务跨出江苏省外。公司将与中煤平朔、同煤集团、山西神头、山西阳光等企业合资成立苏晋能源控股公司，收购中煤平朔、中电神头、同煤塔山二期、晋能保德四个项目，合计装机容量516万千瓦。

江苏是能源需求大省，和山西产业互补较强。借助苏晋能源控股公司这一平台，江苏、山西两省地方国企和相关央企整合各方资源，实现煤电产业链上下游合作。苏晋能源控股公司通过山西发电—外送江苏的方式，不仅解决了江苏的环保问题，还降低了发电的燃料成本。李宪强还表示，江苏省将关闭省内用于供热的小煤炉，这将带来巨大的供热市场，公司将合理利用资金，积极投资燃机热电联产项目，并不断开拓供热市场。未来还会考虑省外发电企业以及海外能源项目。

在信托板块，2018年，江苏国信完成定增40亿，增资江苏信托。同时，江苏信托的另几家股东同比增资合计9亿元，使得江苏信托实际增资额达到49亿。李宪强说："我们的异地团队已经实现市场化人才激励机制，人均创收行业排名名列前茅，业务进展迅速。"

"未来我们还将积极参与到先进制造业、互联网、大数据、人工智能、中高端消费、绿色经济等新兴领域，加快创新产品研究。"江苏信托的相关负责人补充道。

江苏国信的改革和发展都不会停止。公司未来还会进一步深化内部机制改革，在资本的帮助下，积极探索信托和能源业务结构的战略性布局，发挥产业与金融的互补效应和协同效应，实现产融结合。

【采访札记】

江苏国信的变与不变

李雪峰

双主业或多主业的公司容易剑走偏锋，但江苏国信没有。公司的逻辑是，电厂可以提供稳定的现金流，而信托的优势恰好是资金调度。

江苏国信总经理李宪强是一位老电力人，有着30多年扎根电力行业、从基层一路干到高管的完整从业履历。

"公司目前燃气机组装机容量259.2万千瓦，占比24.79%，远高于全省12%的平均水平"；"公司旗下发电机组共有22台，全部是热电联产机组"；"除淮安发电外，公司其他燃煤组均为60万千瓦级和100

万千瓦机组，属大容量、高参数、能耗指标低的超临界或超超临界的先进机组"……访谈中，李宪强如数家珍，用一组组数据勾勒出公司电力板块的核心竞争力。

看得出来，作为老电力人，李宪强跨界进入信托业务，也是老革命面对新课题。2018年以来，资管新规席卷信托业，降杠杆、去嵌套、缩通道，江苏国信旗下的江苏信托自然会受到一些影响，对于这些问题，李宪强并没有回避。他与江苏信托的管理团队一起，详细阐述了江苏信托在资管新规背景下的应对措施和业务拓展方向。

他们有四个明确的判断：一是信托业正在面临强监管；二是这样的监管是有必要的；三是信托公司会在强监管过程中出现分化；四是江苏信托有能力应对行业新变化。

不同于一般的国企，江苏国信是在承接历史包袱的基础上迈入资本市场的。它是从原上市公司舜天船舶的债务链中突围而出的。现在回过头来看，江苏国资委拍板重组舜天船舶，将电力资产及信托资产注入上市公司，走出了大胆的一步。一方面，江苏国信要全面处理好舜天船舶的历史债务和相关财务负担；另一方面，注入江苏国信的电力及信托板块必须完成业绩对赌，给资本市场一个交代。2016年及2017年，江苏国信成功完成了承诺业绩。

李宪强有一句话，"除了证券代码没变，这面墙上（江苏国信产品展示墙）所有内容都变了"令记者印象深刻！

确实，除了证券代码与舜天船舶一样外，江苏国信早已脱胎换骨，不仅业务板块、人事结构全部变更，就连办公室装修风格都变了，江苏国信给我们的感觉就是"变"——往好的方向变。李宪强说，他本人先后经历了"政企分开"、标杆上网电价出台、煤电价格联动机制出台、交易价格管理通知出台等多轮改革，已经习惯了应对各种变革；江苏国信也从不害怕变，国企只有不断寻求变革，才能克服"国企病"，改革和发展从来都不会停。

与此同时，江苏国信始终坚守红线思维，这也是江苏国信变化中的不变。思想要解放，管理模式要变革，风险意识却一刻也不能放松。以江苏信托为例，信托管理团队长期打拼在金融第一线，对金融风险有着切身的体会。面对资管新规，他们积极谋求转型，但绝不会以转型为借口忽视风险控制。"要转型，但是步子一下子迈得太大并不是好事。'红线'坚决不能碰！"江苏信托总经理王会清说。

如果将江苏国信置于江苏乃至全国国资改革的大背景下，便不难发现，它所体现出的变与不变实际上是一个缩影。坚持改革，坚守底线，在改革中重塑国企新的生命力。

（作者系证券时报记者）

光大控股:"中国版黑石"是这样炼成的

证券时报记者 杨庆婉 陈冬生 顾哲瑞

　　无论是管理模式、组织架构、人才储备、基金类型,还是投资风格、全球化视野与格局,光大控股在亚洲金融中心香港,已走出了一条独特的"中国版黑石"发展之路。

　　香港,作为亚洲金融中心,聚集全球顶级金融机构。除了高盛、摩根士丹利等全球金融翘楚外,四大中资企业,在香港金融历史发展中也扮演着不可替代的角色。

　　光大集团就是四大央企代表之一。作为光大集团旗下投资公司,光大控股于1997年伴随香港回归的脚步,诞生在维多利亚湾畔。

　　经历20多年的发展,如今光大控股已成为香港最耀眼的明星企业之一。不仅把公司主业"跨境资产管理及投资"做得风生水起,也让自己成为在香港投资界最具竞争力的国企。在业界人们更称其为"中国版黑石"。

　　日前,证券时报"上市公司高质量发展在行动"采访团走进光大控股。光大控股执行董事兼首席执行官陈爽与证券时报社长兼总编辑何伟对话,全面揭开了光大控股的发展之路,解密"中国版黑石"炼成记。

香港金融控股集团全能选手

　　现任香港特别行政区行政长官林郑月娥在光大控股成立20周年为其题词"金融巨擘　享誉华洋",这或许足以说明,光大控股在香港金融市场的地位。作为在港中资金融机构,光大控股在与全球知名金融机构并肩时,即便是高盛、摩根士丹利等都给予其极高的尊重。

除了母公司光大集团的强大背景外，光大控股的市场化、专业化和国际化的管理及团队，也是他们得到高度认可的重要原因。而这"三化"，可通过一串串华丽的数字窥见一斑。

截至 2017 年年底，光大控股共管理 48 只基金，已完成募资规模 1291 亿港元，资产管理总规模超过 2500 亿港元。

光大控股已在中国及世界各地投资了包括银联商务、万国数据、金风科技、中节能风电、华灿光电、华大基因、贝达药业、贝因美、分众传媒、爱奇艺、阿尔巴尼亚地拉那国际机场、Wish、BEP 在内的 300 多家企业。

光大控股所投资领域涉及房地产、医疗健康、新能源、基础设施、高新科技、高端制造业、金融科技、文化消费等行业，其中有超过 150 家企业已通过在境内外资本市场上市或资产转让等方式退出。

同时，光大控股是光大证券的第二大股东、光大银行的策略性股东、A 股光大嘉宝股份有限公司的第一大股东、港股中国飞机租赁集团控股有限公司的第一大股东以及在新加坡上市的英利国际置业股份有限公司的第二大股东。

正如光大控股执行董事兼首席执行官陈爽所言，光大控股是中国改革开放的产物，也是中国金融市场前行的探路者。用 21 年时间，光大控股探索出一条只属于光大控股，却不可被复制的独特发展之路。

入股光大银行光大证券

时间追溯到 20 世纪 90 年代，光大集团入股香港上市公司明辉发展，并更名为光大明辉。1997 年，光大明辉更名为中国光大控股有限公司（光大控股），并剥离原有的零售、酒楼业务。此后，光大控股先后收购国卫保险 5%、港基银行 20%、光大银行 20%、光大证券 49%、标准人寿（亚洲）20%、光大金融控股 100% 股权，成为一家金融控股上市公司。

至此，光大控股已持有母公司光大集团的核心金融资产。然而，这似乎是一把双刃剑。

对光大银行和光大证券的收购和持股占比，在光大控股发展早期，成为资本市场辨识光大控股的"金字招牌"，助推其各项业务发展。但由于内地金融市场的波动和自身经营问题，光大银行和光大证券的业绩，也时而成为光大控股全年业绩表现中的不稳定因素。

此外，具有国企背景的在港上市公司，更需要在香港资本市场动荡与内地经济政策变化之间寻找前行的道路。如光大控股成立之初，经历了红筹股泡沫破灭、亚洲金融风暴、中资企业信贷危机等一系列事件。在金融市场动荡中，光大控股也付出过昂贵的"学费"。用陈爽的话说："光大控股在香港的发展中是交过学费的，特别是在 1997 年金融风暴之后，曾经面临着非常大的困难和压力。"

然而，也正是这些高昂的学费，帮助光大控股总结宝贵的历史经验，在今天获得巨额投资回报。

缔造光大安石

证券经纪和投资银行是香港金融机构的主流业务。由于全球顶级金融机构的竞争，中资金融机构在这块市场并不具备明显优势。在这样的背景下，光大控股开始业务转型，谋求私募投资买方业务的发展。

2001 年，光大控股成立了光大控股创业投资（深圳）有限公司，进入股权投资领域；2004 年成立规模为 5000 万美元的第一个私募股权基金"中国特别机会基金 I"，其所投资的德信无线、金风科技、中国高速传动、阳光纸业先后成功上市。上述项目，为光大控股带来了数十倍的投资回报。

前述的投资成绩，只是光大控股卓越投资成绩的开始。如果提起最成功的投资案例，陈爽总是微笑地说，"就是对光大安石的投资"。

当雷曼兄弟倒闭时，光大控股发现其旗下的"亚洲雷曼兄弟"在亚洲的业务还有非常高的含金量。如果整合得当，将是一次点石成金的投资。于是，光大控股迅速出击，花了 85 万美元，收购了"亚洲雷曼兄弟"中国区房地产投资管理业务和投资团队——亚雷投资，并立刻着手对这家公司投资中国的资产进行梳理。通过一系列收购、兼并、内部改造，次年，又募资1亿多美元，成立了"光大亚雷房地产基金"，此后，还成功吸引到英国大型资产管理公司Ashmore（安石）加盟。此时，这个房地产基金规模已扩大至3亿美金，正式改名为"光大安石房地产基金"，并从此开始大规模投资大中华区不动产业务。

经过多年打拼，目前光大安石在管项目35个，在管规模500亿元，累计资产管理规模超过950亿元，已构成一个"多元化、多币种的资管平台"。2015—2018年，光大安石连续4年被评为国内房地产基金第一名。

去年，继收购了3个购物中心后，光大安石核心商业品牌"大融城"版图继续扩张，光大安石也完成了在中国重要物流节点城市的物流产业园布局。2018年，光大安石又收购了美国知名的本土资产管理公司Arrow RE Holdings，并更名为Everbright Arrow，成立"光大安石美国"，不断朝着"全球跨境不动产资产管理人"的愿景迈进。

在陈爽看来，收购核心资产，就是收获一支优秀的团队。以光大安石为例，现在最主要的骨干都是当时收购过来的团队成员。正是有这些优秀的人才，才能支持光大控股不断收购，推动产品线逐渐多样化，形成体系化的发展路径。

投资飞机租赁

如果说光大安石是危机之后的被动战略转型，那么，入股中国飞机租赁有限公司（以下简称中飞租赁），则是洞察市场先机下的主动战略出击。

正如陈爽所说："光大控股作为一个资产管理公司，没有一个重资产的资产端，是很难成为一个大型资产管理公司的。"

中飞租赁于2009年在港成立，是专业做经营性飞机租赁的公司。2011年光大控股以自有资金成功收购其48%的股权。借助在内地和香港两地多年成功的运营经验和雄厚的财务实力，中飞租赁取得了飞速发展。2014年7月，中飞租赁实现香港主板上市，光大控股持有股份比例32.32%，是其最大股东。目前，中飞租赁已发展为中国最大的独立

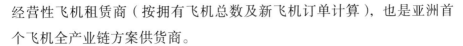

经营性飞机租赁商（按拥有飞机总数及新飞机订单计算），也是亚洲首个飞机全产业链方案供货商。

2011年，光大控股入股中飞租赁时，其资产仅为33亿港元，而且飞机租赁行业普遍不被看好。但时间足以证明光大控股的独到眼光和中飞租赁的投资价值。光大控股入股以前，中飞租赁只有8架飞机，其中3架飞机还是通过光大融资购买的。但从光大控股完成收购至今的7年里，中飞租赁的飞机数量已超过340架。到2018年年底，交付给航空公司的飞机数量将达145架左右。

从中飞租赁的投资过程可清晰看到，光大控股对产业投资有一套独特的投资管理模式：收购被投企业，对企业深度整合，提升企业内在发展质量，协助其上市；而后，将金融基因与被投企业的传统生产经营业务相"嫁接"。发挥金融机构投资实体产业的优势，用专业投资人特有的战略视角为企业发展注入新的血液。

投资中国新经济企业

伴随着中国经济快速发展，光大控股也顺势而为，紧盯国内新经济的发展潮流，准确看到了国内消费升级以及互联网科技对传统行业的重构，将造就一批巨型创新型企业的趋势和商机。

光大控股迅速与国内及国际顶级的投资机构进行战略合作，与IDG资本、分众传媒、华登国际等强强联手，迅速布局TMT、文化娱乐、消费升级、互联网金融、半导体等新兴产业，分别成立了光际资本、光控众盈和光控华登基金。

其中，2016年6月光大控股联手IDG资本成立的光际资本，已发展成为中国最具影响力的并购基金之一，管理资金规模近200亿元人民币。

光际资本迅速整合了光大控股和IDG资本的产业投资和资源。在成立不足一年的时间内，先后投资了上海电影艺术学院、银联商务、Wish、爱奇艺、欧司朗、蔚来汽车、商汤科技等众多中国新经济领域的优秀项目。其中部分项目在光际资本基金成立仅一年半后，就实现了

IPO 上市。这在私募股权投资领域，或许堪称"光速"的投资成绩。

半导体产业被称为工业的明珠、信息产业的"心脏"。看准了半导体产业的巨大潜力，光大控股快速发力进入该领域投资。2017 年 10 月，光大控股联合全球著名的半导体投资机构华登国际共同成立光控华登全球基金。

之后半年，基金投资的两家公司 Aquantia 及 ACM 即实现美国上市，回报可观。

此外，在 2018 年 7 月 18 日，光大控股作为控股股东之一的光控精技有限公司登陆港股，成为光大控股在半导体产业收获的第三家上市公司。目前，基金还持有多家准独角兽公司，潜在收益巨大。

光大控股善于捕捉每个不同时期的投资机会，用集中投资的方式快速进入中国有长远增长潜力的未上市企业。公司 2012 年成立的医疗健康基金，投资了包括华大基因、鱼跃医疗、贝达药业、美中宜和等一批优秀的成长型企业。

善用跨境平台优势　发展海外基金

作为光大集团国际化发展的桥头堡，海外业务一直是光大控股发展的重点。

光大控股以香港为总部经营 21 年，专注于跨境投资和资产管理，从 2010 年开始加快部署海外业务。

其海外业务主要通过六大基金进行投资，包括：全球并购基金（专注海外机械制造业）、海外基础设施建设基金、光控以色列基金、光控海银基金（专注美国早期高科技投资）、光控华登半导体基金和美国地产资产管理公司 Arrow，以市场化手段主动整合全球资源，引进海外先进技术并与中国市场需求相结合，为国家产业转型升级做出贡献。

不仅是产业基金多元化，随着中国经济的迅速发展，光大控股也迅速觉察到了内地投资人财富管理的需要和巨大的市场前景。2014 年，光大控股通过与中邮基金合资的首誉光控，发展在中国内地的财富管理

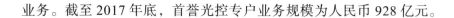

业务。截至 2017 年底，首誉光控专户业务规模为人民币 928 亿元。

中国版黑石雏形日渐清晰

说到光大控股这个庞大的另类资产管理公司，或许很难用几个词准确地描述它，因为它既专业又多元。

其 48 只基金的数量与规模，在中国另类资产投资管理公司中，均属罕见。正是这一点，让光大控股拥有对标世界上最大私募股权投资集团——黑石集团的信心与实力。

"虽然公司管理资产规模与黑石集团仍有较大差距，但这是与中美资产管理规模的差距有关。但看未来发展，中国资产管理规模可能会呈几何级数增长，从这个角度，我们追赶黑石集团并非没有可能。"陈爽说。

黑石集团在投资风格上具有以下特点：一是投资"并不时髦"的传统行业；二是与世界 500 强联手投资；三是严格的尽职调查和积极参与被投资企业的管理。这些都与光大控股的投资风格十分相似。在光大控股管理资金中，地产基金规模的比重占到 1/3。这也与黑石集团管理地产基金比例相似。

可以说，成功转型的光大控股，已经在血液中，流淌着与世界顶级私募股权投资机构相类似的基因。无论是管理模式、组织架构、人才储备、基金类型，还是投资风格、全球化视野与格局，光大控股在亚洲金融中心香港，已走出了一条独特的"中国版黑石"发展之路。

【采访札记】

做领先的跨境资产管理专家

刘兴祥

顺势而为，借势发力，这一看似简单的道理，对光大控股来说却有别样重要的意义。

在 1997 年香港回归之际，光大控股迎着金融风暴踏足香江，成为香港金融市场的新兴力量。过去 21 年里，光大控股经历了不少挑战，包括红筹股泡沫破灭、两次金融危机等。在这个过程中，光大控股不断寻找自己的定位。例如，最初目标是构建金融控股平台，因此收购了光大银行、光大证券与数家保险公司股权。然而，由于监管政策变化，也因为股价大跌的因素，光大控股面临无法实际控股的尴尬局面。后来，光大控股又曾经进入过直接投资领域、转型大力发展基金管理业务等，直到 2009 年开始将旗下投行与经纪业务剥离出来，与光大证券进行整合，从而逐步确立了跨境投资与资产管理业务的平台，形成了三大业务矩阵。

对于这段经历，光大控股执行董事兼首席执行官陈爽特别强调了"顺势而为"：力争把每一次危机变成自身发展调整的机遇。其中，一直津津乐道的案例就是收购亚洲雷曼兄弟的相关业务。

陈爽引以为豪的是，"我们正好看到亚洲雷曼当时在中国已经开始开展各项业务，尤其是房地产业务。这个时候正值它的破产期，我们于是下决心进行收购。事实上那个时候收购价格便宜，作价才 85 万美元，这样只花了 60 万美元就收购了超过 60％ 的股份。"后来的故事就是市场所熟知的，改造后的光大安石房地产基金异军突起，经过多年打拼逐步在业内奠定龙头地位，并最终注入上海嘉宝集团。简单估算，收益颇丰。

利用国企的平台优势，并充分发挥市场化的机制优势，这是光大控股能够快速发展的一个关键因素。截至 2017 年年底，光大控股资产管理规模达到 1291 亿港元，有 48 个主动管理类基金与 116 个投后管理项目。在陈爽看来，香港的平台优势非常明显，其中人才和文化优势比较突出。基于此，光大控投明确要做"扎根于香港的跨境资产配置专家"。

伴随着中国金融市场开放、人民币国际化逐步推进，跨境投资已步入"引进来"和"走出去"并重的时代，光大控股境内外业务的拓展，逐步进入较为均衡的状态。其中，在走出去方面，2014 年光大控股通过总部资金及新设的"以色列并购基金"，主要投向以色列及欧美多个拥有领先技术的企业，实现"买中国所需、为中国所用"的目标，把海外先进技术买回来更好地服务于国内产业升级。在此基础上，他们进一

步发起设立了"全球并购基金"，首期总出资近 3 亿美元。

收购中飞租赁是光大控股一次从金融向产业领域深入的成功尝试。陈爽在受访时透露了一个细节："光大集团董事会前三次都否决了收购中飞租赁的提议，我是抱着最后一搏的心态去游说的，最后老唐给予了很大支持。"陈爽提到的老唐就是当时的光大集团董事长唐双宁。事实证明，通过金融与产业的有机结合，并靠专业的航空及融资团队，中飞租赁创造了独特的商业模式，并一步步打造成全球航空公司的飞机资产管理人。7 年时间，公司拥有飞机数量已经达到了 340 架。

2007 年，光大控股以"简单成就价值"的口号作为自身定位。原因就在于，香港中资企业大多经历了"集团化、多元化、国际化"的阶段，使得公司经营业务与架构都非常复杂，市场很难判断企业的定位。光大控股此时提出"简单成就价值"，就是要直面自我。

一个有意思的现象是，在二级市场上，光大控股的市值大多数时间都存在明显低估。光大控股目前分别是光大银行与光大证券的重要股东，还是中飞租赁的控股股东，这三部分股权的市值目前已超过了 200 亿港元。然而，截至 7 月 20 日，光大控股的市值才 226 亿港元。因此，即使不考虑上千亿的资产管理规模，这一估值也是大体相当的。按资深分析师的观点，转型为纯正的资产管理公司将是光大控股获得合理估值的关键，这一点应该是值得期待的。

"中国版黑石"是业界对光大控股的一种期待。陈爽承认，"我们跟他们之间的差距大概是 10 倍左右。"一个背景是，中国整个资产管理的规模大概是美国资产管理规模的 1/20。但是，他认为，美国资产管理规模已经很平稳了，发展速度将大大低于中国资产管理市场，这正是未来实现超越的希望所在。

光大控股以国际金融市场为舞台在香港拼搏了 21 年，起点就有很大优势，期待陈爽和他的团队走得更为长远。

（作者系证券时报编委、机构中心主任）

中国西电：打造特高压输变电完整产业链

证券时报记者　曹　桢

裴振江说："现在我国的开关、变压器等电力设备的技术标准，很多是以西电的技术标准为基础。一流企业做标准，西电许多产品是真正做到了这一步。"

中华人民共和国成立初期，国内的电力供应非常紧张，很多地区都在采取轮流供电解决电力紧张的问题。因此，在前十来个"五年计划"中，都重点提到了如何发展电力。中国西电也正是在这样的时代背景下，随着中国电力行业突飞猛进的发展，进而快速成长起来。

在我国"一五"计划的156项重点建设工程中，有5个项目落户西安，这些项目投产后形成的科研院所和骨干企业群，形成了今天的中国西电集团，其旗下的核心企业中国西电，成为中国特高压输变电领域的领军企业。

2018年8月中旬，证券时报"上市公司高质量发展在行动"采访团在证券时报副总编辑成孝海的带领下，走进中国西电，专访了中国西电总经理裴振江。

不断赶超国际先进技术

建国初期，电力发展是从极其落后的情况下开始的，经过几十年的发展，如今已经形成了全世界最发达的电力系统。中国西电作为输变电设备的制造商，公司的成长历史，成为中国电力行业发展的一个缩影。

中国西电总经理裴振江在接受证券时报采访团的专访时回忆，中国西电集团是国务院国资委直接监管的我国输配电行业中唯一一家大型中央企业，为国内的电力、交通、冶金、化工、煤炭、石油等行业提供了大量的重大技术装备。从我国第一条 330 千伏、550 千伏、750 千伏、1000 千伏超（特）高压交流输电线路，到第一条舟山直流输电工程以及"三峡工程"、"西电东送"、±800 千伏直流输电工程等国家重点工程，"西电制造"无处不在，可以说，中国西电参与了中华人民共和国成立以来国内输变电领域几乎所有的重大工程项目。

中国西电自成立之时起，始终坚持创新发展、开放发展。1985年，中国西电的子公司西开电气在人民大会堂与日本三菱电机签署合作生产协议，在国内高压开关行业率先开展技术引进吸收再消化，引进 SF6GIS/GCB 技术，随后按照引进吸收和零部件国产化进度，又陆续实施了第二期、第三期合作，使西开电气率先成为国内 SF6GIS/GCB 的骨干企业，技术水平和市场占有率居行业首位。

中国西电对于技术创新的渴求一直在跟随着时代的变化。1999年，为了配合三峡工程顺利实施，中国西电与 550 千伏 GIS 技术先进的 ABB 公司签署技术转让协议，并在三峡左岸电站分包、三峡右岸电站总包、三峡地下电站独立实施的过程中，全面消化吸收了 550 千伏 GIS 设计、生产、试验及现场安装技术，为后续独立开展超特高压产品研发奠定了坚实基础，对提高我国超高压、大容量输变电设备技术水平具有重要意义。

20 世纪 80—90 年代，随着改革开发的进一步深入，我国对电力供应的需求进一步加大。为了适应这种变化，中国西电再一次走出国门，寻求技术合作。

国际输变电技术领先国家主要有日本、瑞士、瑞典、德国、法国等国，中国西电主动走出去，与这些国家的先进企业开展了 48 项技术合作，随后，抓住三峡等国家重点工程的市场机遇，与 ABB、西门子等企业进一步开展了技术合作。通过技术引进和消化吸收，以及在此基础上进行大量技术创新研究，全面实现了产品技术和制造技术的更新换代，550千伏六氟化硫断路器、气体绝缘金属封闭开关设备和大容量变压器成为主导产品，通过进口产品的国产化，完全具备了自主研制750千伏断路器和变压器的能力，形成了一批国际先进的科技成果，为中国超特高压装备研制技术的腾飞提供了理论依据和实践经验。

产学研紧密结合

基于对科研的重视，中国西电很早就成立了西电研究院、西安高压电器研究院有限责任公司等科研机构。

2016年8月，西电研究院改组成功，注册资金5亿元。西电研究院是中国西电的科技创新中心、战略支持中心、新兴产业孵化中心和高层次人才聚集培育中心，主要围绕集团战略发展目标、市场需求、国家重大战略，开展系统集成技术研究和基础性、前瞻性、共性技术研究。

西电研究院现设技术经济研究中心、技术研究中心、成果孵化中心三大业务中心，主要从事电力系统和电气系统的研究、设计、集成与技术服务等。除了西电研究院，中国西电还有另外一个重量级的研究院：西安高压电器研究院有限责任公司（以下简称西高院）。目前，西高院建成了世界上唯一完整的特高压成套设备试验、检测平台。

中国西电的子公司西电电力系统是我国主要的高压直流输电、柔性直流输电系统研究，及核心装备研发、制造和试验检测基地，是国家能源局授牌的"国家能源电力电子与装备研发中心"，也是陕西省和西安市的"分布式微电网工程技术研究中心"。

资源丰富的科研院所，让中国西电在科研领域如虎添翼。在内部科研攻关的同时，中国西电也很注意引进外部智慧。以特高压直流套管为例，在电力系统直流工程中使用的特高压直流套管，代表着当今世界输变电技术的最高水平。长期以来，我国使用的特高压直流套管全部依赖进口。由于国内没有成熟的±800千伏直流套管产品，所以国外报价极高，大约每根在500万元左右。为突破这一技术瓶颈，中国西电与陕西工研院、西安交通大学合作，共同承担起"±800千伏干式直流套管的

关键技术研究及其产业化"这一国家重点项目的技术研发。

科研团队经过艰苦卓绝的努力，终于取得了巨大突破。先后完成了 ±200 千伏、±400 千伏、±600 千伏和 ±800 千伏套管的创新开发，达到国际同类产品先进水平。同时，已完成 ±1100 千伏干式穿墙套管的研制，达到国际领先水平；±1100 千伏干式换流变套管正在研制中。目前，±200 千伏、±400 千伏阀侧套管已分别在锦苏工程及浙溪工程挂网运行。特高压直流套管作为高端换流变压器关键组件的成功研制，攻克了我国超高压、特高压装备的瓶颈问题，提升了我国输变电装备行业的核心竞争力。

产品参与三峡工程

中国西电总经理裴振江接受证券时报记者采访时说，"东南亚输变电市场快一半被西电占领，包括像新加坡这样的高端市场，西电的产品进入之后基本上占领了它的市场。还有中国香港的两大电力部门中华电力和港灯，现在基本上都是用西电的开关和变压器。"

中国西电子公司西开电气作为我国高压开关行业的排头兵，承担着促进我国输配电装备技术进步和为国家重点工程项目提供关键设备的重任。50 多年来，公司的发展与国家的能源战略、装备战略密不可分，公司参与了中华人民共和国成立以来国内输配电领域几乎所有的重大工程，"XD"产品无处不在。

裴振江表示，在国内重大电网建设中，西电参与了很多工程，发挥了重要作用。尤其是三峡工程的电力送出、西电东送等这些重大工程，中国所有的第一条输变电线路，从 110 千伏、220 千伏、500 千伏，到 750 千伏、到百万伏，西电都是主要参与者和全部参与者。

近年来，围绕国家重点工程，中国西电的新产品研发层出不穷，尤其是在高端成套领域，以特高压交直流输变电设备为例，三年内中国西电成功研制出特高压电抗器、变压器、隔离开关、绝缘子、套管等 27 种特高压技术产品及产业链上游的关键部件和核心材料，产生特高压专利 40 多件，创造了多项世界第一。

裴振江说："现在我国的开关、变压器等电力设备的技术标准，很多是以中国西电的技术标准为基础。一流企业做标准，中国西电许多产品是真正做到了这一步。"

而作为输变电装备制造行业中的龙头企业，中国西电无疑还肩负着调整产业结构、引领行业发展的责任。"十一五"期间，中国西电投入36亿元进行技术改造、产业调整，完成了对高压开关产品及配套元件的结构调整，形成了超高压、特高压输变电装备批量制造的生产能力；收购了常州变压器厂并将之打造成为世界级巨型变压器制造基地及出海口；建设了套管、液压操作机构、避雷器等关键零部件生产线和制造基地等，再造了一个中国西电。

截至目前，中国西电已经形成了输配电及控制设备方面的完整产业链。近年来，中国西电又开发了无功补偿装置、有源电力滤波器装置、配电网静止同步补偿器、大功率能量回馈型高压变频器等电力电子产品，同时开展了新能源接入技术及分布式微电网技术的研究应用，拥有智能型微电网、分布式发电等新能源开发利用所需的系列产品和系统解决方案。

裴振江表示，中国西电未来将在以下几个方面进行布局。第一，几年前，中国西电重组并购了天水、宝鸡、成都、济南等中压配电及配电基础产业的一些企业，进行了配电的布局；第二，在电力电子方面，中国西电有了直流换流阀技术，公司将把这个技术向上延伸，发展电力电子领域，因为电力电子的领域更广，在轨道交通等很多方面都会有应用，公司也专门成立了一个电力系统公司进行发展；第三，是布局新能源，从新能源的总承包到新能源的核心技术，如并网发电很多技术西电都有产品应用。

另外，围绕智能制造，中国西电也提前做了一些布局。制造业是中国西电的强项，因为公司是装备制造企业，制造技术是公司看家立命的核心，中国西电通过制造技术向外延伸，在输变电领域以及其他的一些领域都有技术基础。所以说，中国西电也不再单纯只是在输变电领域发

展，将会去拓展输变电领域的一些新技术、新领域。

特高压输变电实现"中国引领"

我国能源结构的特点是，西部地区能源富集、用电量少，东部地区能源较少、用电量高。进入 21 世纪，国家面对电力市场的巨大需求，为解决远距离、大容量输电等问题，决定下大力气建设特高压电网，提出了"特高压要搞就搞国产设备"。

根据国家的这一部署，中国西电积极开展特高压产品和技术研究，配套实施技术改革和技术改造。要搞特高压输变电有三大障碍：一是技术难度大，特高压设备大多已达到现有电力设备设计制造的极限；二是可靠性要求高，特高压输电容量大，在网架结构中处于重要位置，必须具有与其容量相适应的高可靠性；三是前期研发基础薄弱，特高压项目启动之初，国内 500 千伏设备的关键原材料、组件主要依靠进口。

围绕特高压交直流技术，中国西电先后开展了 750 千伏输配电成套装备技术研发，牵头和参与承担了 16 项交直流特高压工程技术设备研究的攻关，成功开发出超特高压交流 750 千伏和 1100 千伏、直流 ±800 千伏和 ±1100 千伏特高压交直流输变电设备技术，具有完全自主知识产权，技术水平达到国际领先或国际先进，并成功应用于晋东南至荆门 1000 千伏特高压交流示范工程、淮东至重庆 ±1100 千伏特高压直流输电工程等 25 条交直流特高压输电线路，实现了由技术追赶到领先的跨越。

通过特高压等众多核心与关键技术的创新，中国西电已经发展成为我国最具规模的高压交直流输电成套装备的科研、开发、生产、试验、贸易为一体的重要基地。自主研发了具有国际领先水平的世界首台 1100 千伏气体绝缘金属封闭开关设备、±1100 千伏直流换流阀和阀控测设备，实现了从技术追赶到世界领先的跨越。

2010 年 7 月，向家坝—上海 ±800 千伏特高压直流工程投产，其设备国产化率接近 70%。特高压交流、直流示范工程的建成投运，实现了我国特高压技术从无到有的历史性突破。特高压成套输电设备的研制成功，改变了中国在电气设备制造领域长期从发达国家"引进技术、消化吸收"的模式，取得了从基础研究到工程实践的全面突破，实现了"中国创造"和"中国引领"。

经过多年自主探索实践，中国西电研发完成了全系列具有完全自主知识产权的 750 千伏、1000 千伏交流和 ±1100 千伏直流输变电成套设备，先后应用于国家 10 条交流特高压、15 条直流特高压线路，合计金额近 410 亿元，为特高压输变电这张"中国制造"名片书写下了浓墨重彩的一笔。

【采访札记】

走在"标准制定者"的路上

付建利

在采访中国西电总经理裴振江时，他话语中跳出频率最高的词语是"标准"。在裴振江看来，作为国内输变电领域的龙头企业，中国西电必须成为开关、变压器等输变电设备领域的"国标"。只有让企业的产品具有制定行业标准的核心竞争力，企业才能行稳致远。而中国西电，一直走在"标准制定者"的路上。

成立于 20 世纪 50 年代末的中国西电，主要经营输配电及控制设备研发、设计、制造、销售、检测、相关设备成套、技术研究、服务与工程承包等业务。其主要产品包括：高压开关、电力变压器、并联电抗器、换流变压器、直流输电换流阀、电力电容器等。在总经理裴振江的战略版图中，中国西电不仅要做整个输变电领域的龙头，还要瞄准特高压行业的龙头地位，向 ABB、西门子这样的国际大公司看齐，立志成为特高压输变电领域最具创新力、最具竞争力的世界一流企业。此外，西电还将在智能电网、工业互联网等新兴领域开疆拓土。

裴振江说，一流的企业都是来制定标准的。1959 年中国西电成立

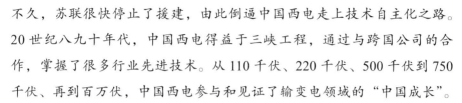

不久，苏联很快停止了援建，由此倒逼中国西电走上技术自主化之路。20世纪八九十年代，中国西电得益于三峡工程，通过与跨国公司的合作，掌握了很多行业先进技术。从110千伏、220千伏、500千伏到750千伏、再到百万伏，中国西电参与和见证了输变电领域的"中国成长"。

从"跟着造"到"自己造"，中国西电这家输变电领域的央企走出了一条技术自主创新之路。任何一个行业，只有掌握了核心技术，具备制定标准的企业，才是产业链上最有话语权的。中国制造业在一些领域"缺芯少核""缺芯少魂"，最根本的原因，还是因为我们只是"跟着造"，不是"自己造"。"跟着造"是模仿别人的技术，但高端技术别人不让我们模仿，我们没有核心技术，也就无法"自己造"。"跟着造"是初级发展阶段，"自己造"才能让中国制造业真正"高端"起来。

突然间让我想起了哲学家冯友兰。冯先生认为，哲学史家主要是"照着讲"：康德讲了什么、柏拉图又讲了什么，哲学史家需要把这些思想大家的洞见告诉人们；而哲学家则要偏重于"接着讲"。康德之后该讲什么，海德格尔之后又该讲什么，老庄之道在现代化和后现代化的语境之下又该如何阐释。哲学史家侧重于"解释思想"，而哲学家侧重于"创造思想"。所谓"阐旧邦以辅新命，极高明而道中庸"，传统文化也必须做到创造性转化，回应时代命题，爬梳剔抉、返本开新。从"照着讲"到"接着讲"，其间既有延续和传承，更有创造和创新。

世间万象，殊途而同归、百虑而一致。冯友兰的从"照着讲"到"接着讲"，即是中国制造的"跟着造"到"自己造"。改革开放40年来，中国太多的制造企业一直是在"照着讲""跟着造"，如今，转型升级的时代命题迫在眉睫，实现"接着讲""自己造"，就是中国制造向中国高端制造的飞跃式质变。"接着讲""自己造"，这中间最重要和最关键的一个必备条件，就是核心技术！掌握了核心技术，具备了制定标准的能力，中国制造就能扼住命运的咽喉，扬帆远航。

（作者系证券时报记者）

西部矿业：专注矿山开采

证券时报记者　许擎天梅

西部矿业前身是锡铁山矿务局，锡铁山矿是公司的核心矿山之一，自1986年开始建设生产，如今是国内年选矿量最大的铅锌矿之一。

根据国土资源部门的估计，西部蕴藏着我国59%的锌资源、55%的铅资源和65%的铜资源。地处青海省的西部矿业，坐拥得天独厚的地域条件，积累了三十多年的行业经验，已成为西部最大的有色金属矿业公司之一。如今，在经历了上一轮有色金属价格下跌后，西部矿业正通过设备升级、技术创新、管理优化三大措施，以做强矿山主业为主线，坚持绿色发展理念，加快公司高质量发展。

目前，西部矿业正在"智慧"上下功夫，全面启动智慧矿山建设，矿山的智能采矿、智能选矿，全部实现智能化管理。西部矿业董事长张永利表示，智慧矿山建设是新形势下保证西部矿业可持续健康发展的必由之路。

利润逐步企稳回升

西部矿业前身是锡铁山矿务局，锡铁山矿是公司的核心矿山之一，自1986年开始建设生产，如今是国内年选矿量最大的铅锌矿之一。2000年5月，原锡铁山矿务局进行整体改制，成立西部矿业有限责任公司（现更名为"西部矿业集团有限公司"，以下简称西矿集团）。同年12月，西矿集团联合鑫达金银开发中心、株冶集团、长沙有色冶金设计院、广州瑞丰实业 4 家单位共同发起设立西部矿业股份有限公司。2007 年 7 月，西部矿业于上交所上市，控股股东为西矿集团，实际控制人为青海省国资委。

截至目前，西部矿业主要从事铜、铅、锌、铁等基本有色金属，黑色金属的采选、冶炼、贸易等业务，分矿山、冶炼、贸易和金融四大板块。公司全资持有或控股并经营 6 座矿山：青海锡铁山铅锌矿、内蒙古获各琦铜矿、内蒙古双利铁矿、四川呷村银多金属矿、西藏玉龙铜矿和四川会东大梁铅锌矿，均是通过政府配置或收购纳入公司矿山体系。冶炼方面，公司拥有电铅 10 万吨 / 年、电铜 6 万吨 / 年、电锌 10 万吨 / 年，另有电铜 10 万吨 / 年项目正在试生产。

此外，集团公司还在挖掘旅游开发的机遇。西矿集团的茶卡盐湖因盛产大青盐而闻名。2015 年，西部矿业集团会同海西州对茶卡盐湖旅游开发进行市场调研，决定要打造"茶卡盐湖——天空之镜"的旅游品牌。据悉，2018 年茶卡盐湖景区全年接待游客量突破 330 万人次。

有色金属下游应用广泛，电力、交通、建筑、机械、电子信息、航空航天、国防军工等都是重要的消费行业。而这些行业又与国民经济息息相关，这就决定了有色金属的发展周期与国民经济的发展周期有着密切的关系，因此会表现出周期性的特征。

在上一轮周期中，金属价格在 2010—2011 年达到顶点，随着全球经济放缓及对大宗商品的需求下滑，自 2012 年起，全球有色金属市场开始进入周期性下行通道，铜、铝、锌、镍等主要有色金属价格持续下滑。严峻的市场环境给西部矿业的生产经营带来很大影响，2016 年前，公司连续 4 年净利润走低，较上市初期大幅度减少。

2016 年后，随着供给侧结构性改革不断推进，以及受到铜、锌等有色金属价格上涨的影响，有色金属行业经营利润逐步企稳回升。最新财报显示，2018 年前三季度，西部矿业实现营业收入 203.45 亿元，净利润 6.80 亿，并且远超 2017 年全年净利润 2.6 亿元。

经过 11 年发展，西部矿业总资产从 2007 年的 157.86 亿元扩张至

2018 年前三季度的 379 亿元；总收入从 2007 年的 87.09 亿元增长至 2017 年的 273.77 亿元，2018 年前三季度为 203.45 亿元，11 年增长两倍以上。公司最新拥有的有色金属矿产保有资源储量总计为，铅 187.67 万吨、锌 348.61 万吨、铜 665.12 万吨、钼 36.23 万吨、银 2903.19 吨及金 15.49 吨。

三大变革助力业绩向好

近三年来，面对全球主要有色金属供应过剩的市场环境，西部矿业因势而变，通过实施一系列的变革与管理举措，推动经营业绩持续向好。

2015 年 8 月，张永利由西宁特钢集团调至西部矿业，同时兼任西矿集团董事长，西部矿业上下对公司总体情况进行诊断，确定了三大变革措施。

第一是矿山装备升级。公司淘汰了所有工艺落后的采矿和选矿设备。据 2016 年年报，公司还对长期亏损、工艺严重落后的产业项目彻底关停。张永利说："这几年我们把 20 世纪 80 年代初期建设的选矿设备全部停掉，重新投资 2 个多亿进行了升级，新建了一条现代化的生产线。"他以锡铁山举例说明，设备更新换代后，选矿回收率比原来提高，矿山职工由 1000 多人缩减至 400 多人，自动化水平大幅提升，效益也比原来有明显提升。

第二是技术创新。通过加强基层的技术力量，公司与各矿山单位一起针对生产技术瓶颈、关键技术、核心指标等重点难点进行技术攻关，通过工艺改进、药剂的研究使用等措施，资源综合利用率进步明显，主要矿山选矿回收率较上年提高 0.17—12 个百分点。矿山单位全面推进充填采矿系统建设，选厂升级改造全部完成。据张永利介绍，经过充填后，矿山回采率将达到 90%，安全保障性得到提高，效益提升。"我们基本对所有矿山都进行了充填改造。"张永利表示。

第三是管理升级。由于集团公司布局面非常广，均不在本部附近，各分公司独立运行，因此权责划分要非常清晰。西部矿业下放了一些管理职能给各单位，对各单位进行以效益为中心的考核模式，增加了各分公司的动能。张永利说："西部矿业有一班好的干部团队，大家是一个干事创业的团队。"

张永利表示，实施上述措施后，公司可以说是每个月、每季度、每年都在变化。

对于仍亏损的冶炼和贸易板块，公司称，将改变贸易业务的运作方式，提高金属采选业务的收入占比。冶炼体系效益正在提升，公司目前正针对资源综合利用问题进行解决。

截至 2018 年上半年，西部矿业锡铁山矿有 150 万吨 / 年矿石处理能力，呷村银多金属矿有 80 万吨 / 年矿石处理能力，获各琦铜矿有 300 万吨 / 年矿石处理能力，双利铁矿有 300 万吨 / 年矿石处理能力，会东大梁铅锌矿有 66 万吨 / 年矿石处理能力，玉龙铜矿有 230 万吨 / 年矿石处理能力，未来公司将根据各个矿山的资源和运营等情况适时提高各矿山的产能，提升公司业绩。

稳步推进重点项目建设

目前，西部矿业正推进多个重点项目建设进程，结构调整再上新台阶新水平。

公司于 2018 年 7 月 18 日公告取得玉龙铜矿新采矿许可证，生产规模为 1989 万吨 / 年，有效期 30 年。西部矿业称，该证的取得标志着玉龙铜矿二期改扩建工程前期准备工作的重大突破。公司将尽快开展玉龙铜矿二期改扩建工程建设，预计 2—3 年建成投产。公司称，该项目虽然短期内对公司业绩无提升影响，但未来建成完全投产后，公司铜矿产能有望提升至 2300 万吨 / 年，从而极大地提高公司盈利能力及市场竞争力，为公司的持续发展提供有力支持。

据西部矿业总裁李义邦介绍，玉龙铜矿二期建成后，年产铜精矿约10 万吨，按照 5 万元 / 吨的价格测算，一年产值约 50 多个亿，可产生利润 20 亿元左右。

同样在 2018 年 7 月，西部矿业完成对四川会东大梁矿业有限公司 100% 的股权收购工作，大梁矿业控制的会东大梁铅锌矿有 66 万吨/年矿石处理能力，公司矿山布局再下一城。张永利表示，收购大梁矿业对上市公司业绩增长是个利好，原因在于会东大梁铅锌矿的资源储量非常大，同时矿山品位很高，这两年整体成本大幅地下降，公司效益非常好。事实正是如此，截至 2018 年前三季度，会东大梁并入公司报表贡献营收 7 亿元，营业利润 3.5 亿元，极大地提升了公司的业绩水平。

冶炼方面，西部矿业年产 10 万吨阴极铜项目于 2018 年 9 月 6 日正式投产。据了解，该项目位于青海省西宁市甘河滩工业园区，占地 808 亩，于 2015 年 12 月开工建设，计划总投资 25 亿元，设计规模为年产阴极铜 10 万吨、年产硫酸 44 万吨及金银铂钯硒等贵金属。这一项目对加快青藏地区铜资源开发，填补青藏地区铜冶炼空白，实现青海"十三五"战略目标有积极意义。项目的投产，每年将实现 50 亿元的销售收入，直接带动千人就业。

为进一步发挥公司矿产资源开发优势，扩大公司矿产资源储备，2018 年 9 月，西部矿业公告拟以 12.48 亿元参与竞买西宁特钢集团所持哈密博伦矿业 100% 股权、肃北县博伦矿业 70% 股权及格尔木西钢矿业 100% 股权。此次收购的三家企业拥有新疆哈密白山泉铁矿、肃北七角井钒及铁矿和格尔木磁铁山铁矿。收购完成后，公司将增加铁矿石资源量 17449.81 万吨，钒资源 59.02 万吨。

此外，西部矿业将继续抓好现有生产系统的改造升级工作，加快推进矿山单位采矿方法优化与技术改造，提升和优化技术指标，进一步提高整体效率。张永利说："实际上 2018 年有色金属的价格没有去年高，但是利润比去年好，得益于充填、转换、改造，提升管理水平等手段，才使得效益提升。"

变革方向——全面启动"智慧矿山"

为推进可持续健康发展之路，西部矿业正在"智慧"上下功夫，全面启动智慧矿山建设工作。智慧矿山建设有助于深化矿山企业降本增效，提升矿山智能开采水平，增强企业核心竞争力，实现矿山安全、高效、清洁生产和经济效益最大化。

李义邦表示："智能采矿""智能矿山"的概念在国家层面提出来的时间不长，实际上目前大型矿企对这个概念仍然很模糊，西部矿业最早提出"智能矿山"这个概念。"提出这个概念之后，我们也明确了今后的方向，尽可能地全部或者大部分实现（矿山生产）自动化，实现无人生产线。"他谈到，为建设智能矿山，去年西部矿业多次到国内成熟企业（不限于矿企）考察学习。

锡铁山作为公司的主力矿山，将成为公司第一个智能矿山试点单位。2018 年 5 月，锡铁山分公司从实现矿山资源空间可视化、采矿装备高效化、工艺控制自动化、生产计划专家化、生产执行智能化、人员本质安全化、业务流程数字化、决策支持智慧化的生产模式发力，依托科技创新，全面推进智慧化矿山建设工作，以全力打造智慧型矿山为目标，健全矿山安全生产和数字监管体系。力争通过两年时间，将锡铁山建成国际先进、国内一流的智慧矿山典范，为西部矿业其他矿山单位提供样板。届时，公司生产成本将进一步降低，生产系统将进一步优化，产能将进一步扩张，科技红利将进一步释放。

李义邦向记者描绘了这样一个场景："厂区进去基本见不到人，非常干净，可以穿着西装进入。工艺的各项参数都非常稳定，因为它是自动控制的，包括化验、取样都是自动的，自动取样，自动分析，根据取样的结果来加药剂，这些都是自动调整的。"在他的设想中，矿山的几大系统，包括通风、排水、供电，这些系统在未来基本上都将实现无人值守。采矿、出矿、运输均由机器操作，远程遥控。"未来人员肯定是大幅减少，安全隐患肯定大幅减少。"

谈到西部矿业的发展战略，张永利表示，从整个集团的角度，要做强矿山主业，做大盐湖资源，做优旅游，做实新兴产业。据悉，为了做强矿山主业，西部矿业下一步将有计划地收购一些矿山，增加上市公司的盈利点。"我们计划将上市公司做成专业化开发管理的矿山企业，其他不做，只做矿山，把矿山做大做强，这就是我们的目标。"张永利说。

【采访札记】

智慧矿山的高原样本

方　岩

"眼睛在天堂，身体在地狱。"这是旅行者对雪域高原的深切感喟。徒步尚且如此，对于那些常年在海拔四五千米负重作业的工人来说，岂不是比"地狱"还要艰苦？

根据权威部门估计，西部蕴藏着我国59%的锌资源、55%的铅资源和65%的铜资源。西部矿业是青海省国有企业的排头兵，也是西部最大的有色金属矿业公司之一，公司全资持有或控股并经营六座矿山，分布在青海、西藏、四川和内蒙古四个省区，其中青海锡铁山铅锌矿、西藏玉龙铜矿两座矿山、四川鑫源铅锌矿就位于高海拔地区。

西部矿业董事长张永利热情而又低调，他一见面就告诉我们："我来西部矿业当董事长三年了，还是第一次接受专业财经媒体采访。"为此，他特地安排公司所有高管层出席采访活动，"比开董事会都要隆重"。

如果说青海锡铁山铅锌矿是西部矿业起家的地方，那么西藏玉龙铜矿则承载了公司的新梦想。张永利介绍，玉龙铜矿拥有700多万吨资源储量，现在年处理矿石量约200万吨、年生产3万吨铜。公司已经获得玉龙铜矿新的采矿证，将会把这个项目作为二次创业、再铸辉煌的发力点。现在所有的证照手续基本齐全了，正在做安全设施设计，争取用两年时间把矿山全部建成。"建成之后，我们一年生产铜的能力要超过10万吨，加上现有的存量，总量接近17万吨，年增销售收入50亿元左右！"

高原采矿不比平原，空气稀薄，作业难度大，矿工们身体面临巨大考验，为此西部矿业在国内最早提出"智慧矿山"概念。"今年投资1个亿对锡铁山进行智慧矿山建设。"张永利说。

西部矿业总裁李义邦是个老地质人，他长期在一线奋斗，找矿采矿，热辣的紫外线灼伤了他的脸颊，留下深深的"高原红"印记。他深知高原采矿的艰辛与革新的紧迫性，要敢于做"第一个吃螃蟹的人"。"我们提出'智慧矿山'概念之后，明确了今后的发展方向，尽可能全部或者大部分实现自动化，建设无人生产线。我们去年花了一年工夫，多次到一些包括炼钢企业在内的典型企业考察学习，形成了具体的实施方案。"当然，对西部矿业来说，推进此项改革必须"摸着石头过河"。为此，公司拿出旗下主力矿山——锡铁山作为首个"智慧矿山"的试点单位，从采矿到选矿全部实现智能化管理。

我们获得的《锡铁山分公司智慧矿山建设实施方案》显示，此项试点有明确的时间表——"采用国内外先进的信息技术，利用2~3年左右的时间逐步完成智慧矿山建设工作"；也有八项明确的路线图，包括资源空间可视化、采矿装备高效化、工艺控制自动化、生产计划专家化、生产执行智能化、人员本质安全化、业务流程数字化、决策支持智慧化。

届时会是怎样的应用场景？李义邦告诉我们，未来将利用三维建模技术，建立标准规范的矿山资源和矿山空间的三维模型。"智慧矿山"建成以后，作业区基本见不着人，非常干净，你可以穿着西装进厂区。各项工艺参数更加稳定，包括化验、取样都是自动的，自动取样，自动分析，根据取样的结果来添加药剂。"对于矿山来讲，通风、排水、供电等系统基本上都实现无人值守。采矿也可以通过远程遥控，自己打眼，自己采矿。矿工们劳动强度大为降低，安全隐患也会大幅减少。"锡铁山试点之后，如果效果很好，西部矿业将在其他矿山全面推广。可以说，锡铁山之于西部矿业，就像改革开放之初的深圳之于全国，担负着为新技术校验、为高质量发展探路的重要角色。

就在我们到访前不久，张永利有一项新任命——青海省委决定，他兼任西宁特殊钢集团有限责任公司（以下简称西宁特钢）党委书记，并作为董事长人选。一个人同时兼任两家大型国有企业一把手，这在青海企业界颇为罕见，也足见当地政府对他工作的肯定。

我们期待西部矿业、西宁特钢在张永利治下，能够发挥"1+1 > 2"的协同效应；我们同样期待，西部矿业"智慧矿山"试点取得成功，给高原采矿树立样本，让青山绿水与矿区和谐共处，让作业工人身体、眼睛都在"天堂"！

（作者系证券时报编委、公司中心主任）

三钢闽光：六十年钢企市占率高达 70%

证券时报记者　陈丽湘

　　三钢集团、三钢闽光董事长黎立璋说："我们和客户达成战略合作，秉承厂商双赢的理念，在厂家接近亏本时，优先考虑商家的利益，久而久之就将福建的优质经销商集中到三钢闽光旗下，共同维护福建市场的钢价稳定。"

　　海峡西岸，福建省作为"一带一路"的起点，又拥有对台湾的区位优势，2010 年以来，累计固定投资完成额同比增速一直高于全国平均水平。而在这个钢材需求相对旺盛的"钢铁生产小省"里，占据 70% 市场份额的三钢集团，从 20 世纪"全民炼钢"时代的"全国钢铁十八罗汉"发展而来，在历经一整个甲子岁月的洗礼后，凭借着出色的成本管控能力脱颖而出，业绩屡创新高。

　　六十载风雨，危机无数，多少钢铁厂因此被遗弃在历史的洪流中。三钢集团是如何一步步化险为夷的？未来，这家福建钢铁龙头企业又将如何利用当地发展的历史机遇巩固自己的龙头地位？

秉承"厂商双赢"理念突围

　　1958 年，全国各地纷纷架起高炉，全民投身炼钢运动。就在这一年，福建的三明钢铁厂正式破土动工，一座年产 20 万吨铁、12 万吨钢和 15 万吨钢材的钢厂拔地而起。这就是上市公司三钢闽光的母公司——三钢集团的前身。

　　2018 年是三钢集团甲子之年。在三钢集团的展览馆内，一张张老照片再现了它在这一整个甲子岁月里的不少精彩瞬间。

1959年1月3日，三明钢铁厂炼出第一炉钢；同年10月1日，三明钢铁厂轧钢车间试轧成功，生产出一批22毫米的圆钢；10月6日三明钢铁厂一号高炉胜利出铁，改写了福建"手无寸铁"的历史。1995年，三明钢铁厂的铁、钢材年产量相继突破50万吨大关。第二年，全国中小型企业开展学习邯钢经验，三明钢铁厂由此踏上了成本精细管理之路。1998年，三明钢铁厂年产钢量迈过100万吨大关。

历经60年的洗礼，当年的中小型钢铁厂已经发展成为一家以钢铁生产为主、多元产业并举的大型企业集团，旗下拥有三明本部、泉州闽光、罗源闽光、漳州闽光四个钢铁生产基地，年产钢量超过1100万吨，在福建及周边地区品牌优势明显，拥有较强的议价能力。

但在这60年的发展过程中，三钢集团并非一路顺风顺水，也曾在"三年自然灾害"后被迫停产，直至1963年国内经济开始复苏时才恢复生产。2008年，百年一遇的全球金融危机爆发，国内钢铁工业遭受重创，产能过剩、同质化竞争激烈。三钢集团立足区域市场，实施差异化战略，优化供需配套，成功度过了这场危机。

2015年，钢铁行业处于周期低谷，市场供需矛盾突出，行业出现大面积亏损，多地钢厂停破产。外地厂商纷纷采取低价倾销的策略到福建抢占市场，致使这个"缺钢"之省的钢材价格反而低于周边地区。此后，三钢集团与客户达成战略合作，坚持"厂商双赢"的经营理念，将福建的优质经销商集中起来，厂商联手共同维护福建市场的钢价稳定。

另一方面，三钢集团不断提高品牌服务质量，保证所有工地在市场紧张的时候也不断供，给业主、工地留下好口碑，与外来钢材形成差异化服务优势，逐渐突出品牌优势，如今外地钢材要进入福建，基本只能以低于三钢集团的价格进行销售。品牌优势已经成为三钢集团的核心竞争力。

2001年，三钢集团将旗下主营钢铁生产经营业务和相关资产，注入与厦门国贸集团等八家公司联合发起成立的股份有限公司里。这就是

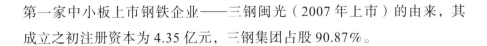

第一家中小板上市钢铁企业——三钢闽光（2007 年上市）的由来，其成立之初注册资本为 4.35 亿元，三钢集团占股 90.87%。

从降低生产工序成本到全流程降成本

三钢闽光生产的钢铁产品主要包括建筑用材、制品用材、中厚板材、优质圆棒、煤化工产品五大类。2018 年是三钢闽光上市第 12 年。

2018 年前三季度，三钢闽光实现营业收入 268.26 亿元，同比增长 20.25%；归属于上市公司股东的净利润为 51.79 亿元，同比增长 59.62%，创上市以来最好的三季报业绩记录。而这其中，三安钢铁并表增厚了不少业绩。

三钢闽光业绩创新高，除三安钢铁并表的影响外，该公司出色的成本管控能力再次发力：2018 年持续开展全流程降成本工作，保持了一定的成本优势，吨钢盈利能力居行业前列。以 2018 年上半年为例，三钢闽光、泉州闽光分别实现同口径降成本 16.27 元／吨和 30.07 元／吨，合计实现降本增效超过 1 亿元。

"降成本"是三钢闽光这几年在年报中出现频率最高的词，也是公司在上市公司同行中保持竞争力的最大功臣之一。"降低吨钢工序成本"的定义，在其 2014 年的年报中被首次提及，当年公司吨钢工序成本下降 50.08 元／吨，在之后的三年里又分别下降了 26.96 元／吨、64.48 元／吨和 47.66 元／吨。

也就是说，在三安钢铁并表之前的四年里，三钢闽光的吨钢工序成本合计下降了 189.17 元／吨。如果以公司 600 万吨的年钢销量来算（实际比这个数值高），三钢闽光近四年因实施降成本策略而对业绩的贡献合计超过 11 亿元。

2017 年，三钢闽光吨钢成本约 2474 元。据申万宏源研究，这个数字在以长材为主的上市公司同行中处于较低水平，仅次于方大特钢和八一钢铁。而降成本，不同时期的方法又不一样：原先是降低生产工序成本，如今是全流程降成本，即从原料采购、生产工序成本到销售三项管理费用的全方位成本控制。

生产环节方面,公司把每道工序的成本都细化到每个岗位上去,包括细化每个岗位的标准操作流程、将所有员工每天的工作业绩都与员工收入直接挂钩等等,实现成本控制"千斤重担万人挑",严格控制生产工序成本。

销售方面,其将集团旗下的四个钢铁生产基地全部委托给三钢闽光统一管理,实现集团化统一管控,使产品定价、品种结构搭配和生产组织更为合理;另外,利用三钢闽光的强议价能力,坚持"款到发货"的原则,采用代理商销售模式,运费由代理商支付,也能有效降低销售成本及坏账风险。

在成本精细化管理之下,三钢闽光期间费用率下降明显。以2017年为例,三钢闽光全年期间费用为3.44亿元,同比下降18.92%;期间费用率仅1.5%,远低于钢铁上市公司平均值,仅比柳钢股份略高。

强化资本运作　推进集团资产上市

在三钢闽光上市之初的前几年,基本看不到该公司的资本运作痕迹,2015年之前未发布任何融资计划。2016年,公司在年报中提出"生产经营和资本运作双轮驱动"战略之后,三钢集团整体上市的规划才开始隐现。

2016年,三钢闽光定增购买集团资产包,并配套募集资金30亿元,除偿还银行借款及补充公司流动资金外,主要用于建设物联云商项目、发电工程项目及一高线升级改造工程等等,为公司后面的资本运作及转型升级打下基础。

融资完成后,三钢闽光的负债率明显降低,加上当年恰巧遇到钢铁行业供给侧结构性改革,公司基本面转好,影响显而易见。例如,原来融资还没到位时,银行向公司提供的贷款,利率基本要上浮10%~20%;融资完成之后,银行贷款利率非但没有上浮,还比基准利率下降了5%~10%,这有效降低了公司的财务费用。

尝到甜头后，三钢闽光的资本运作变得频繁起来，加速收购集团资产，推进集团整体上市：2016 年 12 月，三钢闽光以现金支付方式收购了集团公司的 6 号高炉相关资产；2017 年 7 月再次启动发行股份收购控股股东的资产——三安钢铁，并于 2018 年 7 月完成发行股份和上市事宜，产业布局进一步优化，钢铁产能增加到 900 多万吨。

三钢集团旗下的四个钢铁生产基地，在三钢闽光收购完三安钢铁后，注入上市公司的资产增加至三个，只剩下在罗源湾经济开发区的罗源闽光。罗源闽光是三钢集团在 2014 年兼并收购的，2018 年前三季度实现营收 106 亿元，净利润超过 9 亿元。目前三钢闽光正在筹划将其纳入麾下，2019 年 1 月 15 日晚间公告称，拟采用现金方式收购罗源闽光 100% 股权。

新征程——转型钢铁制造服务商

当我们到达三钢闽光三明本部的综合楼时，大门的 LED 屏幕上滚动着"新时代　新征程　三钢再出发"的口号，这是三钢集团管理层在 60 周年纪念活动上提出的。

过去 60 年，三钢集团的发展有目共睹。那么，新时代它将出发去哪里呢？在会议室里，三钢集团、三钢闽光董事长黎立璋详细描绘了三钢集团未来的发展蓝图：发展成为中国钢铁行业中最具竞争力的一流企业，不断发展壮大并进入中国钢铁行业前十，在智能制造方面走在同行前列。

三钢闽光目前正在加紧完成的，是 2016 年的募投项目——物联云商，这是公司从钢铁生产企业向钢铁制造服务性企业转型的基础。它打算立足福建及周边市场，围绕三钢产品构建集仓储、运输、采购、电商、金融、数据等综合服务为一体的区域产业互联网共享服务平台，并借此平台将自己打造成"区域钢铁产业链的领导者"。

下一步，黎立璋带领下的三钢闽光的任务是：除了要实现"产品品种更加丰富、产品结构更加合理、规模适度扩张"的发展目标外，还要进一步降低成本，要依靠"设备大型化"及"智能制造"两个途径，使人均生产效率在现在的基础上再提高50%。

【采访札记】

"三线"企业的现代发展观

方　岩

2018年是三钢集团成立60周年。

60年前，大炼钢铁热潮席卷全国，在本钢、鞍钢驰援技术和3万多钢铁建设者肩扛手推之下，三明钢铁厂在群山延绵的福建三明拔地而起。

从地图上看，三明总部位于闽西地区，不临海不靠江，就建在狭长的群山腹地。当初决策者选址于此，主要出于安全考量——即便海峡对岸战机飞过来，也无法完成空袭，还来不及投弹就得拉高跑路。可以说，这是一家有着特殊备战思维的"三线"企业。

然而这家具有鲜明时代印记的企业，并没有消失在时代的年轮里，其钢材在福建市场占有率约70%，居于绝对"控盘"地位，成功秘诀在于：三钢集团、三钢闽光董事长黎立璋是一位颇具现代发展观的企业家，在成本控制、产业布局、资本运作等方面进行卓有成效的改革创新，三钢闽光业绩大幅提升，在二级市场由"黑马"升级为"白马"。

"我们的工序成本在全行业肯定是最好的。"黎立璋说，"我们从源头开始，从原料采购到生产工序成本的管控，到最后销售，'三项费用'我们都控制得非常好。"以生产环节为例，公司把每道工序成本细化到每一个岗位、每一位员工身上，真正形成成本控制"千斤重担万人挑。"

中信建投钢铁分析师秦源博士用数据给出佐证：以2017年年报数据为统一口径，三钢闽光吨钢成本为2484.56元，在钢铁板块上市公司中"垫底"，远低于均值3279.30元，而吨钢净利为632.18元，仅次于方大特钢。

三钢集团总部不临海不靠江，原材料与销售"两头在外"，客观上加大了物流成本。为弥补先天不足，公司近些年也在积极谋划新的产业布局。2014 年，三钢集团重组临海的罗源闽光，就是从成本端考虑，避免"两头在外"，增强成本竞争力。"从钢铁产业来讲，整个国家的布局也都在靠近资源、靠近沿海的地方去发展，我们若要再新建一座钢厂连项目都批不下来，所以我们要到沿海去发展，就得靠兼并重组。"黎立璋介绍说。

黎立璋坦言，三钢集团是一个很传统的工厂制经营管理思维，集团前几任领导都是实干派，但是对资本市场的认识不充分、不到位，甚至认为"资本市场都是击鼓传花，谁接最后一棒都要亏"，因此三钢闽光上市多年也没有进行资本运作。

黎立璋极具现代发展观，对资本市场尤为熟稔，他认为公众公司要靠生产经营和资本运作双轮驱动，要充分利用好资本市场投融资平台。他接任三钢闽光董事长之后，首先给管理团队、干部职工做解释工作——"我们不做纯粹为了圈钱的事情，要确确实实把企业做好，给股东带来最大的回报，实现双赢。"为了推动双轮驱动，黎立璋对公司证券部撂下重话："你这个部门无为就是无位，没有作为就没有位置！"

在认识统一之后，三钢闽光接连启动两次资本运作——2015 年通过定增收购集团资产包、2017 年收购三安钢铁，其好处显而易见，既规避了集团和上市公司之间同业竞争，也增强了上市公司持续盈利的能力，还提升了企业的融资议价能力。"原来我们的贷款利率基本要上浮10% 到 20%，2016 年再融资完成之后，银行利率不仅没有上浮，甚至比基准利率还降了 5% 到 10%。"黎立璋说。

如何处理集团与上市公司关系？在黎立璋看来，集团要甘于做"清道夫"，要积极为上市公司发展铺路，实现投资者利益最大化。例如前面提到的三安钢铁，原先是一家民企，很多合规性手续不齐全，三钢集团就在环评、立项等方面补齐短板，然后才注入上市公司。罗源闽光也有类似情况，从民营企业兼并而来，有很多不规范地方。他解释说，如果由三钢闽光直接去做，可能有很多政策上的障碍、瑕疵，所以先由集团层面去收购，具体生产经营由闽光托管，条件成熟再交给上市公司，这样能规避可能带来的不利影响，更有利于上市公司稳健发展。

福建是全国钢铁小省，一些钢铁巨头也曾到八闽大地抢滩市场，不过三钢集团依靠品牌、质量、规格齐全等优势，牢牢筑起了销售护城河，并且把触角伸向福建周边市场。放眼未来，黎立璋心里也有一个"小目标"："今后中国钢铁的格局是两艘航母加若干艘护卫舰，三钢闽光不敢说成为航空母舰，但至少应该成为其中的一艘护卫舰。"

（作者系证券时报编委、公司中心主任）

紫金矿业：最适合的就是最好的创新

证券时报记者　朱中伟

关于紫金矿业的创新，陈景河自己总结了三句话：普遍的科学原理与客观实际的良好结合；最适合的就是最好的创新；创新就是不断否定自我的过程。

搭上改革开放的顺风车，紫金矿业从一座原本被各方专家视作不具开采价值的"鸡肋"金矿，发展成如今排名全球有色金属企业第14位、全球黄金企业第2位的黄金龙头、有色航母。

紫金矿业如何"变废为宝"？新的经济形势下"紫金速度"能否持续？矿山开采与环境保护能否和谐共生？公司未来的发展愿景何在？近日，公司董事长陈景河在接受证券时报"上市公司高质量发展在行动"采访团采访时说："既往成功中可以总结的经验很多，但征途依旧漫长，未来只有在国际市场上站稳脚跟，脱颖而出，甚至比西方同行做得更好，才算是真正优秀的矿业公司。"

改革开放的践行者与受益者

紫金矿业发布的2018年三季报显示，1至9月共实现营业收入761.7亿元，同比增长22.9%；实现归属上市公司股东的净利润33.5亿元，同比增长51.4%。

"甘肃陇南紫金有可能成为未来的一个重要增长极。如果顺利投产，每年能增加5吨左右产量。最近黄金价格回调，我们也在积极寻找黄金资源的并购机会。"公司总裁蓝福生介绍说，"未来铜的增长会比较大，因为刚果（金）的项目在陆续扩产，多宝山铜矿也在进行二期扩建，铜板块将成为业务第一大板块。"

靓丽业绩的背后，谁又能想到公司赖以起家的紫金山金铜矿一度曾被专家视作不具备开采价值的"鸡肋"金矿。开发不了的问题主要有两个：一是矿体品位低（按照当时的技术条件，金矿入选品位为5克/吨，但紫金山金矿品位绝大多数在1克/吨以下，基本等同于一堆"废石"），黄金总量少（有把握的只有5吨），而且矿体变化很大，矿山处于约1000米的高山上，开采条件困难，投资较大；二是早前国家对于地方开采金矿的政策尚未放开，即使生产出金子，也必须按国家牌价全部交由人民银行收购，不得进入市场流通。由于收购价格低，开发难以产生效益。

不过，根据地方志记载，紫金山开采黄金的历史却可以追溯至900多年前的北宋年间。证券时报采访团一行在紫金山金铜矿于2011年在矿山上建成的国家矿山公园看到，在公园入口主碑的人字塔第一版浮雕墙和出口处的大型铜浮雕上，分别叙述了北宋盐铁官郭福安"福安开采"和"康定献金"的历史故事场景。

此外，坐落于上杭的福州大学紫金学院地质博物馆内对此也做了介绍：北宋年间，朝廷派盐铁官郭福安到紫金山开采冶炼金铜，进贡朝廷，留下了无数的老矿硐。

20世纪90年代初期的上杭县还属于国家级贫困县，人口40多万，县里每年财政收入仅5000万元，一度靠借钱发工资，是典型的以种植业为主的农业县。

随着改革开放的深入，再也不想"守着金山没饭吃"的地方政府找到了在福建省闽西地质大队工作的陈景河。1982年，陈景河从福州大学地质专业毕业后就分配在上杭开展金矿普查工作，没有人比他对紫金山更加了解。

1984年，陈景河写了一篇论文，认为紫金山存在"上金下铜"的矿化垂直分带，后来钻探时第一个孔就发现了下部的铜矿体。矿产勘查从原来的以金为主，到金铜并举，最后以铜为主。

"下部铜矿是通过成矿预测发现的，不是凭运气瞎猫碰到死老鼠。"陈景河说，"那时紫金山矿提交的金矿资源储量为5.45吨，铜资源储量达129万吨，达到大型规模，是我国东南沿海火山岩地区铜矿地质找矿和研究的重大突破，获得国家科技进步一等奖。"

如今的紫金山国家矿山公园内树立着"中国第一大金矿"的石碑。因单体矿山达到17.5吨的黄金年产量，紫金山金矿在2008年3月被中国黄金协会评选为中国第一大金矿。2009年，紫金山金矿更创出年产18.06吨的历史纪录。

创新是第一驱动力

短短25年时间，从几乎一无所有到资产近千亿，究竟是什么因素造就了矿业界的"紫金速度"？几乎每一位受访人都提到了"创新"二字。

在紫金山开发初期，金矿开发经验是一张白纸，创业者们通过学习和借鉴，选择了堆浸工艺技术路线，开创了南方多雨坡地大规模堆浸成功工业生产的先例。

针对矿石含泥、渗透性差、单一堆浸粗粒金无法有效回收等问题，紫金人又创造了"重选—炭浆—堆浸"组合工艺，回收率提高14%，经济价值达数十亿元。

再后来，应用经济地质理论重新确定了紫金山金铜矿可利用边界品位，可利用金资源储量从5.45吨扩大到近300吨，矿山开采也从地下小规模转为露天大规模，低品位资源产生了巨大经济效益，一跃成为"中国第一大金矿"。

由于过去没有那么大的金矿，紫金山金矿很大一部分的装备都是依靠企业自主研发，前后经历了四期的技改。可以说，紫金山的实践培养出一大批人才团队，特别是形成了紫金矿业的创新理念，成为"走出去"的第一驱动力。

例如，新疆阿舍勒铜矿建设，在规划建设和技术方面开展了一系列创新，在矿山生产规模扩大33%条件下，只用85%的预算投资完成了项目建设，而且工期缩短一年。

例如，贵州紫金，其在 2017 年自主研发并建成投产的"加压预氧化"难选冶金矿处理技术，盘活黄金资源 50 吨，填补了国内空白。

例如，刚果（金）科卢韦齐铜矿，通过系列技术创新和优化，仅以大约一半的设计投资就完成了工程建设，投产后运营状况良好，开创了中国公司海外成功创新的新案例。

例如，刚果（金）卡莫阿铜矿，并购不到两年时间，通过找矿理论创新，地勘增储两度实现重大突破，成为世界上最大的高品位、未开发铜矿之一。

关于紫金矿业的创新，陈景河自己总结了三句话：普遍的科学原理与客观实际的良好结合；最适合的就是最好的创新；创新就是不断否定自我的过程。"如果我们天天沉醉于过往的丰功伟绩，这个企业就差不多了。这一点上我还很清醒，经常会否定我们过去所谓的成功经验。"他说。

矿山开采要与环境保护和谐共生

2010 年 7 月 3 日，紫金山金铜矿发生了铜酸水渗漏造成的环境污染事故，一度停产整顿，并受到有关部门的严肃处理。事故造成企业直接经济损失数亿元，更重要的是企业品牌受到重创，教训极为深刻。

"7·3"事件后，紫金山金铜矿在开发建设过程中采取"开发一片、稳定一片、治理一片、成效一片"的原则，采用"分层治水、截短边坡、土壤改良、植物选择"工程与生物措施并举的植被恢复技术，因地制宜地对堆场、废渣尾矿边坡等进行综合治理，其生态恢复技术成果达到国内先进水平。截至目前，紫金山金铜矿累计投入水保与生态恢复资金 6.8 亿元，其中植被恢复资金超出 1 亿元，实施绿化作业面积近 1.7 万亩，植树 365 万株，矿区绿化覆盖率达到可绿化区域面积的 97.9%，形成了"矿在林中、林在矿中"的生态景象。

经统计，2010 年以来紫金矿业累计投入的环保资金已超 30 亿元，高标准构建了环保生态系统。到目前为止，公司下属权属企业共有国家级绿色矿山（试点单位）8 家，省（自治区）级绿色矿山单位 2 家，全国工业旅游示范点 2 个，国家矿山公园 1 座，全国科普教育基地 1 个，绿色制造示范企业 2 个，国家工业产品生态设计试点企业 1 家，国家水土保持生态文明工程 1 项。2017 年，公司凭借在绿色发展领域的出色成绩，获评"中国有色金属工业绿色发展领军企业"。

紫金矿业副总裁谢雄辉告诉证券时报采访团记者，环保问题中有70% 是因为安全生产所引发，所以应该更多地注重源头控制。只有把风险源头管住了，危险才会降下来。

因此，从 2017 年开始，紫金矿业开始推行安全生产准军事化管理制度，其中包含了员工准入把关、严格培训、过程约束和爱兵如子四个维度。这一制度首先通过必要的强制让人熟知熟记安全操作规程，接着不断重复，再发展到入脑入心，最终形成良好的安全生产习惯，从根本上解决安全生产问题。

从紫金矿业的实践中可以看出，矿山开采过程会对环境产生一定影响，所以必须特别重视环境的再造。通过重视环境保护，重视生态恢复，后期的矿山生态可以做到比原来更好。例如紫金矿业位于新疆的阿舍勒铜矿，过去矿区驻地是一片荒漠戈壁，如今已经绿树成荫。

新一轮发展方向在海外

新的经济形势下，紫金矿业的视野日益转向海外。2017 年，公司海外黄金资源储量在集团中的占比已经超过 52%，海外铜资源储量在集团中的占比则已经接近 70%。

特别是 2015 年，紫金矿业抓住矿产资源价值被严重低估的机会，果断入手卡莫阿—卡库拉铜矿 49.5% 的股权。此后，通过后续的补充勘探，其铜资源量从收购时的 2400 万吨，增加到 4249 万吨，平均品位为2.56%，增长近一倍。该矿由此进入全球第四大铜矿之列，仅次于必和必拓的埃斯康迪达铜矿、智利铜业公司的丘基卡马塔铜矿和自由港公司的格拉斯伯格铜矿，并且是世界上最大的高品位、未开发铜矿。

2017 年，刚果（金）科卢韦齐铜矿浮选系统投料试车，也在较短时间内成为集团铜板块的重要生产基地和新的利润增长点。

研究机构的市场分析显示，若不受中美贸易战的影响，未来几年铜需求比较平稳，每年约有刚需 2％左右的增长，但是供给不足。上一轮约在 2011 年铜价特别好的时候，有一波大的资本投资，目前新增产能已经基本释放。从中长期看，铜品种还将供不应求。

对于海外扩张，陈景河认为，首先对资源的增值性、可靠性、可利用性要有客观准确的判断。其次在于时机的把握。中国公司过去出现并购方面的失败，很重要一点是在高峰时期去抢筹码，这即使是西方大型矿业公司也会出现类似问题，在高峰期买了一堆超贵的资源。

紫金矿业往往是在市场比较低迷的时候进行逆周期收购。逆周期收购通常不会犯大错，但前提是要有充足的资金储备，因为行业低迷的时候大部分企业都很困难。从这方面看，紫金矿业近年的经营净现金流量都在利润的三倍以上，矿产品毛利率最低也有 34％，所以在行业低迷的背景下仍然有能力对外并购。

总的来说，紫金矿业过去 25 年的成功主要是搭上了中国改革开放、大规模工业化和城镇化的顺风车。未来能否成功，关键要看紫金矿业的国际化进程。到 2022 年，公司主要经济指标在 2017 年的基础上要努力实现大幅度增长，成为全球重要的金、铜、锌矿产品生产商，资源储量和矿产品产量要力争进入全球前列。

【采访札记】

印象陈景河

方　岩

近几年紫金矿业关注度越来越高，机构频频发布"点赞"研报，而其掌门人陈景河亮相媒体越来越少。据悉，陈景河把更多精力放在"巡山"上——目前紫金矿业矿山遍布国内 18 个省区与海外 9 个国家，其工作量甚至不低于当年干矿山勘探的时候。

我们最先约定的采访时间是下午 3 点，几经推迟，最终敲定在晚上 8 点。当我们架好机位调好灯光，他刚结束一场活动匆匆赶来，一见面就说："我面对长枪短炮还是有些紧张！"

我们的采访从紫金矿业成立 25 周年谈起，再到黄金与有色金属行业发展态势、全球矿产资源储备等宏观问题，以及金属钴的分布与开采等微观话题，陈景河应答如流，涉及的资源储量、矿山品位、市场价格等数据了然在胸，不假思索就能脱口而出。

陈景河是土生土长的福建龙岩人，普通话中带着浓浓的乡音，为了让我们听得明白，他不时用双手比画，以增强我们的代入感。

紫金山金矿是紫金矿业发家的地方，就在龙岩市所辖上杭县。我们白天参观时，这里已建成紫金山国家矿山公园，再往山上走，就是巨大的露天采场，200 多辆运输车在一圈圈的山道上穿行；在其下方岩层，工人们正在洞采作业，里面还能跑小火车，当然我们在山上是看不到的。在山顶一处高点，立着一块近三米高的巨石，上面镶刻中国黄金协会授牌的"中国第一大金矿"亮红大字。

陈景河对此引以为傲。他介绍说，按照当时的技术条件金矿入选品位为 5 克 / 吨，但是紫金矿业通过技术创新，每吨矿石现金成本才 20 块钱，即便含金量低至 1 克 / 吨也有钱赚。原来紫金山只是一个中小型金矿，后来黄金年产量一度达到 18 吨，成为当时中国最大的金矿。对陈景河来说，开发紫金山的收获不仅仅是淘到"第一桶金"，更重要的是培养了一大批有着丰富创新经验的人才，如今分布在旗下各个矿山。

陈景河很有亲和力，访谈过程中大多数时候面带微笑，俨然是一位资深"暖男"。1998 年紫金矿业资金出现困难时，他找到新华都创始人陈发树，后者正为数千万工程设备租不出去而发愁。尽管两人之前只有一面之缘，但是陈发树觉得"反正设备闲着也是闲着，再说这位兄弟面相是个厚道人"，两人由此结下深厚的合作渊源。

陈景河直爽而坦诚。"尽管你们没有问，我还是要讲一下环保问题。"2010年7月3日，紫金矿业9100立方含铜酸性水泄漏流入汀江，引发环保事故。陈景河把这一天确定为企业"环境安全日"，并在事发地树立警示碑。"我们要知耻而后勇，后来投了非常多资金进行改造，生态建设水平高于国际标准。"

兵无常势，陈景河偏好逆流而战。在行业高潮时以地勘增储、扩大产能为主，行业低迷时则以并购重大资源和在产矿山为主。陈景河认为，逆周期收购基本上不会犯大错，因此企业必须保持充沛的现金流，在低价的时候才能有资金做并购。

"一个好汉三个帮"，随着紫金矿业大踏步走向国际市场，陈景河的"黄金搭档"也更强大。他和总裁蓝福生是校友，也是多年的创业合伙人；副总裁方启学曾在五矿和南非标准银行工作多年，有丰富的海外经验；董秘刘强来自中国铝业，熟悉大型有色企业运作……

"黄金搭档"如何评价陈景河？在方启学看来，陈景河可以用"传奇"来概括：紫金矿业从1万元起步，发展成为如今国际知名的矿业公司；收购的几个矿都是世界级的，特别是在刚果（金）投资的卡莫阿—卡库拉铜矿，补充勘探之后资源量增长近一倍，价值超过万亿人民币……当我们把搭档的评价告诉陈景河时，他淡然一笑："不存在'传奇'问题，我对自身还是非常清楚的。"

虽已年过花甲，陈景河依然不知疲倦，正在谋划紫金矿业新的发展路线图。在他看来，紫金矿业只有在国际市场上站稳脚跟并脱颖而出，才算得上是真正的优秀企业。

"待来日，金山光芒，夺目耀眼。"这是陈景河早年歌咏紫金山的词句。如今金山早已"夺目耀眼"，并为他赢得"中国金王"美誉。拥有天时地利人和的陈景河，正在向"中国铜王"目标挺进——我们期待他保持"快马加鞭未下鞍"的澎湃激情，也能抒放"满目青山夕照明"的快意诗情！

（作者系证券时报编委、公司中心主任）

中国中冶：二次创业如何再创辉煌

证券时报记者　刘灿邦

中国中冶总裁张孟星说："中冶有幸参与了中国钢铁工业发展两个黄金期的整个进程。冶金是我们的老本行，没有冶金就没有中冶，所以我们才会说，中国中冶是为冶金而生的一个企业。冶金这一初心不能忘掉。"

回望中国中冶的历史，是一幅伴随中国钢铁工业成长发展的生动画卷。以建设鞍钢为起点，中国中冶直接参与了国内几乎全部钢铁企业的建设工作，包括武钢、攀钢、宝钢等，为冶金而生，成为中冶身上不可磨灭的印记。

据不完全统计，目前，中国中冶在国内冶金市场的份额达到90%，在国际冶金市场的份额达到60%。随着时代的发展变化，中国中冶正在快速开辟新的战场，积极拓展非冶金领域业务，并且在房建、基础设施建设等方面业绩卓著。在深圳国贸大厦的建设过程中，中国中冶就曾创下五天一层楼的"深圳速度"。城市综合管廊、主题公园、环保产业等也已成为中国中冶新的名片。

经过多年的市场洗礼和自我革新，中国中冶确立了"做冶金建设国家队、基本建设主力军、新兴产业领跑者，长期坚持走高技术高质量发展"的战略定位。正如中国中冶总裁张孟星所说，中国中冶在保持合理发展速度的同时，将更加着力于提高核心竞争力，提高公司可持续发展能力及国际竞争力。"中国中冶将把发展速度放到第二位，把强身健体，提高企业持续发展能力以及国际竞争力放在更重要的位置。"

不忘冶金初心

作为大型央企的领导者，中国中冶总裁张孟星极少在媒体公开露面，但谈及中国中冶的起源，张孟星如数家珍。

中华人民共和国成立初期一穷二白，举国上下百业待兴。在这样的环境中，最早一批冶建工人耗时仅一年多就完成了鞍钢三大工程建设，创造了新中国建设史上的奇迹，也奠定了中国钢铁工业的基础。回忆起这段历史，张孟星不无自豪："中冶是为冶金而生、伴随我国冶金工业的发展而成长起来的企业。这是中冶人光荣之路的起点。"

实际上，1949年时，中国钢产量仅15.8万吨，占全球比重不到0.1%；如今，中国的钢铁产量已达到8.3亿吨，占世界钢产量一半以上，钢材种类也发展到数万种。张孟星指出，正是因为中国钢铁行业的快速发展，才为各行各业的快速发展打下了基础。"这的的确确是了不起的成就。"同时，中国中冶参与了中国钢铁工业发展两个黄金期的整个进程：一是从1949—1957年的8年时间，中国钢铁工业快速发展；二是1978年改革开放后，以宝钢开工建设为标志，拉开了中国现代化钢铁企业的发展序幕。此外，中国中冶还积极投入到大中型钢铁企业的结构调整和技术改造中，引领中国钢铁工业进入积极追赶世界先进水平的新时期。

据不完全统计，中国中冶目前在国内冶金市场的份额达到90%，在国际冶金市场的份额也达到60%；按照中国中冶的规划，下一步要在冶金工程的8大部位、19个业务单元达到世界一流标准，力争用3年时间把全球冶建市场份额从60%提升至80%。

中国中冶在全球市场的影响力有多大？为解释这一问题，张孟星谈到一件趣事：西马克是在国际钢铁行业有巨大影响力的冶金全产业链集团，也是中国中冶在国际市场上的老对手。但从2017年底开始，西马克不断地跟中冶接触，希望改变与中国中冶的竞争关系，转为合作伙伴。"西马克在分析全球市场竞争情况时，发觉中国中冶对它的威胁是最大的，并且这种威胁会越来越大，因此，它希望两家能由竞争者变为合作者。过去，西马克始终是高高在上的，要是放回前些年，是不可能主动提出跟我们合作的。"张孟星说。

"冶金是我们的老本行，没有冶金就没有中国中冶，所以我们才会说，中国中冶是为冶金而生的一个企业。"张孟星多次强调，"冶金这一初心不能忘掉"，中国中冶也在发展其他多元业务，但前提是一定要把传统主业做好、做强、做精。

二次创业续辉煌

冶金行业的发展有高峰也有低谷，特别是在 2008 年金融危机后，中国钢铁产能过剩的问题越来越突出；伴随近年来供给侧结构性改革的深入推进，冶金行业上下游都面临转型升级的大调整与大变革。

面对这一情况，中国中冶加快推进二次创业，凭借在冶金建设工程行业多年积累的经验，将触角延伸至非钢领域，确立了要做"基本建设主力军"及"新兴产业领跑者"的战略定位，力争将其培养为新的增长点。按照中国中冶的战略规划，要把"一带一路"、京津冀、长三角、珠三角等经济发达和有活力的地区作为主战场，在房建、中高端地产、交通市政、基础设施等领域，以产融结合的张力，增强市场突破力，提高市场影响力，实现规模与效益并举、贡献第一的目标。特别是在房建、交通市政、基础设施领域，中国中冶确立了"大环境、大客户、大项目"的市场策略，将以更大的气魄、更强的力度实现核心战略区域的做熟做透，以市场订单的大突破，实现规模的大提升、大飞跃，始终做公司利润增长的重要基础和第一保障。

"中国中冶的业务已经由钢铁这一点转向了面，涉及市政交通、大型场馆等公共工程以及房屋建筑，成为全面参与社会发展的以工程为主的企业。正是在这样的背景下，我们提出了'基本建设主力军'的战略定位。"张孟星说。实际上，中国中冶在非钢建设领域也有光荣的传统，中国中冶依托在冶金领域的优势，抓住从封闭型钢厂建设迈入城市化建设的发展大潮，曾经首创了五天一层楼的"深圳速度"。在新兴产业方面，中国中冶同样倾注了大量资源，开拓了地下综合管廊、特色主题公园、海绵城市、美丽乡村与智慧城市、水环境治理、康养等新业务，通过在非冶金工程领域持续发力，确立了新的竞争优势，成功完成了一批具有行业影响力的重大项目。

对于在冶金行业积累深厚的中冶而言，一方面受到周期影响，需要负重前行；另一方面还要把准转型的新方向，这绝非易事。以地下综合管廊为例，张孟星也谈到一段插曲：中国中冶曾经与珠海市在横琴岛合作开发建设国内首条地下管廊，国文清董事长到项目现场后，立刻意识到管廊业务未来的市场空间非常大，当即决定与珠海市合资成立管廊公司，后来中国中冶又成立了管廊研究院。从结果来看，管廊建设也十分符合国家的城市化发展要求。

转型不易，但中国中冶的二次创业却成效显著。在2010年之前，中国中冶的收入70%左右是冶金业务创造的，经过七八年时间的转型，冶金业务占中国中冶收入的比例已经降至23%左右，70%以上的收入都集中在非冶金产业上；在新签合同中，非冶金项目合同额已经超过80%。值得一提的是，综合管廊、主题公园等新兴产业收入占比已经达到5%，中国中冶计划经过几年的努力，将其占比进一步提升到15%左右。

聚焦国家战略

正如前述，中国中冶承担了全球冶金建设市场60%以上的份额，是全球最大的冶金建设承包商和运营服务商，也是国内较早实施"走出去"战略的央企之一。正因此，海外成为中国中冶近年来着力开拓的市场。为打好海外市场的战役，中国中冶将坚持以"到有草的地方放羊，到有鱼的地方撒网"为市场战略，并且明确了四个"主""辅"结合的市场布局和开发指引。

"一带一路"沿线国家和地区是中国中冶"走出去"的重要市场，

这些国家和地区多为发展中国家，经济欠发达，基础设施十分薄弱，都有大力改善本国基础设施建设现状的迫切需要，这也是中国中冶开拓"一带一路"市场的重要基础。目前，中国中冶已经在"一带一路"沿线中的 36 个国家设立了分支机构，并开展业务。

数据显示，中国中冶海外市场保持着逐年稳步扩大的趋势，从2014 年到 2017 年的新签海外合同每年都有稳定的增长，2017 年海外合同金额达到 573 亿元（其中，"一带一路"沿线合同金额 496 亿元，占比 86.6%），占国内外总合同金额的 9.4%。海外市场的持续拓展，也给中国中冶带来了良好的收益。2015—2017 年，中国中冶海外业务收入456.2 亿元，海外工程实现了总体盈利，3 年盈利约 22.7 亿元。

不久前，中国中冶完成了台塑集团在越南河静的千万吨级钢铁项目，这是全球现代化程度最高的钢铁项目之一。中国中冶在"一带一路"沿线正在实施的重大项目还有，俄罗斯圣彼得堡洪福新城开发项目、科威特大学城项目、斯里兰卡外环高速公路项目等。张孟星说："中国中冶正在将更多的资源投入以'一带一路'为重点的海外市场，建立分支机构、实施属地化管理，将中国中冶的技术能力、管理能力与当地的资源结合起来，深耕细作，把目标市场做熟。"按照计划，到2020 年，中国中冶要实现海外业务收入占整体收入比重达 15% 以上的目标。

此外，作为中央推动的重大战略规划，中国中冶积极参与、支持雄安新区建设，已组织系统内多家单位在雄安新区核心区域布设机构进行市场开发，最大限度地保障中国中冶能够迅速、高效、全面地参与到新区的规划建设，满足新区的全方位需求。据了解，中冶管廊公司是在雄安新区首批注册的公司之一，中国中冶还计划在雄安建设全球最先进的装配制造加工基地。"未来，中国中冶还要积极做好雄安新区市政基础设施、水系治理、城市森林的配套建设，研究在雄安或周边地区建设华北最大的苗木基地。"张孟星说。

探路国企改革

2015 年底，经国务院批准，中国中冶母公司中冶集团正式与中国五矿实施战略重组，这是中国中冶历史上重要的一笔，也是进一步深化国有企业改革、做强做优做大国企，推进国有经济布局结构调整，打造具有国际竞争力世界一流企业的重要举措。张孟星指出，重组的背景是国家要成立中国金属矿业投资集团，成为中国在金属资源领域的一个保障。"在这样的背景下，将两个世界 500 强企业整合在一起，这在全球也是第一例。"

实际上，从全球战略层面看，产业巨头的发展与转型，无一例外的采取过大规模战略性并购；反观国内情况，长期以来，中国企业大多处于国际分工低端，产业集中度不高，国际竞争力不强。面对国有资本布局结构调整这一大势，如果企业自身实力不够强大，如果企业在行业中不处于领军地位，如果企业的主业得不到国家的战略支持和保护，重组整合是早晚要走的发展路径。"中冶集团跟中国五矿的重组可以更好地实现产业链上下游的衔接与协同。按照重组时的想法，2018 年之前属于两家央企的重组过渡期，2018 年之后要逐渐融合在一起，目前双方已经有了内部的协同。"张孟星说。

中冶集团与中国五矿的战略重组实践证明，这一重大举措可以充分发挥各自优势，在资源开发、工程建设、房地产开发、贸易物流、金融服务等业务领域实现了强强联合，产生了巨大内部协同市场，规模效应和协同效应也开始逐步显现，对双方都是一种理性、正确的战略选择。

国有企业结构调整基金是近年来参与国企改革、推动国有企业结构调整的重要力量；2017 年 1 月，国有企业结构调整基金参与了中国中冶的定向增发，这也是该基金首次投向 A 股上市公司，彰显了资本市场对中国中冶改革前景的乐观预期。

【采访札记】

中国中冶的三张图景

贾　壮

中冶的命，是自己拼来的。

看看下面三张对比强烈的图景，更能理解这句话的含义。

图景一：光荣梦想

中国中冶是中国钢铁工业的拓荒牛，从 1948 年投身"中国钢铁工业的摇篮"鞍钢建设开始，中国中冶与我国钢铁工业风雨同行了整整 70 年。从武钢、包钢、太钢，到攀钢、宝钢、湛钢，中国中冶先后承担起几乎所有国内大中型钢铁企业主要生产设施的规划、咨询、勘察、设计和建设工程。目前，中国中冶是全球最大、最强的冶金建设承包商和冶金企业运营服务商，是国家确定的重点资源类企业之一，是国内产能最大的钢结构生产企业，是中国基本建设的主力军，在改革开放初，创造了著名的"深圳速度"。

图景二：至暗时刻

辉煌历史换不来"丹书铁券"，厚实家底做不成"免死金牌"，商业竞争没有丝毫温情，一着不慎就可能是万劫不复。2008 年国际金融危机前后，中冶集团盲目兼并重组和多元化扩张带来恶果，一度把企业拖到了生死存亡的边缘。最艰难的时候，中冶集团带息负债高达 1700 多亿元，应收账款和存货高达 2100 多亿元。中冶集团曾连续三年被国务院国资委定为债务风险特别监管企业，在国资委经营业绩考核中连续两年被降至最低的 D 级。2012 年，整个中冶集团亏损高达 73.6 亿元，是国资委直管央企中的三大"亏损大户"之一。

图景三：起死回生

"生存还是死亡，这是个问题"，面对自己的哈姆雷特之问，12 万中冶人用行动给出了答案。2013 年，中国中冶一举实现利润 44.4 亿元，同比扭亏增利 118 亿元，效益增幅位居央企第一。2017 年，中国中冶实现净利润 60.6 亿元。在 2016 年 7 月 20 日揭晓的中央企业负责人 2015 年、2013—2015 年任期经营业绩考核结果中，中冶集团成功晋级 2015 年度 A 级企业名单。短短几年时间，中冶集团从亏损 73.6 亿元到盈利 60.6 亿元，评级从最差到最优，一度濒临死亡的中冶集团，又活了。

五年时间生死轮回，中国中冶如何做到的呢？答案有二：一曰思、二曰行。思是深入灵魂的反思，吸取教训后痛定思痛，中国中冶确定了依靠改革转型实现"回归主业"的目标；行是切中肯綮的行动，用中国中冶董事长国文清的话说，"既不能让危险和风险集中爆发，把中国中冶击垮；也不能让问题久拖不决，把中国中冶拖垮"。接受采访时，中国中冶总裁张孟星多次提到"一天也不耽误，一天也不懈怠"的中冶精神，正是在这种精神的鼓舞下，想明白后坚持做下去，中冶终于拼回来一条命。

拼命除了需要求生本能，还需要与大环境相适应。有学者研究发现，中国中冶的五年改革历程，与十八大以来整个中国的改革步调出奇一致。自 2012 年"回归主业"，中国中冶的企业战略与国家发展脉搏产生共振；根据经济与社会发展不平衡的矛盾，提出"到有鱼的地方撒网，到有草的地方放羊"；利用冶金全产业链整合优势，承担起引领中国冶金行业向更高水平发展的国家责任；提出"全力打造世界第一冶金建设运营服务国家队"，树立世界第一的目标，与十九大提出的全球竞争力目标高度吻合。

中国中冶确立了"冶金建设国家队、基本建设主力军、新兴产业领跑者，长期坚持走高技术高质量发展之路"的战略新定位，张孟星告诉记者，"长期坚持走高技术高质量发展之路"是前面三句话的核心。高技术是中国中冶的传统强项，高质量是响应国家号召，在新时代，中国中冶找准了新方向，能否描画出第四张更加壮美的图景呢？不妨给中国中冶一些时间，咱们拭目以待。

（作者系证券时报编委、北京分社总编辑）

方大炭素：厚积薄发争做行业全球领军者

证券时报记者　康　殷

    方大炭素总经理党锡江："我们希望未来再经过几年的努力，方大炭素可以成为世界炭素行业中一流的领军者，能引领全球炭素行业的发展潮流，这也是我们未来发展的梦想。"

世界上用石墨电极的地方基本都有方大炭素的产品。

在甘肃与青海隔河相望的兰州市红古区海石湾镇，方大炭素见证了一个产业由弱转强的历程。这个曾经濒临死亡的企业，经过成功转制，在短短十余年中，演绎了一曲转制重生、乘势崛起、缔造传奇的嬗变之歌，一跃成为全球前三甲的炭素企业。

在方大炭素总经理党锡江看来，方大炭素已是国内一流、世界领先。"未来通过一到两年的努力，让方大炭素成为炭素行业里世界一流的领军者，世界上最优秀的炭素企业，引领全球炭素行业的发展，这也是我们的一个发展梦想。"党锡江说。

厚积薄发改制求生

临近年关，方大炭素数亿现金墙发红包的照片走红网络。但谁又相信，这家业绩飙升、薪酬福利让同行"眼红"的企业，十年前还是负债累累，举步维艰，即使数千名员工每人每月区区数百元的工资，都难以按时发放。

方大炭素前身是"兰州炭素厂"（行业代号 205 厂），该厂始建于 1965 年，1971 年建成投产，1998 年发起设立"兰州炭素股份有限公司"，2001年兰州炭素股份有限公司更名为兰州海龙新材料科技股份有限公司，并于2002年在上海证券交易所上市，股票名称"海龙科技"。

虽然是资本市场的老兵，但海龙科技并未能"笑到最后"。2006年9月，辽宁方大集团实业有限公司通过公开竞拍成功获得公司51.62%的股权，公司顺利改制为民营控股企业。

放眼炭素行业，改制前全国有大大小小的炭素企业数百家，其中工序完整、有一定规模的就有上百家，整个行业大型企业少，中小型企业多，产业集中度偏低，长期处于无序竞争之中。炭素行业作为基础原材料产业，产能严重过剩，一度产品成本与市场销售价格倒挂，大部分企业亏损严重，生存难以为继。

2006年，方大集团成为控股股东后，先后将优质资产抚顺炭素、成都蓉光炭素、合肥炭素和抚顺莱河矿业注入方大炭素。

改制后的方大炭素，朝着炭素产业上下游布局谋划，通过并购重组加速发展。2017年，方大炭素与日本新日化、日本煤炭化学、江苏喜科墨正式签署股权转让、合资合作、技术许可等协议，获得稳定优质的煤系针状焦原料。"以前我们油系针状焦每年进口3万多吨，煤系针状焦进口3万多吨。现在煤系针状焦基本不用进口了，油系针状焦正在努力寻求突破的方向。"方大炭素总经理党锡江指出，并购延伸了企业上下游产业链，改变了优质针状焦依赖进口的局面。

2017年12月通过产权交易成功受让中信投资控股持有合肥炭素47.89%股权，使其成为公司全资子公司。至此方大炭素旗下拥有10余家子公司，形成资源共享、集中研发、品种多样产业优势和全国布局。

随着国家供给侧结构性改革的深入推进，炭素传统产业持续洗牌，小企业不断退出，方大炭素迎来发展的黄金时期。

一组数据显示：转制十年来，方大炭素的产能由转制前年产不足3.5万吨，增加到目前年产17.5万吨；从转制前的欠税大户发展成为甘肃省纳税100强企业第34名，民营企业50强企业第一名；连续五年位居甘肃省出口创汇第一；2017年公司总资产达139.5亿元，比改制前

2006 年的 23.5 亿元增长了近 5 倍。

科研推动管理创新

经过十年发展，到了 2016 年，全国炭素行业进入低谷。方大炭素面临不小冲击，为了扭转这一局面，方大炭素进行了大刀阔斧的改革，上至方大炭素本部，下到各子公司，在企业内部全力实施生产、销售、成本、人力等全方位改革。

科学技术是第一生产力，但地处西北边陲的兰州市红古区海石湾镇，方大炭素对年轻人和高技术人才的吸引力毕竟有限。

为此，方大炭素想出不少点子。"与国内高等院校和科研院所建立联合研发机制，与清华大学核研究院联合成立方大炭素核材料研究院，院校的前沿技术指导与方大炭素生产工艺结合。"党锡江介绍，目前公司已经与上海应用物理研究所、山西煤炭化学研究所、兰州理工大学等国内炭材料研发前沿的大专院校和科研机构建立合作关系。同时，方大炭素的炭材料研究院、研发基地已搬到成都，高端人才可以入驻成都，去专门研究新材料新技术。

方大炭素的主要产品是石墨电极。石墨电极大部分应用在钢铁冶炼领域，占全球石墨电极消费 80% 以上。而石墨电极产业链比较简单，上游是针状焦、石油焦这些化工产品，下游消费用于炼钢，特别是用在电弧炉炼钢中。

如何突破较为单一的产品线，方大炭素围绕石墨电极、高炉炭砖、炭素新材料三大品类拓展。其中炭素新材料方面，方大炭素加速布局生产核电用炭材料。

"目前中国核电在国内总发电量占比仅 4% 左右，距世界占比 10% 的平均水平有较大差距，未来提升空间非常大。预计一台 60 万千瓦的核电装置，将可带来 10 亿元的产值。"党锡江表示，近年来方大炭素承担了国家科技重大专项——高温气冷堆核电站用炭构件的研发，产品已经交付山东石岛湾核电站安装使用。

同时，方大炭素与中国科学院先进核能创新研究院签署战略合作协议，在先进核石墨与碳基材料、高端熔盐及其应用等方面开展多层次多形式的紧密技术合作，获得了国家核安全局颁发的《民用核安全机械设备制造许可证》，成为国内唯一具有生产核级炭素制品资质的生产企业。"在生产核级炭素制品上，方大炭素在国内处于领先地位。"党锡江说。

此外，方大炭素在碳纤维新材料的研发生产也有布局。2013年，收购抚顺方泰精密碳材料有限公司股权，成功重组中钢集团江城碳纤维有限公司，并更名为吉林方大江城碳纤维有限公司。碳纤维高端产能的并购注入，标志着公司产业链向碳纤维应用扩展。

科研创新之余，方大炭素对待生态环保也毫不松懈。2017年公司环保投入2000多万元，2018年环保投入1.29亿元。先后完成了石墨化炉改造、中央变电所改造、动力燃煤锅炉节能等几十个节能改造项目，全面落实方大集团环保治理标准，国际上有标准的，一定要达到国际发达国家先进的水平，国际上没有标准的，达到我们国家制定的标准。同时，从2018年开始，全面打造"花园式工厂"，朝着世界一流炭素企业目标迈进。

对环境保护，党锡江表示，最近中国炭素行业协会委托方大炭素牵头制定《炭素工业大气污染物排放标准》。目前，新排放标准初稿已报送中国炭素行业协会审核。新排放标准参照京津冀及周边"2+26城市"最严格的排放标准进行制定。科研技术推动企业生产力提升，但高效管理同样重要。

改制后的方大炭素秉持"鸡蛋里挑骨头"的精细化管理、超强的执行力，从而形成企业无可比拟的优势，技术创新、成本管控也都做得非常细。

"我有一个管理理念——'每个人都是人才'，只要能够干好本职工作的员工，我认为都是人才。"党锡江指出，在这样的氛围和环境里面，人的潜力会不断被激发，所以企业的生产效率、质量控制、内部配合、凝聚力都会调动起来，企业焕发出一种朝气蓬勃、永远向上的活力。

2016 年，方大炭素提出每吨产品降低成本 500 元。公司由上到下逐级分解落实成本指标，细化到每一个生产工艺环节，把降成本的每一分钱分解到每一位员工。车间员工也纷纷开动脑筋，集思广益。党锡江说："无论市场是好是坏，员工在岗位上，要有鸡蛋里面挑骨头的劲头。"

回馈员工共享企业红利

"作为企业，我们把员工当成亲人，让员工在企业发展过程中不断得到实惠，共享企业发展成果。"党锡江所言不虚。

改制前，方大炭素人均年收入 1.08 万元，普通员工工资难以按时发放。改制后，不仅工资不拖欠一天，而且 2014—2017 年员工年工资收入逐年增幅分别为 10.34%、4.33%、12.44% 和 35.86%。

2017 年，方大炭素业绩飙升。公司先后为员工增加了 1000 元盈利奖和 1000 元"亿元"盈利奖，加上利润提奖、红包收入和工资收入，普通员工年收入超过 10 万元。

"2018 年，方大人的春节牛气十足。"有员工这样说。原来，从 2018 年开始，方大炭素员工工资在 2017 年基础上上涨 50%。

涨薪之外，方大炭素的员工福利也让人艳羡。2018 年伊始，方大炭素出台"方大养老金"，对那些与方大发展风雨同舟并且子女为独生子女或无子女的、符合条件的退休老员工，入住养老院的，按照单位所在城市最好的公立养老院收费标准的 50% 发放养老补贴；未入住养老院的，按照收费标准的 25% 发放养老补贴。

"最近我们还推出了孝敬父母金，企业每个月完成产量计划、销量计划、回款计划指标以后，给在职员工的父母或岳父岳母的账户上，每月发放 1000 元孝敬父母金。"在党锡江看来，让"员工把企业当作自己的家"，才能发挥员工最大潜力，真正实现爱岗敬业。

2018 年 8 月 20 日，方大炭素与中国宝武集团所属宝钢化工 10 万吨超高功率石墨电极项目签约及项目奠基仪式在兰州举行。双方出资

27亿元，在兰州经济技术开发区红古园区建设年产10万吨超高功率石墨电极项目。

"这相当于再造一个方大炭素，而且这个新企业，装备、配置是世界一流的。"党锡江介绍说，新厂初步规划投资27亿，其中宝武集团宝钢化工出资51%，方大炭素出资49%，预计2020年6月份投产。

新生产线诞生之时，将是方大炭素冲击世界炭素行业第一大、第一强的关键性时刻。"未来通过一到两年的努力，让方大炭素成为炭素行业里世界一流的领军者、世界上最优秀的炭素企业引领全球炭素行业的发展，这是我们的一个发展梦想。"党锡江说。

【采访札记】

方大炭素的员工与马云的名言

付建利

方大炭素是2017年A股市场的大热门股，但公司所在地却颇为"冷门"——甘肃与青海隔河相望的兰州市红古区海石湾镇。

虽然这个小镇是兰州市的管辖之地，但其实距离市区有120多公里，汽车要走2个多小时，地理位置偏僻。海石湾镇的主体就是方大炭素1000多亩的厂区，公司的员工和家属就是该镇的主要人口。

说起来，方大炭素当地员工的平均月薪在7000元左右，一线员工月薪甚至超过一万。公司为员工盖了集资房，每平方米3000多元，相比过万的月薪，这个房价水平，在当地属于"幸福感满满的"!

方大炭素总经理党锡江身着工装，一米六多的身高，时常笑而不语，谈话不疾不徐且极有逻辑。五十多岁的年龄，戴着眼镜，看起来像一位朴实的中青年教授。他很少有豪言壮语，接受我们采访时大部分时间正襟危坐，不像有些老板喜欢讲话时挥舞手臂显示一种力量感。

他曾经是一名中学物理老师，命运的牵引，让他到了方大炭素——这家曾经亏损、欠薪、欠债的国有企业，然后一步一个脚印做到了总经理的位置，方大炭素也由国企改制为民企。

方大炭素主要从事石墨、炭素制品及铁矿粉的生产与销售。其中石墨电极占比最高，大概在90%以上。石墨电极也是公司这两年盈利水平最高的产品。石墨电极是钢铁冶炼过程中的消耗材料，可以把废钢变为钢水。方大炭素的上游原材料是针状焦，包括油系针状焦和煤系针状焦。油系针状焦目前主要依靠进口，煤系针状焦现在基本上不需要依赖进口了。公司下游客户就是钢铁企业，可以说，全世界有钢铁的地方，就有方大炭素的产品。受国家取缔地条钢、国内中频炉换电炉以及环保要求提高等因素影响，石墨电极需求端大幅提升，这使得2017年初以来石墨电极价格飙涨。但2018年以来，石墨电极价格又有所回调，党锡江的判断是：石墨电极的价格未来会"稳中有升"。因为电炉钢的比例会进一步提升，未来3年新增9000万吨电炉钢，对应20万吨的石墨电极需求。

行走在方大炭素宽敞的厂区，公司照明电杆上的标语引起了我们的兴趣，试看几例："当所有的人都把你当傻子的时候，你离成功也就不远了！""'哈下腰'埋头苦干，撸起袖子加油干，上下团结发自内心一起干！""员工对美好生活的向往就是企业的奋斗目标！"

这些简练、朴素又不乏幽默和富有哲理的话语，折射出方大炭素的企业文化。

我们在公司还感受到方大炭素对员工真正做到了"以人为本"。看看他们的福利清单：医疗福利、教育福利、手机福利、就餐福利、养老福利……2017年5月和7月，方大炭素先后给员工涨了1000元工资。2018年1月，在2017年工资总额上，员工工资再上调50%。党锡江的管理理念是：每个人都是人才！只要能够干好本职工作的员工，他认为都是人才。

在海石湾镇这个"山沟沟"里，员工拿着十多万元的年薪，不愁吃喝，孩子上学不发愁，家人生病不发愁，买新房只有3000多元一平方米，老板还把每一个愿意干好本职工作的员工都真正当作"人才"呵护，这完全可以称得上是"好日子"了！老百姓最朴素的愿望，不就是把日子过好么！

有钱花，受尊重，员工就会把企业当成自己的家。马云说，员工为什么离开企业？无非就是两条：钱没给够；心受了委屈。互联网大佬的"言"和"山沟沟"里一家企业的"行"，此刻，相契相合！

（作者系证券时报记者）

包钢股份：产能增长 4 倍、员工锐减 90%

证券时报记者　于德江

包钢股份高管说："以前上班，没人敢穿白色衬衫，因为在厂区转一圈颜色就会明显变深。现在，这种情况已经不存在了，包钢厂区的粉尘几乎不见了，空气质量大为改观，穿什么也不怕。"

从呼和浩特出发走京藏高速（G6），沿着阴山山脉一路向西，200公里之后便可到达内蒙古自治区最大的城市——包头市。包头，曾经"有鹿的地方"，钢铁、稀土资源丰富，国家"一五"计划 156 个重点项目中的 6 个落地于此，现已成为中国北方重要的重工业城市。包头市区最重要的东西干道即被命名为"钢铁大街"，由此穿过昆都仑河，便是包钢所在地。

包钢股份为包钢集团旗下上市公司之一，是中国西部地区最大的钢铁企业。通过多年的发展，包钢股份总资产超过 1400 亿元，市值接近700 亿元，实力日益壮大。包钢股份最大的特点是全产业链，且产品丰富，潜力依旧很大。在资本市场，包钢股份并不保守低调，融资活跃，手段多样。

资本市场助腾飞

从筹划建厂算起，包钢的历史可以追溯至 1954 年，至今已经超过 60年。1959 年，包钢完成建厂，1 号高炉出铁之时，时任国务院总理周恩来亲临现场剪彩。在包钢的会展中心，周总理剪彩的浮雕位于醒目位置。周总理当时使用的剪刀和剪下来的彩带，也被完好保存于会展中心。

1999 年，经过股份制改造，包钢股份成立。2001 年 3 月，包钢股份在上海证券交易所主板上市，首次公开发行 3.5 亿股，募集资金 18.13 亿元。

上市之后的包钢股份充分利用了资本市场的优势，至今直接融资近 728 亿元。董秘白宝生告诉证券时报记者，公司几乎使用了所有的融资手段。Wind 的统计显示，包钢股份累计通过定向增发融资 427.74 亿元，发债券融资 282.06 亿元。定向增发、公司债、短期融资券、中期票据等手段，应有尽有。

融资渠道的畅通，助力包钢股份发展壮大。上市前夕，包钢股份总资产 27 亿元，净资产 16 亿元。而截至 2018 年 6 月底，包钢股份总资产、净资产分别达到 1468 亿、506 亿元，增长数十倍。业绩方面，包钢股份上市前一年度营收不足 60 亿，净利润不足 3 亿元，2017 年这两项数据分别达到 537 亿元、20.6 亿元。2018 年上半年，这两项数据同比又有大幅增长。

资本助力下，包钢股份的生产线不断完善。IPO 时，包钢股份所募集资金用于收购包钢集团薄板坯连铸连轧项目；2004 年发行可转债募集资金 18 亿元，投建冷轧薄板项目；2007 年，发行股份作价近 70 亿元收购包钢集团钢铁主业资产，包括炼铁厂、一炼钢厂、一轧厂等 18 家单位，以及生产部、设备动力部和技术质量部等职能部门的资产、负债和业务；2013 年，定向增发募资 60 亿元，收购包钢集团巴润矿业有限责任公司 100% 股权，收购白云鄂博铁矿西矿采矿权；2015 年，定增募资 295 亿元，收购包钢集团选矿相关资产、白云鄂博矿综合利用工程项目选铁相关资产、尾矿库资产；2017 年，收购白云鄂博资源综合利用工程稀土、选铌生产线资产。

经过这一系列的运作，包钢股份产能一路扩张。正如包钢股份总经理李晓所说，刚入厂时（1992 年）的产能也就 300 万吨左右，之后经过几个大步骤，产能达到 700 万吨、1000 万吨，到 2018 年 1500 万吨，包钢股份紧随行业节奏发展壮大。

如今的包钢股份，已形成年产 1650 万吨铁、钢、材配套能力，总体装备水平达到国内外一流，形成"板、管、轨、线"四条精品线的生产格局，是世界装备水平最高、能力最大的高速轨生产基地。同时，白云鄂博矿稀土储量居世界第一位，铌储量居世界第二位，包钢股份的稀土资源优势非常明显。

变革图存谋发展

作为传统行业中的地方国企，包钢在 60 余年的发展中有翻天覆地的变化，也有一直坚守的精神。

李晓说，包钢的企业精神是坚韧不拔、超越自我，"我们是一家非常有传承的企业"。20 世纪 50 年代，大炼钢铁的热情可以想象，其中艰难也可想而知。第一批包钢人，不少来自于鞍钢，从第一批算下来，已有包钢"三代"进入钢厂。

这些年包钢最大的变化是效率和环境。

包钢年产能只有 300 万吨的时候，号称拥有 40 万职工家属。现在，包钢形成年产 1650 万吨铁、钢、材配套能力，人数却不足 3 万人。前后人数巨大的差异，体现出效率的大幅提升。李晓认为，这是进步的体现，人的劳动强度降低，企业的自动化水平在提高。

现在已很难想象拥有 40 万职工家属时的包钢是什么样子，但那时候的厂区竟然没有门禁系统，有门有岗却无限制。李晓介绍，当时有人通过"蚂蚁搬家"的方式偷，也有人有组织地倒腾废钢，公司资产流失严重，管理较为混乱。直到 2012 年，包钢建立了真正的门禁系统，跑、冒、滴、漏、偷的流失大幅度减少，管控能力得到大幅度提升。

李晓说，现在包钢也在申请全国质量奖，推行卓越绩效管理、瘦身健体等举措，企业管理在不断优化。他认为，这些都是近年来比较大的变化。

还有一件小事可以体现出包钢环境的变化。不止一位包钢股份的高管告诉记者，以前上班，没人敢穿白色衬衫，因为在厂区转一圈颜色就会明显变深。现在，这种情况已经不存在了，包钢厂区的粉尘几乎不见了，空气质量大为改观，穿什么也不怕。另外，早期的钢铁厂难免会有呛鼻的气味，现在也没有了。

这一切离不开包钢股份对环保方面的投入。李晓介绍，2015—2017年，在钢铁行业最困难的时候，公司在环保方面投了一百多亿元。2018年半年报显示，包钢股份报告期内在工信部公布的第二批绿色制造体系建设中荣获"绿色工厂"称号，荣获环境保护部中国环境报理事会颁发的"2017年度绿色企业管理奖"。

当然，包钢股份明白国家对环保和节能减排的要求日益严格，环保治理将保持高压态势，公司仍面临一定的环保压力。

包钢股份提出"绿色钢铁"理念，打造与城市和生态环境融合的社区型钢厂。包钢股份毗邻包头昆都仑河，紧挨包钢公园，景观宜人。采访团一行从包钢会展中心乘车前往车间参观，路上需要10分钟，可以看到厂区内整洁的环境。

据了解，包钢股份坚决淘汰过剩产能设备，先后淘汰了4座4.3米焦炉、4台90平方米烧结机、1台162平方米带式球团机、4座8平方米球团竖炉、2座80吨转炉、4座250立方米石灰竖窑、5座混铁炉、4座90平方米隧道窑等环保水平较低的设备，关停了2座6米焦炉，2016年淘汰拆除1座1800立方米高炉等。

对现有设备进行清洁化改造，包钢股份提前一年完成了"十二五"产能结构调整任务。具体包括：全部烧结机全烟气脱硫、热电厂燃煤锅炉烟气脱硫；完成了原料、冶炼区域尘源点治理及除尘器提标改造；淘汰了焦化露天煤场、炼铁南部料场；建设完成B型、C型两座大型封闭料场，建成焦化精煤筒仓；完善露天原料储存场防风抑尘网，实施厂房门窗、通廊、卸灰点、排灰点封闭改造等一系列环境治理工程。

李晓对采访团表示，国家现在又有新的标准和要求，包钢股份将继续执行，也可以做到，尽管压力很大，但这是公平的，不光包钢在环保上投入，别人也在投入。

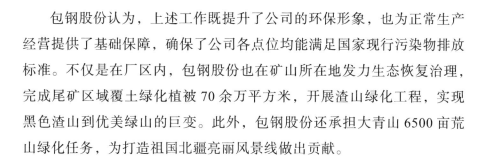

包钢股份认为，上述工作既提升了公司的环保形象，也为正常生产经营提供了基础保障，确保了公司各点位均能满足国家现行污染物排放标准。不仅是在厂区内，包钢股份也在矿山所在地发力生态恢复治理，完成尾矿区域覆土绿化植被 70 余万平方米，开展渣山绿化工程，实现黑色渣山到优美绿山的巨变。此外，包钢股份还承担大青山 6500 亩荒山绿化任务，为打造祖国北疆亮丽风景线做出贡献。

释放协同新能量

包钢股份的控股股东为包钢集团，后者还拥有另一家 A 股上市公司北方稀土。

包钢集团拥有全球最大的铁和稀土共生矿——白云鄂博矿。2015 年，包钢股份定增募资 295 亿元，收购包钢集团选矿相关资产、白云鄂博矿资源综合利用项目选铁相关资产、尾矿库资产。通过此次收购，包钢股份拥有了白云鄂博矿稀土资源的开发权和世界第二大稀土矿包钢尾矿库。2017 年，包钢股份又收购了白云鄂博资源综合利用工程稀土、选铌生产线资产。

据了解，白云鄂博矿区是拥有丰富的铁、稀土、铌等多种金属共生矿床的矿区，是包钢主要原料基地。白云鄂博矿区面积为 328 平方公里，拥有 175 多种矿物、71 多种元素，其中铁矿储量 14 亿吨，铌矿储量 660 万吨，稀土矿工业储量 3600 万吨，稀土资源储量居世界第一位，铌资源储量居世界第二位。此外，在矿体的上盘，还蕴藏着 1.5 亿吨的富钾板岩，氧化钾平均品位达 12.14%。

前述收购完成后，包钢股份开始向北方稀土排他性供应稀土精矿。2017 年度，包钢股份销售稀土精矿 17.6 万吨，销售收入 24.23 亿元，利润 13.36 亿元。2018 年上半年，生产销售稀土精矿 12.13 万吨，实现销售收入 16.99 亿元，占总营收的比重为 5.4% 左右。包钢股份日前的公告显示，按照 2017 年的稀土业务净利润情况以及公司向北方稀土供应稀土精矿的价格和数量测算，2018 年公司稀土业务预计可实现净利润20亿元以上。

作为同一控股股东旗下上市公司，包钢股份的稀土业务与北方稀土的主营业务会不会存在同业竞争？包钢股份在包钢集团内部的战略定位如何？

李晓表示，钕铁硼磁性材料、荧光粉、电池材料的深度加工，属于北方稀土重点发展的东西。对钢铁板块而言，"稀土＋"是指钢和稀土的结合，公司围绕着稀土钢的冶炼、开发、市场推广这些工作来做。通过在钢中添加稀土，改善产品性能，更有针对性地满足客户需求，结合自身资源优势做大做强。

包钢股份表示，公司稀土精矿排他性供应北方稀土是包钢集团的战略要求，公司成本优势会对北方稀土产品的开发应用提供有力的支持，充分保护北方稀土在行业中的领军地位。

目前，包钢集团持有北方稀土38.92％的股权，持有包钢股份54.66％的股权。按照包钢集团产业的分工，包钢股份拥有集团稀土资源的开发权，可以对集团内的钢铁、稀土资源进行开发。在稀土领域，包钢股份与北方稀土为上下游关系，公司通过资源开发，生产出稀土精矿，排他性供应给北方稀土；北方稀土利用其健全的稀土应用开发体系，进行稀土深加工。

【采访札记】

包钢人眼中的沧桑巨变

罗　峰

穿梭在包钢偌大的厂区时，正值白班下班时段。"路上看上去没多少人，是吧？"包钢股份董秘白宝生对证券时报采访团说："包钢年产300万吨时，公司40万工人，那时厂区停满自行车，现在年产1500万吨，公司职工只有3万。"证券时报记者一行在年产550万吨稀土钢板材车间，感受了平均 2 分钟就出产一卷 30 吨板材的自动化生产线节奏。

从市区到厂区再进到车间，没有中小钢铁厂那种灰蒙蒙的感觉。白宝生说，以前厂区的粉尘等问题很严重，现在进来厂区和其他地方没有大的差异了。

产能提升、环境改善，是这家钢铁公司这些年的显著变化之一。

包钢是一家伴随国家钢铁行业发展史成长的公司，证券时报的采访就是从包钢股份总经理李晓所感受的变化谈起的。

李晓第一句话是"工龄 27 年了"。

包钢从 1954 年建厂到李晓 1992 年大学毕业进厂时发生了很大变化，而从他进厂到现在，又发生了翻天覆地的变化。1992 年包钢是传统的钢铁公司模式，年产 300 万吨左右，产量规模较小，设施旧、环境状况糟糕。经过几个大的跨越，包钢年产到 700 万吨、到 1000 万吨，2018 年到 1500 万吨。"当年我们国家领导人说赶英超美，超什么？超的就是钢的指标。"李晓说，"包钢在发展中，设备设施实现了大型化、连续化、自动化，现在在进一步向信息化发展。"

在李晓看来，未来高质量发展，首先是集约，即有限的资源要办更大的事。过去包钢号称 40 万职工家属，包头市一大片区域都是包钢的人，现在整个包钢股份只有 3 万职工，劳动效率的提升很大。国家核准包钢 1650 万吨产能，2018 年已达到 1500 万吨，离天花板很近了。在有限的钢铁资源情况下，如何实现更高效益，李晓提出要充分把几盘棋下好，第一个是下好钢轨这盘棋。在国内钢轨生产体系里，包钢是最有潜力的一个强势企业，现在开发二代和三代稀土轨，高强耐磨钢轨目前进入上线试铺，技术达到世界级水平。包钢的钢轨在西部地区使用较多，青藏铁路、兰新铁路，包钢钢轨用量都超过了 80%，稀土钢轨的独特性能更好适应复杂环境。

接着，李晓从钢轨又谈到第二块业务——钢管，在国家能源工业西移面临的机遇，谈到第三块业务板材……再后来，深入谈到稀土钢。通过和包括中科院在内的多个科研院所合作，目前稀土的加入法已经形成了突破，稀土耐磨钢已可替代进口。

包钢股份已成为中西部地区最大的板材生产基地，是我国品种规格最齐全的无缝管生产基地之一，是世界装备水平最高、产能最大的钢轨生产基地。白云鄂博矿铁与稀土共生的资源优势造就了包钢股份独有的"稀土钢"产品特色，更坚、更韧、更强。

李晓说，对于包钢股份而言，把白云鄂博的综合资源搞好，这是义不容辞的责任；围绕定增收购集团尾矿库所做的工作，铁和稀土这两个环节的利润按项目当初的设想，已初步达到目标，但是作为包钢股份来说，资源的综合利用远不止于此，国家的期望也远不止于此，这个工作具有独创的历史意义。

包钢股份正把"稀土钢"烙印在公司、厂区的建筑上，烙印在企业文化的各个标志上。公司探索"稀土+"战略的大幕已经拉开，后续剧情值得期待。

（作者系证券时报数据研究中心主任）

盛和资源：海内外并购志在成为
稀土行业龙头

证券时报记者　赖少华

盛和资源董事长胡泽松表示，通过混合所有制，公司具备完善的激励机制和快速的决策反应能力，充分发掘了企业的内在动力，最终形成"事业控股""发展控股"，而不是"权力控股"。有了发展的共识，大家就会众志成城，就是铁板一块。混合所有制是公司发展的灵魂，也是公司未来发展的一个原动力。

"中东有石油，中国有稀土"，邓小平同志生前曾对稀土做出如上描述。稀土作为国家重要战略资源和优势资源，被广泛应用于新能源、新材料、航空航天、节能环保等领域，有"工业味精"之称，是改造传统产业、发展新兴产业的关键基础材料。

盛和资源从初创之日起，一直追随着国家稀土产业政策的指引，结合自身发展战略，着力向稀土行业产业链上下游两端延伸、国内外并重发展。通过近20年的发展，盛和资源从创立之初的小小冶炼厂，发展成为一家立足稀土产业及相关领域，集研发、生产、应用于一体，国内外并重发展的国际化集团公司。

公司成长于国内，着眼于全球，兼顾国内国外两种资源、两个市场，经营活动遍及亚洲、美洲、欧洲和非洲等地。公司近年"走出去"步伐不断，具有代表性的国际合作项目包括美国芒廷帕斯稀土矿、格陵兰科瓦内湾稀土多金属矿、越南稀土冶炼分离厂项目等。其中，美国芒廷帕斯稀土矿是全美最大、全球第二大稀土矿，是中国之外最为优质的稀土矿山之一。

积极实施混合所有制改革

盛和资源的大股东中国地质科学院矿产综合利用研究所（以下简称综合研究所）为自然资源部直属科研单位，实际控制人为财政部。盛和资源初创时，就是由综合研究所作为主要发起人，民营企业参与的典型混合所有制企业。

盛和资源的前身为乐山盛和稀土。乐山盛和地处我国三大稀土生产基地之一的四川省。2001年，综合研究所作为主要的发起人出资发起设立乐山盛和，注册资本1006万元。借助资本市场的力量，乐山盛和于2012年借壳太工天成登陆上交所，随后改名盛和资源。如今公司已经发展成为稀土行业全产业链龙头企业，注册资本达17.55亿元。

公司成立后实施了混合所有制改革，经历了多次股权结构调整，引进了大量的管理人才、技术人才。至借壳上市时，综合研究所持有乐山盛和34.49%股权，拥有对乐山盛和的控制权。在经历了借壳上市及后面一系列的重组并购之后，综合研究所的持股比例进一步下降到目前的14.04%。虽然公司属于国有控股企业，但公司的私有股权占比远高于其他稀土行业上市公司。国有控股和民营机制，使得公司拥有开放的经营理念，灵活的管理模式，共创共赢的创新机制，支持公司快速扩张。

在公司董事长胡泽松看来，通过混合所有制，公司具备完善的激励机制和快速的决策反应能力，充分发掘了企业的内在动力，最终形成"事业控股""发展控股"，而不是"权力控股"。有了发展的共识，大家就会众志成城，就是铁板一块。混合所有制是公司发展的灵魂，也是公司未来发展的一个原动力。

混合所有制也让公司成为一个很好的企业家合作平台。建立企业家合作机制是盛和资源的一个长期发展战略。在一系列的并购重组之后，很多优秀的企业家都加入到盛和资源中来。这些企业家在他自己的企业发展过程中，本身就是行家里手。企业家进来之后，通过公司的企业家共享合作机制，让他们的事业生命延续，继续参与公司的经营管理，把大家的愿景联系起来。这也是盛和资源做大做强、践行高质量发展的一个捷径。

持续并购重组　实现全产业链布局

公司借壳上市之初，并无上游矿产资源，主要以子公司乐山盛和为基础从事冶炼分离。经过十多年的发展，乐山盛和已经成为四川省稀土冶炼分离行业龙头企业，稀土冶炼分离产能、产量均居四川省第一位、国内前列。

上市后，公司通过托管、收购等多种方式不断介入到稀土产业的上下游，加速布局产业链，涵盖矿山开采、冶炼分离、下游深加工产品，丰富产品线和产品结构，成为稀土全产业链布局完整的龙头企业。同时，盛和资源与六大稀土集团之一的中铝公司深度合作，加快稀土整合。在成为中铝系成员单位后，双方形成了密切的合作关系。

2012年，公司与汉鑫公司签订托管协议，由公司受托管理汉鑫矿业。稀土矿山的托管，让公司由单一的稀土冶炼分离企业成功转型成为矿冶一体化的稀土生产企业。之后，公司联合中铝公司，通过资本运作相继收购了山东微山钢研稀土公司4.30%的股权、冕里稀土公司42.35%的股权，进一步保障稀土精矿原料供应。

公司在行业低谷期，前瞻性的收购多家行业优质企业。2016年，公司披露重组方案，收购晨光稀土100%股权、文盛新材100%股权、科百瑞71.43%股权并募集配套资金，总体交易金额超过30亿元。2017年2月，公司完成上述三家子公司的重组。

此次重大资产收购，让盛和资源实现质的飞跃，奠定了公司在稀土行业的龙头地位，开启了以"新盛和"为特征的发展新阶段。收购完成后，盛和资源净资产从约12亿元增长到约45亿元，销售收入从15亿元左右猛增到50多亿元。

盛和资源董事长胡泽松在回顾公司的发展历程时表示，"如果说公司成立是第一步，那么借壳上市则是公司迈出的一大步，2017年的重大资产重组让公司发展再上一层楼，通过这三大步，奠定了现在盛和资源的基本发展格局。"

发掘全球稀土资源潜力　竞标美国最大稀土矿

我国是稀土资源较丰富的国家之一，20世纪50年代以来，我国稀土行业取得了很大进步，已经成为世界上最大的稀土生产、应用和出口国。随着我国稀土产品对国际市场的供应趋于紧张，以及新兴材料领域对稀土需求的增长和稀土行业相关技术的不断成熟，国外稀土矿山开采、冶炼分离产能将得到明显释放。业内预计，未来全球稀土资源的供需格局或将有所改变。

记者在与胡泽松交流时，也感受到了盛和资源强烈的危机意识。胡泽松认为，稀土到目前仍然是我们国家的优势资源。但是，现在我们要特别关注整个稀土行业发展的变化，其中一个便是国内外稀土的权重，我们现在下降很厉害。通过美国地质调查局的公开资料来看，中国储量占全球储量的比例从20世纪80年代的超过80%下降到了目前的不足40%。实际上国外这些年稀土资源的开发取得了飞跃发展，中国稀土保持优势任重道远，压力大了，责任大了。

胡泽松进一步阐述到："这个可能和社会公众的了解不太一样。现在实际上国外轻稀土发展起来了，重稀土也起来了。以前说重稀土是中国独有的，现在不是，像澳大利亚、巴西，都有了重稀土，所以我觉得我们中国稀土要保持自己的优势，要居安思危。中国在发展，世界也在发展，中国要跟上脚步，进一步在世界上发挥作用，稀土企业、稀土企业家有重大的责任。"

盛和资源在国内稀土开采和冶炼资源基础上，积极拓展海外矿产，最大限度地发挥稀土资源供应潜能。盛和资源坚持国内国外两种资源、两个市场，参与完善国内外稀土产品供应链，致力发掘全球稀土资源潜力。

盛和资源近年海外"走出去"步伐不断，具有代表性的国际合作项目包括美国芒廷帕斯稀土矿、格陵兰科瓦内湾稀土多金属矿、越南稀土冶炼分离厂项目等。

在国际项目合作上，盛和资源充分发挥混合所有制企业的灵活决策机制，赢得国际合作伙伴的信任，抓住海外稀土资源发展的机遇。例如，美国芒廷帕斯稀土矿项目，盛和资源便是通过合作模式创新，通过和美国的基金积极合作，以参股项目公司的形式参与该矿山的开发。芒廷帕斯稀土矿是全美最大、全球第二大稀土矿，是中国之外最为优质的稀土矿山之一。因稀土价格下跌和环保成本过高，芒廷帕斯稀土矿当时处于停产状态，以公开拍卖的方式出售。2017 年，盛和资源参股美国芒廷帕斯稀土矿开发公司 MPMO 9.99% 权益，并通过子公司新加坡国贸为芒廷帕斯项目提供了技术和销售服务，并预付货款 5000 万美元帮助矿山恢复生产。根据约定将获得项目一定比例的利润分成、产品分销权和一定期限的包销权。

坚持科技创新　践行高质量发展

近年来，新材料产业的战略地位不断提升。稀土因其独特的物理化学性质，广泛应用于新能源、新材料、节能环保、航空航天、电子信息、生物医疗、磁性材料等领域，是现代工业中不可或缺的重要元素，成为极其重要的战略资源。过去十年，传统应用领域对稀土的需求增速高于全球经济增速，新兴材料领域对稀土的需求更是以超过 10% 的速度增长。

作为行业龙头企业，盛和资源非常看好稀土行业的未来发展前景。在公司董事长胡泽松看来，稀土是一个非常有潜力的行业，而且是非常大的一个行业。"这个是行业里面大家一个普遍的共识。未来中国工业发展的突飞猛进，尤其智能制造这块，对稀土的发掘利用会有极大的促进作用，这也是社会未来发展的一个必然结果。"

在稀土资源的开采和利用上，盛和资源非常注重科技创新，通过自主研发、技术改造、工艺改进等方式完成稀土冶炼分离领域的多项科技创新项目，盛和资源生产技术及工艺水平达到同行业领先水平。同时，盛和资源通过与国内多家稀土行业知名科研院所建立长期稳定合作关系，保持技术领先优势。截至 2017 年年底，盛和资源拥有专利技术 127 项，其中发明专利 11 项。

盛和资源目前已能稳定生产高品质氧化镨钕，达到国内先进水平。子公司乐山盛和创造性发明多项革命性技术。通过改进生产一步法工艺，使现有设备产能提升了一倍，过程无氯气、低碱耗，渣钸配分高且稳定。盛和资源完成无试剂除铅技术中试（产品正式投产前的试验）研究，减少硫化钠用量 80% 以上，提高了操作安全性，降低铅渣产生量，提高稀土收率并减少辅料消耗，铅含量由原铅渣中 5% 直接提升至 65%，该技术为行业内首创。此外，盛和资源还在行业内首创并完成了精矿中伴生的钙锶优先浸出研究及钙锶分离技术研究。

2017 年，盛和资源提出了建设"新盛和"的战略构想，努力打造活力盛和、科技盛和、开放盛和、绿色盛和、人文盛和。盛和资源主动适应国家经济发展新常态，在国家经济转型升级中找到公司发展的新机遇，坚持新发展理念，按照高质量发展要求，规范公司管理运营，不断优化公司经济运行结构，强化自主创新能力。

盛和资源坚信，以稀土材料为引领的新能源、新材料、新产业将迎来前所未有的高速发展机遇，为盛和资源加快发展，优化配置，推动企业升级，提升全球经营能力开辟了广阔前景、搭建了精彩舞台。盛和资源将立足全球稀土资源，作"一带一路"的践行者，企业科技创新的攀登者，体制改革、制度创新的探索者。

【采访札记】

"混"出来的盛和资源

贾　壮

胡泽松的名片上有两个职务，一个是中国地质科学院矿产综合利用研究所党委书记、所长，另一个是盛和资源控股股份有限公司董事长。

作为研究人员，胡泽松走出了一条经典的晋升路径，从助理工程师到高级工程师，从普通技术人员到研究所所长。在上市公司中，胡泽松则放下身段扎进市场，把国有控股上市公司的市场化程度做到了很高水平。在不同的体制之间自由切换，将官商鸿沟轻松填平，外人看来压力山大，胡泽松却轻描淡写，"不管干啥，都要干好"。

从创立之初的小小冶炼厂，到如今集研发、生产、应用于一体，国内外并重发展的国际化集团公司，盛和资源走了将近20年时间。如今的盛和资源，可以说是"混"出来的。这个"混"的内涵，包括最核心的所有制层面创新，包括做大企业过程中的并购重组，也包括大胆跨出国门进行国际资源整合。上市公司的发展没有"容易"二字，财务报表当中每一个数字的背后，都是市场洗练之后的沉淀，盛和资源在自己选取的道路上，终于"混"出了样子。

混合所有制是胡泽松最为看重的一点，"这是我们企业发展的原动力"。据他介绍，在公司发展历程中，混合所有制的特点得到充分的体现。通过混合所有制，公司充分发掘企业内在动力，最后形成事业控股，发展控股，而不是权力控股。有了发展的共识，大家就会众志成城，就是铁板一块。

盛和资源的混合所有制是与生俱来的，从公司成立就选择了这条道路，并且越走越宽。在坚持混合所有制的过程当中，盛和资源股东中的国有资本得到了壮大，民营资本也获得了发展，形成国有、民营要素集成、携手共进的局面，充分说明了发展混合所有制的现实可能。从这个角度来看，盛和资源的路径选择不仅仅代表着一个企业的成功，也具有做强做大国有资本的标杆和示范意义。

全世界来看，稀土是中国的优势产业，作为行业内的龙头企业之一，盛和资源的发展是不断融入新理念、创新新措施、拓展新途径的实践，体制"混"、行业"混"、国际"混"、"混"出春风化雨的精彩。但记者在与胡泽松交流时，却感受到了强烈的危机意识。"通过美国地质调查局的公开资料来看，中国稀土储量占全球储量的比例从20世纪80

年代的超过 80% 下降到了目前的不足 40%。实际上国外这些年稀土资源的开发得到了飞跃发展，中国稀土保持优势任重道远，压力大了，责任大了。"胡泽松提供的数据和分析，与外界的惯常印象完全不同，正是基于这一认识，盛和资源一直加紧全球布局，目前已经颇有收获。从产品和地域布局角度分析，这也是一种混合。

胡泽松的名片背景是一副剪影，两位全副武装的地质工作者，行走在晨曦中的山地上，远处太阳正在冉冉升起，给人温暖和希望。期待乐观开朗的胡泽松，能带领盛和资源走好阳光照射下的崎岖山路，走向更加灿烂的明天。

（作者系证券时报编委、北京分社总编辑）

恒逸石化：全产业链经营成就行业巨头

证券时报记者　李小平

邱建林说："打通全产业链，实现产业链一体化发展，可以提高自身中下游产业原料供应及产品销售的稳定性；同时，产业链整体协调运营，可以降低物流成本、有效控制产品库存，锁定产业链内生效益，抵御周期波动。"

恒逸石化前身萧山针织厂，原本是为了解决"上山下乡"青年的插队劳动而设立的。不过，让人难以想象的是，在这群知识青年热血奋战的土地上，如今已成长出石化化纤行业的一棵参天大树。

2001年，营业收入10亿元；2005年，营业收入100亿元；2017年，营业收入1000亿元。经过几十年的发展，恒逸集团已经从袜厂、纺织厂，变身为如今的全球化纤行业龙头企业。旗下上市公司恒逸石化2018年前三季度营业收入达到了600亿元。

在骄人的成绩背后，恒逸石化的产业布局更令人艳羡。目前，公司已率先在同类企业中实现"涤纶＋锦纶"双产业战略布局。旗下PTA参控股产能及PET产能位列全国前列，文莱PMB石油化工项目（以下简称"文莱项目"）即将投产。这也意味着公司打通了整个石化化纤产业链的最后一公里。

走合作化道路

恒逸石化的总部萧山南岸明珠大厦，位居钱塘江南岸。这里的纺织、服装企业众多，繁荣的产业结构，使得萧山成为全国乃至全球最大的化纤产地之一。

恒逸石化的前身萧山针织厂，与知识青年的"上山下乡"有关。1974年，为了解决14名杭州市棉纺局系统干部职工子女的插队劳动的问题，市棉纺局下属杭州袜厂支援了几台手工袜机，创办了萧山县衙前公社针织厂，以手工工场式的缝合袜子为主。1988年，更名为"萧山色织厂"。

恒逸石化实际控制人邱建林，黑色西服内搭白色衬衫，干净利落。在我们走进恒逸石化时，这位石化大佬表现得睿智谦逊，让人如沐春风又深受启发。

1991年8月，邱建林受当地政府委托，被派遣到萧山色织厂做厂长。27年过去了，说起当时进厂的情景，邱建林至今还记忆犹新：到了这个工厂才知道，企业已经严重亏损，工人的工资已经拖欠大半年。当时，萧山色织厂总资产260万元，其中银行债务200万元，账面净资产60万元，年销售收入不到1000万元。

临危受命的邱建林，没有辜负组织的厚望。"当时，恰逢1992年小平同志南方谈话，这对我们是一个绝好的机会，我们也是趁这个机会发展起来的。"说起恒逸石化的成长史，邱建林神采飞扬，感染力十足。

1993年6月，本着"老厂办新厂，一厂办多厂"的发展方式和"多方联合，规模发展"的经营方针，设立杭州恒逸实业总公司。1994年10月18日，浙江恒逸集团有限公司正式成立，公司由此形成了化纤纺丝、织造、印染一条龙的生产经营体系。

恒逸集团于1997年改制成民营企业，邱建林称："当时，以我为代表的经营管理团队，十多位管理层作为持股人进行企业改制，这对于我们来说是一次生产力解放的机会。"

"中国2001年正式加入WTO，对于中国化纤行业又是一次新的机会。"邱建林称，在这一年，恒逸集团跨过了10亿元的年销售额，也进入了新的发展阶段。

2001年5月，浙江恒逸聚合物有限公司一期项目顺利投产，率先在国内民营企业中成功进入聚酯熔体直纺项目；2003 年，恒逸集团跟荣盛集团携手，进入聚酯上游产业 PTA，并成为国内第一家进入 PTA 产业的纯民营企业。

邱建林称："我们始终走合作的道路，从而使恒逸石化确立了行业的地位。"例如锦纶行业，2012 年，与中石化合作建成己内酰胺项目。由此，恒逸集团在国内同行中形成了独一无二的"涤纶＋锦纶"双产业链驱动模式。

打通上下游穿越周期波动

石油、PTA（精对苯二甲酸）和 MEG（乙二醇）价格的大起大落，投资者早已司空见惯。这对于产业链上的石化企业而言，是一种考验。

以 2014 年为例，当年四季度，国际原油价格出现"断崖式"下跌，从而导致石化产业链产品价格快速下跌，其中，PX 合约结算价从约 1 万元／吨跌至 6000 元／吨，PTA 合约结算价从约 8000 元／吨跌至 5000 元／吨，跌幅约为 40％。受此影响，产品跌价损失严重，部分产品出现暴亏。

值得注意的是，在大多数化纤企业严重亏损的背景下，恒逸石化控股子公司浙江逸盛却依然保持盈利；己内酰胺公司同样实现了盈利超亿元的骄人业绩。这份骄人成绩单背后，是恒逸石化积极拓展产业链，抵御行业周期性波动的能力在增强。

据介绍，由于长期以来我国 PTA 工业发展滞后于下游加工工业发展，导致 PTA 缺口很大，供需矛盾相当突出，国内市场将近 70％的 PTA 产品依赖进口。于是，在聚酯项目取得成功后，恒逸石化将目标锁定在 PTA 上。2003 年，恒逸石化成为国内第一家进入 PTA 产业的纯民营企业。

随着国内 PTA、聚酯及己内酰胺产业的快速发展，原料瓶颈越来越突出，PX、MEG 等进口依存度非常高。为此，恒逸石化又从战略高度，启动文莱 PMB 石油化工项目建设。

"恒逸石化这样的产业布局，可能对熨平市场的周期有一定的帮助。"邱建林称，整个链条的上游部分炼油 +PX，如果占整个上市公司资产的 80% 的话，在市场形势好的时候，可能就是一个非常靓丽的年份。因为整个链条上的商品，过剩是一种常态，短缺是一种暂时现象。

正如邱建林所言，在市场形势好的 2018 年，恒逸石化交出了一份靓丽的成绩单。2018 年前三季度，公司实现营业收入 608.29 亿元，同比增长 29.18%，实现归属上市公司净利润 22.04 亿元，同比增长 63.20%。

业绩的大增主要归功于公司拥有 PTA 权益产能 615 万吨，价差每扩大 100 元 / 吨，公司利润就会增厚 4 亿元。目前，恒逸石化的 PTA、PET 市场份额分别为 36%、18%。强大的产能规模优势，使得恒逸石化在原料采购端，议价能力强。

邱建林称，打通全产业链，实现产业链一体化发展，可以提高自身中下游产业原料供应及产品销售的稳定性；同时，产业链整体协调运营，可以降低物流成本、有效控制产品库存，锁定产业链内生效益，抵御周期波动。

苦练内功转换发展动能

"最近几年，恒逸石化除了在增加产能、扩大生产规模以外，还在练内功。"在我们走访公司时，邱建林如是说。

首先，加大科研创新的投入力度。在差别化纤维及其生产技术领域，恒逸石化共申请专利 124 件，其中发明专利 73 件，实用新型专利 51 件。特别是通过自主立项、自主研发，攻克多个技术难关，研发出了"逸钛康"并实现量产。

据悉，"逸钛康"是恒逸研发团队经过两年多时间的反复小试、中试，通过采用全新配位化学结构的钛系催化剂及复合催化体系，开发出了一种无锑环保聚酯，从源头上根本解决了后续印染生产的锑污染问题。

其次，围绕着"提效益、降成本"这一运营主线，恒逸石化增加节能减排技术的研发和应用，加大生产主体成本控制力度，向节约要效益。

"实际上，环境保护做好了，不完全是增加企业成本的概念，可能也是节约成本的概念。"邱建林称。例如，以前每生产 1 吨 PTA，需要170～200 度电。2002 年，恒逸石化通过引进美国技术，现在自己开发了第二代技术，现在每生产 1 吨 PTA 只要 20 度电。正在建设的第四个工厂，以后的外购电将是零，为什么？工厂通过自身的尾气的回收，生产内循环，再进入到压缩机再发电，就可以做到内循环平衡。

另据了解，恒逸石化在原有的日立技术的基础上，开发了改进工艺的 PTA 技术，大幅降低投资成本，能物耗均处于行业领先水平。以宁波逸盛为例，每年较行业平均水平可分别节约 PX 约 1.62 万吨，醋酸约10.8 万吨，原料成本大幅降低。

邱建林称，今后几年中，科研创新对公司盈利的贡献，会逐年增加。因为恒逸已经到了这个规模，也必须做这一步。

"新制造"进入甜蜜期

2018 年 11 月的杭州云栖大会上，前阿里巴巴董事局主席马云对"新制造"的系统阐述，让外界对"新制造"给予了前所未有的关注。但"新制造"对于邱建林来说，却不陌生。

2018 年 2 月，恒逸石化与阿里云达成战略合作，启动代号名为"恒逸工业大脑·飞兔行动"项目。根据协议，双方依托阿里云的云计算、大数据、AI 人工智能等核心技术，构建智能化、智慧化大数据平台，助力恒逸石化智能制造转型升级和落地实施。

"恒逸工业大脑·飞兔行动"于 2018 年 3 月，在浙江巴陵恒逸己内酰胺有限责任公司正式实施落地。经过 4 个月的调整优化，"恒逸工业大脑·飞兔行动"获得了可喜的阶段性成果，在既不更新设备、也不改变原料和生产流程的基础上，燃煤发电效率提升了 2.6%，单在节煤方面就少了数千万的支出。

邱建林称，通过半年多来的合作，恒逸石化与阿里云 ET 大脑的合作已从"磨合期"进入"甜蜜期"，目前有近十个项目多线同步并行，并且双方开始尝试建立集团级集中式大数据平台，以推进全集团数字化转型。

除了"工业大脑"项目，恒逸石化正在通过推动机器换人、黑灯工厂、大数据、机联网等与公司业务进行结合，逐步实现制造到智造的转变。

目前，恒逸石化正在投资建设的海宁新材料产业园，该产业园以打造"黑灯工厂、无人工厂"为目标，拟在生产过程中应用最顶尖智能制造模式，打造高性能纤维生产智能化工厂。在机器换人方面，恒逸石化通过单锭数据流理念，全面打造数字化工厂。

伴随着"机器换人"的推广，2017 年，恒逸高新材料公司减员 300 多人，并使运营成本降低 26%，产品研制周期缩短 3 个月，生产效率提高 55%，单位产值耗能降低 12%，良品率提升了 1.2%，库容利用率从 70% 提升至 87%，发货效率提升了 40%。

根据计划，恒逸石化将在 2020 年之前，完成以产品全生命周期为主线的智能制造平台建设。

"最后一公里"通车在即

谈及文莱项目，邱建林直言，这是恒逸石化向上游产业链延伸的重要战略性举措，文莱项目的投产建设，也意味着恒逸石化在整个产业链中，打通了最后一公里。

据悉，文莱项目系文莱近年来最大的单一外商投资项目，一期投资 34.45 亿美元，原油加工能力 800 万吨，生产 150 万吨对二甲苯和 50 万吨苯。该项目位于文莱 PMB（Pulau Muara Besar，大摩拉岛），占地面积 260 公顷，其中，恒逸石化占 70% 股份，文莱政府占 30% 股份。

邱建林称，目前，文莱项目总体进度已完成 70%，目前全力进行大件设备和工艺管道安装等工作，计划 2018 年底装置中交，2019 年一季度项目正式投产。现在，不仅是一期项目在顺利推进，恒逸已经在着手二期项目的规划了。

作为首批列入"一带一路"的重点建设项目，文莱近年来最大的单一外商投资项目，文莱项目受到中、文两国政府高层的高度关注。"文莱项目从开始到现在，一直很感谢国家各个部门对恒逸石化的大力支持。"邱建林称。

据悉，2018 年 5 月，连接 PMB 岛与文莱陆地的大摩拉岛大桥正式通车，极大地方便了岛上物资的输送，促进了项目建设；2018 年 5 月，文莱项目最重的大件设备（芳烃装置抽余液塔，重 1170 吨，高度 79.5 米）安全顺利吊装，为项目后续施工奠定了坚实基础；2018 年 6 月，文莱市政生活用水顺利引入 PMB 岛，为后续人员上岛提供了有力的保障。

邱建林称，文莱项目的产品销售方案是，所有 PX 均将出口至中国，供应恒逸石化的 PTA 工厂。同时，计划将有 40％～45％的汽油、煤油和柴油优先供应文莱国内需求，并帮助当地发展油气下游产业，对文莱的 GDP、就业率、相关配套产业以及财政带来举足轻重的贡献。随后，将其他炼化产品针对性供应于东南亚邻国。

根据此前测算，待文莱二期项目建成后，恒逸石化的上下游规模将基本匹配，规模均衡。届时，公司将实现大炼化到 PX、PTA、聚酯长丝上下游内部全匹配的"柱型"一体化产业链。借助 PX、苯供给得到保障之便利，恒逸石化在中下游进一步布局的思路将得以全面盘活。

【采访札记】

从袜子到石化 恒逸石化的"逆袭"很励志

孙森林

历数恒逸石化的发展史，你会发现，这是一部励志片。

1974 年，恒逸集团的前身——萧山县衙前公社针织厂成立。当时，厂里最大的资产是杭州袜厂赠送的几台手工袜机。

1991年，素有"扭亏厂长"之称的邱建林出任厂长。当年，公司总资产260万元，其中200万元是银行贷款，净资产只有60万元。

1994年，浙江恒逸集团有限公司正式成立，成为浙江首批省级企业集团。

1996年，恒逸集团开始实施第一个"五年规划"。自此，恒逸开始了"开挂"般的发展。

2011年，恒逸石化实现借壳上市，踏进资本市场。

从纺织进入化纤行业，再进入石化行业，最后进军最上游的炼油行业，恒逸一直在坚持不懈地向上游发展，走了一条"逆袭"之路。

邱建林回忆起恒逸石化的发展之路，有几个关键的历史节点令他难忘。

一是在1992年至1993年间，受邓小平南方谈话鼓舞，浙江大有"全民经商"之势，经济活力迅速提高，政府政策也大幅放松，恒逸抓住这个机会，大胆拓展经营领域，由纺织行业进入化纤行业；二是1997年，恒逸进行企业改制，管理层持股，有了经营和投资决策自主权，生产力大幅解放；三是2001年，借中国加入世贸（WTO）的大好机会，恒逸继续往化纤上游走，产值实现了10亿元大关到百亿元大关的突破。

"逆袭"完成之后，恒逸石化未来的想象空间在哪？

一是均衡的产业链布局。恒逸石化在产业链向上走的同时，没有忽略原有产业的发展，采取的是一种稳打稳扎、步步为营、均衡布局的策略。恒逸石化以"涤纶＋锦纶"为核心业务，以石化金融、石化贸易为成长业务，以化纤产业大数据、智能制造为新兴业务，形成了"石化＋"的闭环产业链。由于具有较长的产业链，且布局均衡，恒逸石化具有较好熨平行业周期的能力，保证了经营的稳定性。

二是海外项目或将再造一个恒逸石化。文莱大摩拉岛（PMB）炼化项目，是恒逸石化未来的最大看点。这个项目总投资34.5亿美元，设计产能 800 万吨，是文莱迄今为止最大的实业投资，也是中国第一批"一带一路"重点项目。目前一期工程进展顺利，二期工程的规划也已启动。项目投产后，恒逸石化整个产业链将完全打通。这个项目，不仅保障了中下游原料的供应，也有利于降低汇率波动对企业带来的风险，对恒逸石化来说意义重大。

三是人才激励政策到位，管理团队干劲十足。邱建林是恒逸石化最大的功臣，也是绝对的精神领袖，但他坚决主张干部年轻化、专业化、职业化、国际化。为了淡化个人风格，他辞去了上市公司董事长的职务，只担任集团公司董事长。在上市公司层面，自 2015 年起，恒逸石化累计实施了两期股权激励计划和三期员工持股计划，员工的归属感、获得感和凝聚力大大增强，一大批专业人才被吸引到了恒逸石化。有这样一群优秀的人助力，恒逸石化"稳了"。

（作者系证券时报编委、新闻中心主任）

瀚蓝环境：从自来水厂到环境
综合服务商

证券时报记者　吴　志

瀚蓝环境总裁金铎说："我们的客户是政府，但我们的用户是生活在周边的对象，这个群体是不能忽视的，要保持良好的互动，才能促进行业的良性发展。"

在距离佛山市中心约30公里的狮山大学城，坐落着佛山科学技术学院、广东轻工职业技术学院、广东东软学院等多所院校。与广东轻工职业技术学院一墙之隔的，就是瀚蓝环境占地面积460亩的南海固废处理环保产业园。

如果不是进进出出的垃圾转运车，参观者可能不会意识到这里是一个固废产业园——园区中央是一个对外开放的环保公园，分布在公园周边的两座垃圾焚烧发电厂，有着颇具科幻感的外观，就连两根高大的烟囱造型也颇为独特，并涂着亮眼的蓝色。

如果进入生产区，则会有更为震撼的视觉效果。全封闭的垃圾储存坑中堆放着即将焚烧处理的垃圾，巨大的垃圾吊车一次能抓起7吨~8吨垃圾投入焚烧炉中，墙上的监控可以看到炉膛中的实时燃烧画面。然而，即便站在巨坑旁边，也几乎闻不到异味。

截至2018年年底，瀚蓝环境南海固废处理环保产业园内有处理规模达4500吨/日的垃圾焚烧发电项目，450吨/日的污泥处理项目，300吨/日的餐厨垃圾处理项目，150吨/日的飞灰固化处理项目以及1000吨/日的渗滤液处理系统。

每天通过全封闭运输车从南海区各地转运来的数千吨固体废弃物，就在这里开始了变废为宝的过程。高水分低热值的垃圾将被完全燃烧，转化成热能用于发电；有害的烟气经过高温燃烧分解、活性炭吸附后安全达标排放；生活垃圾渗滤液进入园区的污水处理厂后，作为园区工业用水循环利用而不再对外排放。

整个产业园形成了一条完整的固废处理产业链，各处理环节通过资源共享，实现了固体废弃物的无害化处理。

不过，在十多年前，这里还只有一个日处理规模仅 400 吨的垃圾处理厂，由于污染问题，与周边居民有着尖锐的矛盾。

从自来水厂到环境综合服务商

瀚蓝环境的前身是 2000 年 12 月上市的南海发展，公司最初是一家以自来水供应为主营业务的地方国有上市公司，直到 2004 年才开始涉足污水处理业务。

2005 年，瀚蓝环境接手了当地一个日处理量仅 400 吨的垃圾处理厂，这是瀚蓝环境固废处理业务的起点，也是南海固废处理环保产业园的起点。

固废产业园模式，从瀚蓝环境进入固废处理行业起就开始构想，但直到 2009 年才开始付诸实施。到 2015 年，瀚蓝环境先后投入超过 20 亿元资金，在园区内建设垃圾转运、垃圾焚烧发电、污泥处理、餐厨垃圾处理等项目，形成了一条完整的固废处理环保产业链。

在瀚蓝环境的发展历史上，2014 年是具有里程碑意义的一年。

这一年，通过收购创冠中国 100％的股权，瀚蓝环境固废业务实现了从区域性向全国性的跨越。另外，从 2011 年开始，瀚蓝环境陆续斥资收购了佛山市南海燃气发展有限公司 100％的股权，发展燃气供应业务。

如今的瀚蓝环境已经从最初单纯的供水企业，发展成为集供水、燃气供应、污水处理、固废处理为一体的综合性环境服务企业。公司的固废业务已经拓展到了全国9个省市的27个城市，是固废处理领域少有的拥有全产业链的企业，处理规模位居行业前列。

多元化战略给瀚蓝环境的发展带来了良好的效果。十多年来，瀚蓝环境的业绩保持稳步增长，尤其是2014年之后，瀚蓝环境的收入和利润规模都迈上了新台阶，其中固废处理、燃气业务对公司收入增长作用巨大。

瀚蓝环境历年年报显示，2013年以前公司的第一大收入来源一直是供水业务，而近几年，供水业务在公司收入中的占比开始逐渐下降，而固废处理与燃气业务收入占比则不断增长。

2017年瀚蓝环境实现营业收入42.02亿元，其中固废处理业务收入14.28亿元，燃气业务收入14.79亿元，供水和污水处理业务收入分别为11.08亿元、1.88亿元。

2018年上半年，瀚蓝环境营业收入22.89亿元，同比增长16.67%；扣除非经常性损益后归属母公司净利润3.56亿元，同比增长23.68%。其中固废业务实现主营业务收入8.02亿元，同比增长18.07%。

瀚蓝环境总裁金铎认为，业务组合的匹配能够让企业比较健康地发展。在瀚蓝环境的定位中，供水和燃气作为优质的基础性资产，收益稳定，是公司的"现金奶牛"，而固废业务的广阔市场，可以为公司带来不错的增长空间。

用新模式解决老问题

固废处理产业园在节省土地资源、降低处理成本、便利监管等方面的特点突出，具有社会成本最小化的显著优势，这种处理模式被称为破解垃圾围城的"瀚蓝模式"。

在瀚蓝环境年报中，"瀚蓝模式"与其完整的生态环境服务产业链一起，被列为公司的核心竞争力。

然而经验也是通过逐步摸索总结出来的，作为一家与生产生活区紧密相连的固废处理企业，在最初的运营中，瀚蓝环境也遇到过阻力。据产业园工作人员回忆，瀚蓝环境刚刚来到产业园时，周边居民对公司并不信任，项目建设也存在"邻避效应"。

为了解决问题，瀚蓝环境给周边居民发放了监督证，承诺让他们进行 24 小时监督。刚开始大家纷纷到园区进行监督，但过了不到一个月就没人去了。

产业园落地后，针对周边大学比较多的特点，瀚蓝环境又与学校共建环境学院，并成为学校的环保教学基地，共同开展与行业有关的研发和技术创新。最后，一墙之隔的大学院校主动提出拆除双方之间的围墙，融为一体。

金铎认为，瀚蓝环境的客户是政府，但用户却是生活在周边的对象，这个群体不能忽视，需要保持良好的互动，才能促进行业的良性发展。正是通过开放与互动，拉近了公司与公众的距离，瀚蓝环境成功实现了与周边社区的和谐相处。

目前，南海固废处理环保产业园是国内唯一已经建成，并成功运营的具有完整固废处理产业链的园区。而瀚蓝环境正在将其产业园模式的建设和运营经验，复制到其他地区。

2016 年 9 月，瀚蓝环境成功中标佛山市顺德顺控环投热电项目，成为重要股东，这是"瀚蓝模式"踏出的异地复制的第一步。2017 年 4 月瀚蓝环境又成功中标开平市固废综合处理中心一期阶段 PPP 项目，该项目将建设包括生活垃圾焚烧发电厂、渗滤液处理中心、填埋场和配套工程等项目，实现了"瀚蓝模式"的再次复制。

2018 年，"瀚蓝模式"还走出了广东省，公司建设运营的湖北孝感固废项目，确定调整为产业园模式。

信息化管理促进降本增效

2018 年以来，活性炭、生石灰等各类环保耗材价格上涨十分明显，由于环保行业的经营特性，企业并不能立马将成本上涨的压力转移出去，这给环保企业的增长带来了压力。

在这种情况下，除了利用好产业园模式本身在降低处理成本上的显著优势外，信息化同样是瀚蓝环境实现降本增效的"法宝"。通过在园区的参观，不难感受到瀚蓝环境在信息化方面做的努力。

在位于园区内的垃圾压缩集中控制中心，通过远程中央集中控制系统，可以对各个中转站点及转运车辆的动态信息，进行实时监控和统一调度管理，最大限度地实现了全区垃圾中转资源的共享和整合。

在垃圾燃烧发电厂中央控制室巨大的监控屏上，各种运营参数不断跳动着。几名年轻的员工不断通过电脑调整垃圾投放量、送风量等参数，使得垃圾燃烧热值达到最大化，产生更多的电力。

在污水处理方面，瀚蓝环境采用了集中控制模式，21 间污水处理厂只有一个集中控制中心。此前每一个污水处理厂都需要安排人员"四班三运转"，而现在集中控制中心的夜班已经实现无人值守，大大节约了用人成本。

信息化手段同样也运用到了餐厨垃圾处理项目上。目前瀚蓝环境的餐厨垃圾处理能力为 1350 吨 / 日，其中，南海固废处理环保产业园的处理能力为 300 吨 / 日。每天瀚蓝环境旗下的 49 辆回收车，会分成多路车队前往南海区 2000 多个回收点回收餐厨垃圾。

以前，这些回收车的行车路线都是固定的，但由于每家餐厅餐厨垃圾产生情况不稳定，就可能出现跑空车现象。如今，瀚蓝环境运用的智能运输系统，可根据餐厨垃圾产生单位的实时状况，调动车辆的行进路线，用最短的时间回收最多的餐厨垃圾。

瀚蓝环境还为每个餐厨垃圾回收桶定制了一张"身份证"，回收员用扫码机扫描回收桶上的二维码，记录回收点相应的回收量，这些数据都将被录入后台，并通过大数据处理，来调整优化回收路线。

金铎表示，信息化对于提升公司效率、降低成本很有作用。在提升运营效率的同时，这些经验还可以固化和复制，为未来的并购、异地扩张提供管理上的支持。

继续延伸固废处理产业链

环保行业是典型的政策倒逼型行业，环保政策的日益严格，让环保从业者看到了更大的机会。在最近一两年里，瀚蓝环境也明显感受到了环保政策给市场带来的变化，这种变化甚至超出了业内人士的预期。

几年前，固废行业内曾经有过预测，认为生活垃圾焚烧类项目可能在三五年后就会趋于饱和。瀚蓝环境在做南海固废处理环保产业园规划的时候，也认为 4500 吨的处理产能是足够的。

但现实情况是，市场不仅没有很快饱和，反而在继续增长。如今南海固废处理环保产业园高峰期每天需要处理的垃圾量超过 5000 吨。瀚蓝环境旗下的不少项目也在想方设法挖潜增产，一些新项目的产能爬坡期也相应地缩短了。

除了生活垃圾的增量，其他固废细分领域也大有机会。例如在工业和危险废弃物、农业废弃物等细分领域，行业的产能缺口较大。目前，瀚蓝环境也在这些领域有计划地深入布局，进一步延伸固废处理产业链。

在政策层面，2016 年印发的《"十三五"全国城镇生活垃圾无害化处理设施建设规划》（以下简称《规划》）提出，要将生活垃圾无害化处理能力覆盖到建制镇，减少原生垃圾填埋量，加大生活垃圾处理设施污染防治和改造升级力度。

《规划》还提出，要完善垃圾收运体系，城市建成区应实现生活垃圾全收集，进一步扩大生活垃圾收集覆盖面，加大收集力度。继续推进餐厨垃圾无害化处理和资源利用能力建设，城市基本建立餐厨垃圾回收和再生利用体系等。

不过，在市场"蛋糕"做大的同时，竞争也是残酷的。包括大型央企、地方国企、民营企业在内，越来越多的竞争者正在涌入环保行业。金铎认为，要分析清楚机会在哪里，如果能够抓住机会，就能为瀚蓝环境今后的发展打下基础。

【采访札记】

瀚蓝模式：一段关于"拆墙"的故事

付建利

很多时候，有形的"墙"背后，是无形的"墙"。

我们走在占地面积460亩的南海固废处理环保产业园内，这里花团锦簇、树木葱茏，俨然一个花园。殊不知，每天通过全封闭运输车从南海区各地转运来的数千吨固体废弃物，就在这里开始了"变废为宝"的过程。

南海固废处理环保产业园内的旁边，就是广东轻工职业技术学院。曾经，产业园与这所院校之间，隔着一道墙。

曾经，要在大专院校和高档社区附近建垃圾处理产业园，可能引起群情激愤、心理恐慌。人们谈垃圾处理色变：垃圾处理场当然是离自己越远越好。一个三口之家，一个月产生的垃圾量居然高达300公斤！我们每天都产生垃圾，但每一个人都希望垃圾处理远离我们的视线，这被称之为"邻避效应"。

但瀚蓝环境化解了这种效应，将"邻避"变为"邻亲"再到"邻利"。怎么做的？瀚蓝环境采用的是"笨"办法：公开透明，不藏着掖着，在把垃圾处理这件事情做好的前提下，和各方真诚沟通；与此同时，产业园落地后，针对周边大学比较多的特点，瀚蓝环境与大学共建环境学院，并且成为学校的环保基地，实现共建、共治、共享。

一墙之隔的大学，主动拆掉了那堵墙，融为一体。有形的墙拆掉了，无形的信任产生了，这是对瀚蓝环境的信任，也是对环保产业的信任。从"邻避"到"邻亲"再到"邻利"，这便是"瀚蓝模式"。打造这个模式的核心人物，就是瀚蓝环境总裁金铎。

这是一位曾经当过大学老师，拿过法律执业资格的女企业家，她带领着瀚蓝环境这家"低行政级别"的国企，将"瀚蓝模式"复制到全国各地。商业模式的可复制，便意味着企业利润的不断增长。

曾经，瀚蓝环境是一家主业为供水的公用事业国有企业，金铎主张跨界到固废处理等环保产业，遭到了各种不同的反对声音，她力排众议、耐心沟通，让瀚蓝环境提前走上了跨界转型之路。如今，供水和燃气业务成为瀚蓝环境稳定的"现金奶牛"，固废处理则厚积薄发，成为瀚蓝环境利润的大头。

事非躬亲不知难！身为国有企业的高管，金铎当初力主瀚蓝环境跨界环保，需要不一般的勇气与坚韧。实际上，她拆掉了人们固守旧业的那堵"墙"，带来了危机意识、开拓意识和创新意识，也给瀚蓝环境打开了一片新天地、新蓝海。

作为企业的管理者和决策者，金铎认为必须要有战略动态管理能力。我们采访的当天上午，她和瀚蓝环境的高管层研判了明年的市场趋势，制定了相应策略。金铎主张企业掌门人必须做到前瞻判断、提前布局，才能带领企业不断前进。企业家的思维必须是开放的、兼容并蓄的，有太多的"墙"挡在前方，让企业管理者看不清、走不远，企业就会面临危机。

"瀚蓝模式"的核心，还是一个最朴素的商业道理，就是以客户为中心。环保企业的单，很多都是政府的单。金铎说，瀚蓝环境始终考虑的，就是用综合成本最小的方式，帮助地方政府解决生活垃圾、污泥、餐厨垃圾等固废处理问题。瀚蓝环境的盈利，来自于帮助政府解决问题的基础之上。在我看来，这是不断拆掉自我利益的那堵"墙"，先"利他"，再"利我"。

金铎给我们讲述瀚蓝环境的故事时，好几次提到新教伦理，后来才得知。她是一位读书迷，经常参加读书会。《新教伦理与资本主义精神》《黑匣子思维》等人文社科类的书籍，都是她的案头之选。我想，每一位喜欢读书的人，都是在不断拆除旧有的思维之墙，不断向更广阔的思维天地开放。

采访过程中还给我留下深刻印象的，金铎递给我的名片，用的纸很薄，夸张点说是"薄如蝉翼"，一不小心就弄皱了。践行环保节约，不放过哪怕一张小小的名片。这就是金铎和她精心雕琢的瀚蓝模式的魅力所在。

（作者系证券时报记者）

恒力集团：一体炼化"夺"石化业
国际定价权

证券时报记者　王君晖

从江苏吴江的化纤制造，到产业链中游的化纤生产，再到上游的石化炼化，从江南水乡到渤海之滨，恒力集团在董事长陈建华的带领下，锐意改革，劈波斩浪，一路向上，刷新着行业的认知，也书写着属于中国民营企业家艰辛和辉煌的创业史。

始建于 1994 年的恒力集团，是以石化、聚酯新材料、纺织为主业，贸易、金融、热电等多元化发展的国际型企业。集团现拥有全球单体产能最大的 PTA 工厂之一、全球最大的功能性纤维生产基地和织造企业之一，员工 6 万多人，建有国家"企业技术中心"，企业竞争力和产品品牌价值均列国际行业前列。恒力炼化一体化项目是国家炼油行业对民营企业放开的第一个重大炼化项目，也是国家有史以来核准规模最大的炼化项目。

2017 年，恒力集团实现总营收 3079 亿元，现位列世界 500 强第 235 位、中国企业 500 强第 51 位，获国务院颁发的"国家科技进步奖"和"全国就业先进企业"等殊荣。目前，恒力集团旗下有恒力股份、松发股份、同里旅游三家上市公司、十多家实体企业，在苏州、大连、宿迁、南通、营口等地建有生产基地。

恒力集团坚持全产业链发展，打造"原油—芳烃、乙烯—精对苯二甲酸（PTA）、乙二醇—聚酯（PET）—民用丝及工业丝、工程塑料、薄膜—纺织"的完整产业链。在石化板块，恒力石化（大连长兴岛）产业园 PTA 项目年产能 660 万吨，"高标准、严要求、快节奏"建成投产，刷新了国际同行业的多项纪录。在聚酯新材料板块，恒力集团全套原装进口世界一流设备，年聚合产能 281 万吨。在纺织板块，作为企业产业链的纵向延伸，恒力纺织共拥有 12000 套自主研发的喷水织机和喷气织机，8500 台倍捻机及其配套设备。

从江苏吴江的化纤织造，到产业链中游的化纤生产，再到上游的石化炼化，从江南水乡到渤海之滨，恒力在董事长陈建华的带领下锐意改革，劈波斩浪，一路向上，刷新着行业的认知，也书写着属于中国民营企业家艰辛和辉煌的创业史。

力争上游——全产业链布局

恒力集团的全产业布局与发展之路起步于纺织织造，壮大于聚酯化纤，成型于 PTA 石化，完善于芳烃炼化。恒力集团不断向上游发展——整体来说，是全产业链发展，完善生态系统——塑造更大的抗风险能力，更强的协同研发能力，更好地取得国际行业话语权。

陈建华从 1994 年开始从贸易转向实业。吴江化纤织造厂是他开始产业链布局的第一步。此后，他又带领恒力集团从吴江开始向更上游的化纤行业进军。经过两年发展，2002 年，恒力集团的生产能力就跃居全国化纤前列，成为我国大型化纤生产基地之一。

此时陈建华已有了"化纤巨子"的称号，但这位"巨子"的志向远不止于此，行业环境以及他自身不甘现状敢拼敢干的特质，都让他无法忍受恒力集团停留在产业链中端。陈建华决定率领恒力集团再次实施战略转型升级战略，进军上游石化行业。

2010 年，恒力集团进军石化行业，投资建设恒力石化（大连长兴岛）产业园。目前，恒力石化已经投产三条 PTA 生产线，年产能已达660 万吨，已成为全球单体产能最大的 PTA 生产基地。在建两条 PTA 生产线，合计年产能 500 万吨，建成后，将助推公司 PTA 总产能达到1160 万吨，并成为全球最大、市场竞争力最强的 PTA 生产基地之一。

陈建华之所以选择进军 PTA，除了完善产业链外，还有更大的目标——掌握 PTA 的国际话语权和定价权。PTA 全称是"精对苯二甲酸"，是聚酯纤维的上游产品，也是石油炼化的终端产品及重要大宗有机原料之一，广泛用于化学纤维、轻工、电子、建筑等国民经济的各个方面。恒力化纤所用的巨量 PTA 大部分由上游国外厂家提供。要掌握就只有自己生产这一条路可以走。

在 PTA 项目稳步推进的同时，陈建华已经将目光投向了更加上游的炼化环节，带领恒力集团继续向产业链上游迈进，又启动了 2000 万吨／年炼化一体化项目。2014 年 8 月 8 日，国务院文件（国发〔2014〕28 号）中明确提出支持恒力集团炼化一体化项目的建设。

陈建华带领恒力集团用了 10 年的时间，逐步打造形成了全球最大的功能性纤维生产基地，恒力集团也发展成为国内聚酯化纤制造领域规模化、高端化、差异化发展的领军企业，到 2020 年，恒力集团聚酯总产能将突破 400 万吨。

从进度来看，目前恒力炼化建设的以 450 万吨芳烃装置为核心的恒力 2000 万吨／年炼化一体化项目进入了投产倒计时。到 2019 年年底，恒力集团下属公司恒力化工投资 210 亿元建设的 150 万吨乙烯项目也将投料试生产。这两大项目建成后，公司将形成 2000 万吨炼油、450 万吨芳烃、150 万吨乙烯和 180 万吨乙二醇的产能结构，加上 1160 万吨 PTA 产能布局，恒力集团全产业链战略构想基本成型。

敢为人先——炼化一体化凸显协同优势

从 PTA 到炼化一体化，长兴岛上的恒力石化（大连长兴岛）产业园是恒力集团实施转型升级和"全产业链"发展的样本。该产业园位于国家七大石化产业基地之一的长兴岛（西中岛）石化基地长兴岛片区，分三期建设，总投资达 1200 亿元。一期 660 万吨 PTA 项目已经建成，二期 2000 万吨炼化一体化项目计划今年投产，三期 150 万吨乙烯、500 万吨 PTA 项目明年投产。

　　在紧锣密鼓推进项目的过程中，作为带头人的陈建华，基本每天都要干到凌晨两三点，以确保项目如期投产。项目建成后，炼化可以在厂区内直接向恒力石化供应对二甲苯，大量减少对外采购对二甲苯的中间环节，使恒力石化原料的采购成本和运输成本大幅降低，原材料的供应也将更有保障。

　　恒力炼化一体化项目是国家炼油行业对民营企业放开的第一个重大炼化项目，也是国家有史以来核准规模最大的炼化项目。作为国家有史以来核准的规模最大的炼化项目，且是对民营企业开放的第一个重大炼化项目，陈建华认为，恒力集团之所以能获得这一宝贵的发展机会，主要是因为恒力2000万吨/年炼化一体化项目具有明显的装置规模与技术优势、产能一体化优势，配套设施规模大与齐备程度高，是七大产业基地中建设推进最快的项目。

　　除政策支持的优势外，恒力石化在工艺技术、产业协同、配套设施方面都有较大的优势。恒力石化的工艺装置国际最先进且有成熟应用技术（Axens、CLG），先进的沸腾床渣油加氢装置，公司原油的采购成本低于国内企业其他炼厂平均成本5个百分点，同时提高了渣油的转化率30～40个百分点。

　　一体化优势是炼化一体化项目的特色和主要优势，建成后，芳烃联合装置可实现物耗1.71吨石脑油，能耗340千克标油水平，好于同行的2.15～2.17吨石脑油、能耗360～410千克标油水平。煤制氢氢气成本是一般炼油厂天然气制氢的55%，同时联产的醋酸成本按甲醇2800元/吨计算，完全成本仅为2100元/吨左右，按PTA年需求25万吨计算，醋酸市场价格4500元/吨计算，年节省成本6亿元左右。

　　此外，炼化一体化项目建成后能更好地发挥产业协同优势，加上丰富、齐备的公用工程配套降低成本，最大化节省成本。初步测算，PX—PTA和醋酸—PTA的管廊输送可节省物流仓储及税费、损耗约11亿元。配套自备电厂，发电功率为400兆瓦，相对于某炼厂的110兆瓦，年节约7.3亿元。自备码头年吞吐量4000万吨，拥有2×30万吨原油码头，相对于其他炼厂，年节约物流成本 6 亿元左右。

在设备方面，恒力石化各生产线装置的总体要求是效率、节能、环保三位一体，设备采购要求核心和关键设备国际前三，不通过中间商，直接从生产商采购。

对陈建华而言，国家把石油炼化一体化项目的重任交给恒力集团，是一种荣耀，也是一份嘱托。恒力集团正在以做百年企业的精神推进项目落地，采用国际先进技术和工艺，引进国内一流的建设施工单位，按照高起点、高标准、严要求的原则建设生态型炼化一体化示范园。

超前布局——做十年甚至更久之后的事

20 多年前，年轻的陈建华将眼光投向了实业，从他所熟悉的丝织业起步，收购吴江化纤织造厂。收购后的第一个月，陈建华就淘汰了厂里所有的梭织机，引进了 1200 锭网络车，调整产品结构，实行以销定产，按照市场经济的经营模式进行运作。纵观恒力集团二十多年的发展历程，这种着眼长远的远见和魄力既是陈建华本人的特质，也是他为恒力集团发展打下的烙印。

"恒力做项目要具有超前性，现在就要做五年、十年甚至更久之后的事，争世界一流"，这是陈建华经常会讲的一句话。对于恒力集团当前的成绩，他很自豪，但永远充满了焦虑，这种焦虑让他兴奋，也促使他将目光投向更远的未来。在他看来，现在已经不单纯是"大鱼吃小鱼"的时代，而是'快鱼吃慢鱼'的时代。别人没有做或者不敢做的事情，我们去做了，或者我们先一步做了，这就是超前性，也是一种创新和成功。

走进恒力石化的中控大厅，在监控画面中只能看到设备的运转，却看不到一个工作人员。销售订单从接单到发货，原本最快需要 4 个小时的审核流程，在"纺团网"系统里，最多只需要 10 分钟。恒力化纤 FDY 纺丝车间，有着国内首套全流程数字化智能纺丝装备，借助互联网、物联网等技术，系统实现了对设备运转、质量数据的实时监控和远程监测，在工人的辅助巡视下，机器人和自动流水线通过软件连接进行对话，就能完成生产。

陈建华经常强调，要用创新的思维看未来的市场，用未来的眼光做现在的事。他对一流的技术和先进的设备极为看重。近年来，他提出了"机器换人工、自动换机械、成套换单台、智能换数字"等智能化建设举措。这个有序运行的中控大厅就是这一举措的成果。

高标准和超前性是陈建华的追求，不仅要做到国内领先，还要对标国际，做到国际一流。在恒力2000万吨/年炼化一体化项目的最初方案中共有36根烟囱，后来按照现阶段全球炼化最高水平优化到15根，但是陈建华仍然不满意。"参观了日本的工厂，他们是15根，我们还要做得更超前"，经过反复优化设计，项目最终仅安装了7根烟囱，且烟气可实现优于国家标准排放。

恒力集团的企业宣传册上有两句标语"建世界一流企业，创国际知名品牌"，这也是陈建华为自己和员工所确立的奋斗目标。"恒力集团做任何事情都要在行业中数一数二，都要成为行业的标杆，这就需要在任何方面都有超前的发展意识。"陈建华说。

带着这种超前感和危机感，在进军炼化行业后，陈建华为恒力集团找到了更高的使命：立足实业，把恒力集团现有的产业，在全球范围内做到数一数二，让恒力集团在国际市场上更有话语权和定价权。陈建华认为，炼油能力、乙烯产量、对二甲苯产量等是衡量一个国家化工水平的几个重要指标，恒力集团打通全产业链的过程，也是打破乙烯、PTA、对二甲苯等重要大宗有机原料由国外垄断的过程，最终实现对重要化工品原料的高效国产替代国内进口，支撑我国相关纺织、服装到聚酯、化纤等一整条产业链的安全、健康、可持续发展，把我国相关产业链的命运掌握在我们自己的手中。

绿色工厂——环保、经济效益两平衡

走进恒力石化位于长兴岛的石化产业园，蓝天白云下，碧海青山旁，目之所见都是林立着的各种高塔等装备，一排排存储罐整齐地排列着，蔚为壮观。虽已入冬，在工厂区的主干道上的绿植依然青翠，空气中没有一点异味，很难相信此地竟是一个炼化工厂。

这也正是陈建华所追求的"绿色工厂"所达到的效果。一直以来，传统产业常被冠以"夕阳产业""污染产业"的称号，尤其是化工产业往往被与"污染"画上等号。为行业正名，为产业立命，赋石化以绿色内涵，是恒力石化为自己赋予的创新发展的责任。恒力石化着眼全球，放眼未来，要成为"绿色恒力、生态恒力、和谐恒力"，要建设最安全、最环保、内在优、外在美的世界一流高效运营和绿色生态的石化企业。

恒力石化是这样说的，也是这样做的。在废水处理方面，恒力石化炼化一体化项目配套污水处理场首次将"嵌入式污水处理场"的理念应用在石化行业，获得了"中法团队合作创新奖·气候特别奖"、国际水协会"改变行业的技术革新奖"等国际大奖。恒力石化采用的全球最高标准的法国得利满公司的环保污水处理技术和中水回用技术，每年可节能降耗3000万元。

恒力石化 PTA 工厂，是绿化率超过 20% 的花园式工厂，是首批国家级"绿色工厂"，也是东北地区唯一一家获此殊荣的石化企业。

恒力石化自备发电厂的脱硫、脱硝、除尘环保要求远高环评标准。绿色煤棚可储煤 20 万吨，运输作业全封闭。恒力石化之所以投入巨资建设安全全封闭煤棚，并实施最严格的安全环保管控，目的是防止煤炭露天存放产生粉尘，防止对环境造成影响。

对环境保护的高投入，不仅带来节约能耗的经济效益，还有无价的社会效应。"习近平总书记说，'绿水青山就是金山银山'，恒力集团在长兴岛做石化炼化项目，环保是重中之重。"这是陈建华建设"绿色工厂"的承诺。

【采访札记】

恒力集团何以勇立民营经济发展潮头

证券时报记者　贾　壮

　　80年前，苏州吴江人费孝通以吴江震泽镇开弦弓村为调查区域，写出了人类学田野调查的世界名篇《江村经济》。费孝通的导师马林诺夫斯基认为，书中有关桑蚕丝业的描述是最成功的部分，因为这一部分介绍了家庭企业如何有计划地变革成为合作工厂，以适应现代形势的需要。为了准备采访起家于吴江的民营企业恒力集团，记者重读了一遍《江村经济》，再次惊异于吴江得天独厚的自然条件和当地人坚忍务实的处世哲学。

　　在字节跳动的新媒体时代，为了准备不是特别复杂的采访，而去读一本人类学调查报告，似乎显得有些迂腐。但是结束采访之后，再次对照书中描绘的图景，却也觉得这个格格不入的准备工作还是有些必要。任何人物、现象和事件，都应该放到更大的历史坐标中去看，认识过去才能理解现在，不理解现在何能判断未来？了解了吴江上千年的桑蚕产业，就明白了恒力集团从一匹布、一根丝开始书写的创业历程，见识了吴江人因时而变的商业基因，就理解了企业家的创新精神和适应能力。

　　恒力集团创始人陈建华出生于吴江盛泽镇，这个镇与开弦弓村所在的震泽镇相毗邻，开弦弓出产的"辑里丝"曾经名满天下，而盛泽镇以"辑里丝"为原料的丝织工业，在20世纪30年代就号称"日产万匹"。陈建华生长于这样一种厚重的丝织文化当中，从小听着机杼声，对纺织行业带有与生俱来的感情，也训练出特殊的商业嗅觉。因此，陈建华于1994年从贸易转向实业，吴江化纤织造厂是他开始产业链布局的第一步。

　　陈建华有骄傲的资本。2017年恒力集团总营收3079亿元，位列世界500强第235位，现有项目全部投产后，总营收将突破6000亿元。出乎意料的是，记者面前的陈建华异常低调谦和。坐车参观在建厂区时，他跟司机师傅商量："可不可以在前面停一下？"

　　水乡文化浸润出谦和品质，商海变幻磨炼成内敛静气，这也使得记者可以在轻松的氛围当中，近距离观察他的商业逻辑。从一根丝、一匹布到一滴油，从苏州一地一路向北，到全国多地布局，陈建华的恒力集团稳步扩张。恒力集团的成长历程，是沿着产业链的下游向上游发展，从最初小小的吴江化纤织造厂，发展到上游产品精对苯二甲酸（PTA），再到进军大型石油炼化一体项目、乙烯项目等。在大连长兴岛恒力石化产业基地，绵延15公里的海岸线上，分布着数不清的炼化厂房设备，只有在紧张忙碌的厂房和工地上，陈建华才流露出少有的兴奋。

　　产业链布局更多是企业自身战略选择，地域选择则涉及复杂的社会环境，企业家要考虑是否能获得必要的资源、有无适宜的制度环境和营商环境等等。一般来说，这些因素都是南方优于北方，东部优于西部，所以企业的布局、企业家的迁徙也都有其公认的规律。但陈建华的想法却异于常人，他选择一路向北，走出苏州，先到宿迁，再到南通，最后来到大连和营口。恒力石化（大连长兴岛）产业园是恒力集团最大的投资项目，陈建华现在每年大概有三分之一时间待在那里，"我也不能总来，不然会影响人家工作的"。把一片荒地变成现代化的石化基地，陈建华付出了8年心血，他没有过多阐释其间的艰辛，也许有些艰辛也是不足为外人道。

　　古时候，生意人喜欢自称"陶朱事业""端木生涯"，其中有当时历史环境下适应轻商环境的无奈，也有追求商业极致的期许。中国的商业历史，是商人逐渐从社会角色边缘走向经济舞台中心的过程，他们那种永远向上的精神最能打动人心。无论是为糊口而沿街叫卖，还是富甲一方之后的自我革新，商人一直是社会当中最有能动性的群体之一，是推动社会经济发展进步的重要力量。企业家勤勉，企业就会向好，企业搞活了，中国经济就不会差。从这个角度来看，包括陈建华在内的整个企业家群体的孜孜以求，理应获得更多的喝彩。

（作者系证券时报记者）

冀东水泥：从"新干法摇篮"到世界前五

证券时报记者　刘　凡

冀东水泥的发展史可以大体分为四个阶段：除了诞生和国产化两个阶段，第三、四个阶段分别是从华北走向全国、与金隅重组后的"三级跳"。冀东水泥在后面两个阶段迅速扩大规模，跻身中国前列，并最终确定了全国三甲的位置。

水泥是中国人都比较熟悉的行业，有着古老的历史，中国水泥的生产水平在世界上遥遥领先，因此有"世界水泥看中国"的说法。冀东水泥被称为"中国新型干法水泥工业的摇篮"，在改革开放中一步步成长，如今已是位列中国三甲、世界前五的行业领先企业。

近年来，水泥行业发生了不少大事，供给侧改革、环保政策的推进、冀东水泥与金隅集团两家北方水泥龙头重组等等，水泥行业的格局正在慢慢改变。在冀东水泥总经理孔庆辉看来，水泥行业至少还会有5—10年的旺盛期，冀东水泥与金隅集团的重组，改变了中国水泥行业的格局，也塑造了一个新的冀东水泥，如今它正一步步向国际一流强企迈进。

从唐山走向全国

冀东水泥创造了很多个行业"第一"：第一个成功引进了当时国际最先进工艺技术的全套日产4000吨熟料新型干法水泥生产线，并且成功地消化和驾驭了国内第一条全套引进的现代化新型干法生产工艺技术；第一个建成了中国第一条日产4000吨熟料新型干法水泥国产化示

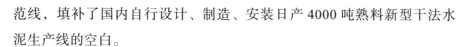

范线，填补了国内自行设计、制造、安装日产 4000 吨熟料新型干法水泥生产线的空白。

1994 年 5 月，唐山冀东水泥股份有限公司以定向募集方式成立。1996 年 6 月，冀东水泥首次发行 6000 万 A 股股票在深交所挂牌交易。当年 7 月，原国家主席江泽民视察公司时，第二条水泥窑点火一次成功，标志着中国第一条日产 4000 吨国产化示范线设计、制造、建设的成功。

冀东水泥的发展史可以大体分为四个阶段：除了诞生和国产化两个阶段，第三、四个阶段分别是从华北走向全国、与金隅重组后的"三级跳"。冀东水泥在后面两个阶段迅速扩大规模，跻身中国前列，并最终确定了全国三甲的位置。

自 2012 年开始，水泥行业开始进入了下行周期，至 2015 年，行业景气度持续下跌。2015 年，我国水泥行业产量 23.48 亿吨，同比下降 4.9%，水泥需求呈现出 24 年来首次大幅下降。冀东水泥也一度因此出现亏损。

强强重组

所谓物极必反，如今看来，当年水泥行业遭遇的挫折和困难，不过是曲折中成长的一小步。

近几年，国家层面出台了一系列供给侧改革的相关政策和法规，将去产能作为行业的重点工作之一，而去产能的一大策略就是推动大企业的兼并重组。水泥行业痛定思痛，加强了大企业之间的沟通和交流，通过各种方式引领行业发展，这种发展思路对中国水泥行业产生了深远而积极的影响。

冀东水泥成功与同为北方的水泥龙头企业——金隅集团的重组在此背景下具有重大的意义。2016 年 4 月，冀东水泥实际控制人唐山市国资委与金隅集团对外宣布筹划金隅冀东战略重组。2016 年 10 月 11 日，冀东集团完成工商登记手续并领取了换发的营业执照。金隅集团持有其 55% 的股权，唐山市国有资产监督管理委员会持有其 45% 的股权，金隅集团为其控股股东。冀东水泥的实际控制人变更为北京市国有资产监督管理委员会。这也标志着此次重组中股权重组的完成。

据水泥行业资深人士分析，以前这两家是对手，打起价格战的时候，为了抢市场都相互压价卖，这其实是两败俱伤，对两家都没好处。现在成了一家人，不打价格战了，大家想的不再是对手怎么样，而是怎么把企业做好，价格也能合理公平，至少回归到正常的市场价水平。重组后，北方地区的水泥市场结构将有显著变化，尤其是在双方重合度最高的京津冀地区，竞争格局将彻底改变，区域水泥价格将回归理性水平，这对企业和行业都是利好。

此次重组可谓是"天时、地利、人和"。"天时"就是京津冀协同发展和供给侧结构性改革的政策导向以及华北地区水泥行业处于盈利低谷的形势所迫；"地利"则是金隅集团和冀东集团同处京津冀，彼此知根知底，协同效应显著；"人和"则是北京、河北两地政府的支持，金隅冀东双方开诚布公，由此最终促成了此次合作的达成。

如今，冀东水泥重大资产重组已经实施完毕。通过金隅集团的资产注入，冀东水泥将成为金隅集团旗下唯一水泥上市平台，成为全国三甲、京津冀地区最大水泥企业。冀东水泥成为集水泥、环保、砂石骨料等为一体的全国最大的综合型建材企业之一。冀东水泥也成为全国三家熟料产能过亿的水泥企业之一。

在孔庆辉看来，金隅冀东的重组改变了中国水泥行业的格局，开启了中国水泥行业新周期。孔庆辉认为，过去南方的水泥行业市场相对较好，但北方的水泥市场处于无序竞争的混乱状态。如今，混乱状态基本结束，行业迎来新的发展。而华北市场是北方水泥市场的核心。华北市场的稳定意味着北方市场的稳定和全国市场的稳定。中国水泥行业形成了冀东、中建材、海螺三强引领的格局。

插上精细化管理的"翅膀"腾飞

随着合并重组的推进，冀东水泥除了企业规模、产能等方面上了一

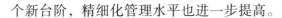

个新台阶，精细化管理水平也进一步提高。

"你好，我是原来从冀东来的""我是两家合并之后进来的"……走进冀东水泥，不同背景的员工组成了团队，工作上表现得团结而高效。这些员工中，既有在冀东水泥工作超过15年的老员工，也有合并后新引进的新鲜"血液"。只是，他们在自我介绍时，习惯顺带介绍下自己的背景，让人感受到兼收并蓄的企业文化氛围。

孔庆辉分析，冀东属于老牌国企，优势在于人才、技术和产能布局，而冀东文化比较包容，注重风险控制；金隅的优势则在于发展比较良性，特别注重安全、环保、质量，在企业文化上是想干事、会干事、干成事、不出事、好共事的"干事文化"。

新的冀东水泥汲取了两家之长，在精细化管理上，提出改变"重结果、轻过程"的经营模式，要求企业日日改进、时时进步，不急于求成。目前冀东水泥提出，一方面要注重产业协同，另一方面在每个环节都要求实现精准判断、精准施策，同时注意控制风险。公司已经被纳入国企改革"双百行动"。在人才激励上，冀东水泥正在通过一些市场化运作，引入人才，实施激励政策等。冀东水泥近期的核心任务，是在三五年之内，将公司打造成具备可持续发展能力，具有更强竞争力的企业，进而迈向国际一流企业。

引领与担当

走访冀东水泥过程中，孔庆辉提的最多的两个词是"引领"与"担当"。他提到，大企业要在行业中发挥更好的引领作用，有更多的担当，行业好了，企业才会发展得更好。

在发挥引领作用方面，冀东水泥制订了"培优计划"，以强化企业的高质量发展为目标，将一批管理水平高、竞争能力强的企业打造成行业内的"领袖级"企业，使其成为创利大户、管理标杆和转型先锋，带动企业整体水平提高。目前，首批12家企业培优方案已制定实施。其中，金隅鼎鑫作为12家重点培育企业的第一位企业，在高质量发展、实现绿色转型发展起到了标杆作用，先后荣获"全国工人先锋号"、国家首批"绿色工厂""河北名片""全国能效领跑企业"等荣誉。

在绿色生产方面，冀东水泥也通过一系列的动作体现出大企业在环保上的责任与贡献。在冀东水泥的水泥工厂，厂容厂貌整洁，路面干净，真正实现了美丽工厂、绿色工厂。冀东水泥方面还透露，冀东水泥以将水泥企业打造为"城市净化器、政府好帮手"为理念，大力推进水泥窑协调处置环保项目建设，积极推进符合条件的水泥熟料企业的转型升级，水泥窑协同处置技术已覆盖工业危废、市政污泥、生活垃圾、飞灰、污染土壤修复等多个方面。据披露，公司共有13家企业开展了固体废物处置，核准经营能力为32.5万吨/年，市政污泥及生活垃圾处置能力46万吨/年，危废经营许可证数量位居各大水泥集团首位。

【采访札记】

释放重组红利 冀东水泥振翅欲飞

贾 壮

一个矛盾的现象存在于中国水泥行业中：一方面，水泥行业产能过剩非常严重，不仅中国过剩，全世界水泥行业产能都过剩；另一方面，水泥行业处于有史以来最好的景气周期，2018年前三季度行业累计实现利润超过2017年全年，规模以上企业全年利润有望达到1200亿元以上。冀东水泥在产能严重过剩的行业里生存，并且取得了相当不错的经营业绩，一定有其过人之处。

冀东水泥总经理孔庆辉是位职业经理人，12年前加入冀东水泥，他是学财务出身，却是干市场起家。也许是从业经历使然，孔庆辉习惯先从市场角度分析问题，"实事求是地讲，现在水泥行业市场不太好做，毕竟是产能过剩非常严重的行业，凡是产能过剩的行业都不好做。"孔庆辉说，这几年水泥行业进入新周期，主要是顺应中国经济稳中向好的大趋势，在供给侧结构性改革和治理环境的大背景下，一些大企业主动引领行业自律，通过兼并重组扩大规模，促进产能集中度的提升，使行业秩序得以回归理性。

巩固提升行业引领地位，做大规模是首要选择。随着2016年金隅集团重组冀东集团的推进，在产能上冀东水泥已位列全国三甲，世界前五。在华北地区，冀东水泥占据绝对优势地位，其中水泥熟料产能在京津冀地区的占比达到了50%以上。做大产能规模，理顺行业秩序，把行业话语权掌握到自己手里，最有效的办法是并购重组。2017年，冀东水泥和金隅水泥进行重组，双方通过水泥资产出资成立由冀东控股的合资公司，完成后金隅冀东水泥业务全部由冀东掌管。这一重组动作，改变了整个北方地区水泥行业的竞争格局，也让重组双方获益颇丰。

从财务数据上看，并购重组的协同效应立竿见影。2015年因为产能过剩，销售量价齐跌，伴随着成本激增，冀东水泥严重亏损。2016年金隅冀东开启战略重组，冀东水泥通过引入金隅集团管理机制，降本增效成果显著，盈利能力迅速恢复，经营业绩持续提升。所以，孔庆辉对并购重组带来的机制红利非常自信，"冀东水泥会插上翅膀飞起来！"在他看来，目前中国水泥企业参差不齐，未来的发展方向是继续提高行业集中度，最好能形成几家大企业主导的局面。大企业作为行业引领者，对于行业贡献很大，不管是转型发展还是行业自律，做得都还不错。

规模上去了，相应的管理机制也要跟上来，孔庆辉的介绍并无新奇名词，却也有着厚实的基础：一是要把深厚的人才储备激活，人才激活了，基础功能就可以放大；二是用好文化和品牌，延续开放包容的基因。他说，与金隅集团重组之后，文化一脉相承，导向就是想干事、会干事、干成事、不出事、好共事的"干事文化"，这种文化对于企业发展是有利的，两方面结合会形成后续发展的强大动力。冀东水泥体量上属于巨无霸，想要飞得更高更远，需要更多人无我有的东西来支撑。企业最深的护城河其实是来自于技术，冀东水泥是高铁建设的主要贡献者，与中国中铁、中国铁建等企业签有战略合作协议，无论是产品质量还是服务能力，都走在行业前列。例如，水泥产品一般都有运输半径，很少有远距离运输，但冀东水泥专供高铁建设的超强水泥产品，曾经从唐山供应到了广州，这种水泥一般企业是生产不了的。进军环保领域，是冀东水泥在水泥产业之外的重要布局，真正做到了"城市净化器，政府好帮手"。目前冀东水泥危废处理已经做到了水泥行业全国第一，很多技术都具有自主知识产权，飞灰处置技术世界领先。

谈到冀东水泥的股价和股票的估值水平，孔庆辉很自信，认为冀东水泥的竞争力会越来越强，估值应该有提升空间。面对摄像机镜头，孔庆辉对公司的12万股东许下承诺："非常感谢投资者和股东的信任！我们这个团队一定把冀东水泥做成一流强企，不辜负你们的信任，让你们有一个良好的回报。"

（作者系证券时报编委、北京分社总编辑）

北京银行：皇城根下"小银行"

证券时报记者　张雪囡

截至目前，北京银行总资产较成立之初已经增长了 160 倍，净资产增长了 180 倍；在全球银行业的排名提升了 500 位，名列全球千家大银行第 63 位、全国上百家城市银行第 1 位和首都金融业第 1 位。

这是一个有关创业与不断变革的故事。

中小银行从成立之初，就承载着服务地方经济建设、服务市民百姓的使命。地处皇城根下的北京银行更是如此。

1996 年 1 月 8 日，在北京宣武区（现并入西城区）右安门一座五层的小楼前，北京银行诞生了。这里原是北京市城市信用社，经中国人民银行和北京市人民政府批准，由北京市财政参股，改制为北京城市合作银行。

北京银行的起点并不高，还曾因原中关村城市信用社严重违法账外经营案件爆发，最终造成损失 67 亿元。

智者，因势而变；勇者，顺势而为。借着改革开放 40 年的高速增长，北京银行在自己 22 年的发展中不仅消化了沉重的历史包袱，还最终通过改制上市、引入外资以及布局特色业务、金融科技等一系列的变革措施，成为一家资产规模 2.5 万亿的中型现代商业银行。

十年化解巨额不良资产

北京银行的诞生、成长、壮大，每一步都沐浴着改革开放的阳光雨露。

1996 年 1 月 8 日，北京银行在原北京 90 家城市信用社的基础上组建而成。该行是十四届三中全会后首批试点组建的城市商业银行之一。

但是，1997 年 10 月，原中关村城市信用社爆发严重违法账外经营案件，涉案金额高达 239 亿元，造成实际损失 67 亿元，这无疑让当时资本金仅 10 亿元的北京银行猝不及防。

在无回旋余地的情形下，北京银行当时的领导班子明确提出："自我消化，负重前行，对历史负责，对未来负责。"

该行通过从最初尝试的十几条补救措施，到出现因谣言而有可能引发客户挤兑风险，再到领导班子提出要"对历史负责、对未来负责"，最终开启了全行抢救资产的"持久战"。当时的北京银行董事长闫冰竹带领工作组数十次飞往各地调查取证该案所涉资金、财产、人员，数十次拜会市政府、市政法委、市法院、市工商部门寻求帮助和支持。

为了化解风险，北京银行在市委市政府及各级监管部门的坚强领导和大力支持下，没有依靠政府注资和资产剥离，通过十年努力，完全用税后利润化解核销了高达 67 亿元的历史遗留不良资产。

一位监管部门的领导曾评价道，北京银行化解历史遗留不良资产，没有靠吃"降压药"，而是依靠体制机制的完善，逐步增强"体质"，实现稳健发展，这是对金融改革的贡献，也对今天的金融业具有很大的借鉴意义。

岁月无声，所有的努力最终都化为了数据：截至目前，北京银行总资产较成立之初已经增长了 160 倍，净资产增长了 180 倍；在全球银行业的排名提升了 500 位，名列全球千家大银行第 63 位、全国上百家城市银行第 1 位和首都金融业第 1 位。

引资与引智应对竞争压力

随着中国 2001 年 12 月正式加入世界贸易组织，国内银行业都将面临在 5 年过渡期全面提升经营管理水平和竞争力的压力，以应对开放竞争带来的冲击。

2003 年，北京市领导对北京银行做出了"更名、引资、改制、上市"的重要指示，为北京银行指明了"市场化、股权结构多元化、区域化、资本化、国际化"的发展方向。

用北京银行常说的一句话："引狼入室"的初衷之一，就是提升国内企业的竞争力。因此北京银行以成功引资为起点，与荷兰 ING 集团和国际金融公司（IFC）开展了战略合作。据悉，2005 年 3 月，北京银行与 ING 正式签署股份认购和战略合作伙伴协议。

然而当时的工作异常艰苦，不同谈判对象聘请国际四大会计事务所同时进驻，总行所有部门都被动员起来，引资工作人员更是加班加点，夜以继日，仅复印和编写的材料就多达 46 册、13800 页。

终于荷兰 ING 集团在谈判中胜出。ING 以每股 1.90 元人民币的价格和高达 3.4 倍的市净率，认购北京银行 19.9％的股份成为战略投资者。国际金融公司也以同样的价格入股 5％成为财务投资者。就此，历时近半年的艰难谈判落下了帷幕，北京银行的引资工作取得了实质性进展。

13 年来，双方在零售银行、风险管理、直销银行、创新实验室、公司治理、国际化发展等领域开展合作。截至目前，双方已经开展技援项目近 100 项，累计使用技援金额接近 1 亿元人民币。ING 集团为北京银行带来了先进的国际经验和做法，为北京银行培养了一大批高素质专业化国际化人才。

跨区经营与 A 股上市共同推进

除成功引入外资外，跨区经营被列入北京银行的历史日程。2006 年 11 月 8 日，北京银行设立天津分行，首次实现跨区经营；2007 年，上海分行正式设立；2008 年 3 月西安分行挂牌，深圳分行也获准筹建……随着跨区域经营的深入推进，北京银行成为国内中小银行中跨区域网络布局最完善的银行。

目前，北京银行已在全国十余个中心城市以及中国香港、荷兰拥有

620 多家分支机构。2018 年前三季度，北京银行资产总额达到 2.53 万亿元，较年初增长 8.71%；营业收入 411.17 亿元，同比增长 5.93%；净利润 166.91 亿元，同比增长 6.82%。

在跨区经营取得进展的同时，北京银行的上市计划也随之启动。值得一提的是，与当时其他任何一家拟上市公司相比，北京银行的最大难度在于：在公开发行新股之前，北京银行首先要解决的就是股权清理的问题。

北京银行作为一家经历多次改制的商业银行，北京银行信用社时期遗留了大量的历史问题，其中最为突出的是，在上市前北京银行的股东有将近 3 万名，股东数量几乎是同期上市城商行的数倍，这使得整个股权清理工作的强度和难度都大大超过其他企业。

据悉，北京银行历时 3 个月的时间完成了股权确认、登记等一系列工作，为北京银行接下来的上市工作打下了坚实的基础。2007 年 5 月底，该行向监管机构递交上市申请材料。当年 8 月底，北京银行顺利获得了证监会的发行批文，9 月 10 日正式启动公开发行，9 月 19 日，北京银行在上交所成功挂牌，成为 A 股的第 13 家上市银行，正式登陆资本市场。

据招股书显示，北京银行新股发行量为 12 亿股，募集资金总额为 150 亿元，新股发行定价为 12.5 元 / 股，对应公司上市前的每股净资产，发行市净率为 3.19 倍。

此后，北京银行一上市就受到市场的大力追捧，开盘报 23.00 元，之后震荡上行，最高上冲至 25.00 元，收盘报 22.68 元，较发行价上涨 81.44%。通过上市，北京银行实现了从传统金融企业到公众持股银行的转变，成功地构建了包含国有法人、境外投资者、知名企事业单位、专业机构投资者以及社会公众股东在内的多元化股权结构。

金融科技促进智能化转型

作为金融市场的后来者，主场又坐落在金融资源最集中、竞争最激烈的首都，北京银行的经营一直面临巨大挑战。

随着国有大行、股份制银行不断加大金融科技的投入，在阿里巴巴、百度、京东等一批互联网公司纷纷成立金融服务事业部、不断扩张业务规模之际，北京银行也没有停止"变革"与"创新"之路。

从 2013 年开始，北京银行在自主研发上就取得成果——率先建设创新实验室；重点培养协同研发、成果转化和持续创新三大能力，实现 1+1+1 ＞ 3；完成智慧银行、自贸区、社区银行多项科技应用创新，在精准营销、智能风控等 16 个领域取得创新应用成果，获得自主创新、软件著作权等近百余项国家专利；前瞻性布局、高标准建成占地 188 亩、建筑面积 37 万平方米的科技研发中心，包括亚洲单体面积最大的数据中心，能满足未来 50 年科技发展需求。

此外，北京银行在成立之初就率先在银行业自主研发核心系统，目前已升级到第四代，全面支撑 200 个业务系统、620 多家网点的实时交易，为全行 10 余万公司客户和 2000 万零售客户提供全天候、专业化、智慧化金融服务。

最新数据显示，截至 9 月末，北京银行手机银行 4.0 已全面投产，结合大数据、生物识别等金融科技手段打造智能化手机银行；丰富网点智能柜员机业务功能，日均结算量超过 28000 笔，网点发卡量同比提升 17%。

除了金融业务的不断拓展，北京银行与互联网巨头不断合作，分别在医疗、教育、科创等方面都有了不少成果：与小米在移动支付、便捷信贷等智慧服务领域开展深度合作；联手腾讯，依托北京银行"京医通"项目，致力于首都智慧医疗建设与创新探索；与京东金融开展全面战略合作，在支付互联、数据建模等领域，探索线上消费金融新模式；与北京银行创客中心培育的优秀企业——知因智慧，在大数据知识图谱方面开展深度研发合作；与北京银行扶持成长起来的科创企业——旷视科技，开展人脸识别技术深度应用合作。这些合作成果，为金融科技发展奠定了坚实基础。

此外，深入推进智能化转型，北京地区已有 70％综合网点实现智能化改造，个人普惠金融贷款较年初新增 73 亿元，增幅近 30％。截至 9 月末，全行零售客户突破 2000 万户，管理零售客户资金规模超过6500 亿元；零售贷款余额 3489 亿元，较年初增长 13.6％；储蓄存款余额 2821 亿元，较年初增长 13.4％。

投贷联动是银行转型升级机遇所在

随着近几年我国利率市场化改革进程加快，开展投贷联动成为当今社会发展的大势所趋。对于银行而言，投贷联动不仅是自身转型发展的一个机遇，也是支持国家产业升级、推动供给侧结构性改革、促进经济社会提质增效的务实之举。

服务科技小微企业、积极探索投贷联动试点，促使北京银行科技金融的创新道路不断拓宽。要知道，北京每 4 家中小微企业就有 1 家是北京银行的客户。与一些并不善于做小微业务的银行不同，北京银行的小微业务一直做得有声有色。很多民营小微企业从 10 万元、50 万元贷款开始，就获得北京银行长期稳定支持。

作为全国首批、首都唯一试点法人银行，北京银行对此高度重视、高点定位。北京银行根据《关于支持银行业金融机构加大创新力度开展科创企业投贷联动试点的指导意见》的要求，成立由董事长担任组长的投贷联动试点领导小组，明确投贷联动试点战略方向。北京银行在总行层面设立投贷联动中心，牵头推动全行投贷联动试点工作。

在北京市工商联首次发布的"2018 北京民营企业百强榜单"中，北京银行服务客户超过 60％，其中包括小米、京东金融、旷视科技、神州专车等独角兽企业 29 家，合生基因、诺思兰德等民营小微企业客户超过 10 万家。

据悉，为了确保投贷联动试点稳健运行，北京银行高度重视风险控制机制建设，落实全面风险管理要求，坚持"贷"主"投"辅，"投""贷"独立的决策原则，严格落实"投"不是"贷"的增信措施，

"贷"不是"投"的结果，切实做好风险隔离。

截至2018年3月末，北京银行投贷联动业务累计落地386笔、76.2亿元，同比增加240笔、56.5亿元，同比增长164%、287%，为科技小微企业引入股权投资近10亿元，科创属性客户占比80%，涵盖大数据、人工智能、生物药物、虚拟现实、基因测序集成电路等新兴领域客户。

【采访札记】

从历史走向现代的银行之旅

官云涛

参观北京银行，就像是在阅读一部中国银行业的发展史。

步入北京银行的行史展览馆，穿过一扇犹如博物馆的大红门，第一个场景就是两位身着长袍马褂，可以以假乱真的账房先生蜡像，他俩看着账本打算盘，属于典型的有数百年历史的中国民间版"金融家"。我们忍不住上前，和这些跨越历史的"人物"合影留念，想穿越时空了解记账借贷这个古老行业的前世今生。

北京最早的官办银行是清政府在1905年开设的"户部银行"。这家完全不同于繁荣中国城乡几百年的商业票号，是中国政府开设的第一家有现代银行业务框架的商业银行。可惜，此后在辽阔的中国大地，银行业并不发达，中国民间大部分借贷还是靠这些账房先生们在钱庄、典当行、账局，打算盘、记账、画签完成。

之后的九十多年，社会发展天翻地覆，中国大地已经遍布信用社和银行网点。北京银行属于后起之秀，成立于1996年。当时在党中央、国务院的统一部署下，北京地区的90家城市信用社进行资产重组、引进新的投资人、实施脱胎换骨的股份制改革，构筑现代化金融业务框架，着力为北京地区打造一个功能齐全的城市商业银行。

此后的22年，北京银行不断给市场讲述一个个跌宕起伏的拼搏故事。这些创业者勤勉学习、改造自身的缺陷，积极进取、争夺每一次商机，专业刻苦、不断创造历史。如今的北京银行已经是国内最大的城市商业银行，目前北京银行的表内外资产规模突破3万亿元。2017年，北京银行实现营业收入504亿元，增长6.1%；实现净利润189亿元，增长5.25%；存贷款市场份额一路提升，在北京地区的储蓄规模增量排名同业第一。

从行史馆出来，我们来到资金营运中心的交易大厅。跟厚重的历史感相比，这个资金交易中心是比较新的一级部门。这里有一排排整体的电脑显示屏和一排排目光坚毅神情专注的年轻交易员，每天成交量达到数千亿，主要以资金拆借、套利运作、跨市场对冲风险为目标。这里的年投资规模超过5000亿元，资金进出债券、外汇、期货、股票市场，追求收益的最大化。这里的电脑屏上运行的是各种交易模型，墙上大屏幕显示的是全球各类市场的价格波动，色彩斑斓的数字不断跳动着，显示着资金在汹涌澎湃地流动。

现在，北京银行资金营运中心是央行公开市场操作一级交易商、银行间债券市场双边报价商、金融衍生品交易商、上海银行间同业拆放利率创始报价行。它是为京津冀区域协同发展提供创新金融服务的资金专营机构，立足于首都北京，服务于国家战略，积极支持着京津冀地区的国债和企业债发展、支持城市基础设施建设、支持政府产业基金投资的项目，目前已经成为北京及其周边地区地方经济发展的重要资金支持力量。

对资金流的管理和掌控，是现代商业银行日常经营中极为普通的一幕剪影，对风险的深刻认识才是行稳致远的根基所在。有意思的是，北京最早的金融街其实是钱市胡同，它的设计就完美体现了金融业经营中的风险防范意识。这条胡同平均宽度不过70厘米，两个人面对面即便侧身让行也颇有难度。如果发生盗抢案件，只要两条大汉在胡同两头一站，蟊贼几乎是插翅难飞。

在大数据和现代信息技术的支持下，银行的风险管理早已今非昔比。我们参观的第三个场景就是北京银行的"风险控制指挥中心"，这是国内银行第一家设置的风控指挥中心。大型会议室的一整面墙是由一块巨型屏幕构成，整个运行系统将北京银行旗下10余家分行和所有的业务板块，全面数据化和视频化。"风控指挥中心"集合了人工智能和最新科技，运用物联网、大数据和全媒体技术将银行所有的往来数据加工整理、深度分析，扩大了风险识别的边界，提高了风险管理效率。这套高速运行的风控系统，已经不再是银行风险管理和技术创新的简单融合，而是对银行风控全方位的系统性再造和智慧化升级。

我们面前一屏一屏闪过的数据，是银行每块业务高速运作的资金流动，是跨时空产生的投融资和风险管理，是现代化银行走向未来的竞争力。

走过北京银行的三个场景，是一次难得的穿越时空旅行。在这里，你看到时代的变迁，科技正在全面重构这个历史悠久的古老行业。而北京银行一路领先，在金融科技突飞猛进的时代，继续飞奔。

（作者系证券时报记者）

长江电力：打造全球清洁能源巨头

证券时报记者　朱雪莲

对于长江电力来说，上市后的发展史就是一部不断收购控股股东水电资产、装机容量快速扩张的历史。

承载着"高峡出平湖"的梦想，长江电力自上市起就备受瞩目。作为中国最大的清洁能源公司，也是全球最大的水电公司，长江电力获得无数殊荣。2018年4月习近平总书记在三峡电厂前发表重要讲话，将三峡工程称为"大国重器"。

在A股市场上，长江电力因稳健增长、丰厚分红，成为价值投资的典范之作。在2018年万马齐喑的市况下，长江电力成为弱市避风港，全年不跌反涨6.5%。

作为三峡集团水电上市平台，长江电力陆续收购三峡集团旗下的三峡电站、向家坝电站和溪洛渡电站。根据三峡集团的非竞争性承诺，乌东德、白鹤滩水电站投产运营后也将注入上市公司。如果两座电站完成资产注入，长江电力将拥有全球前十二大水电站中的五座，总装机容量达7173.7万千瓦，成为全球清洁能源中的巨无霸。此外，长江电力还积极开拓海外业务及配售电业务，并通过投资收益平滑业绩。

上市16年装机容量持续扩张

长江电力是全球最大的水电上市公司，以大型水电运营为主要业务，公司于2003年11月在上交所挂牌上市。公司实控人为国务院国资委；控股股东为中国长江三峡集团有限公司（以下简称"三峡集团"），直接持股 57.92%；三峡集团另有通过全资子公司中国三峡建设管理有限公司间接持股 4%。

依托资本市场，长江电力由一家传统国有电厂发展成资产优良的现代化企业，并"从宜昌走向全国，从中国走向世界"。目前公司运行管理三峡、葛洲坝、溪洛渡、向家坝等 4 座巨型电站，拥有总装机容量 4549.5 万千瓦，占全国水电装机的比例为 13.33%；水电装机 82 台，其中单机 70 万千瓦及以上级巨型机组 58 台，占世界投产的单机 70 万千瓦及以上水电机组总数的半数以上。长江电力通过实施三峡、葛洲坝、溪洛渡、向家坝"四库联调"，充分发挥梯级电站联合调度效益。

上市至今，长江电力经营非常稳健，没有一年出现亏损，大多数年份净利均同比增长。公司各项财务数据也出现大飞跃：2003—2017 年，公司主营收入由 30 亿元升至 501 亿元，净利润由 14 亿元增至 223 亿元，增长幅度均超过 14 倍。同期总资产规模也由 296 亿元增长至 2994 亿元；截至 2018 年三季度，长江电力总资产规模更是突破 3000 亿元。

两大在建电站近年有望注入

对于长江电力来说，上市后的发展史就是一部不断收购控股股东水电资产，装机容量快速扩张的历史。

作为三峡集团水电上市平台，与多数上市水电企业通过新建电厂不同的是，长江电力自上市初就作为连接工程建设与资本市场的桥梁，承载了"滚动开发长江"的使命，通过收购控股股东已建成水电资产，长江电力实现规模效益持续增长的同时，为后续水电资源开发提供了充沛的资金支持。通过多次资本运作，长江电力已陆续收购三峡集团旗下的三峡电站、向家坝电站和溪洛渡电站。2016 年，伴随溪洛渡、向家坝电站注入，公司装机容量由上一年的 2527.7 万千瓦升至 4549.5 万千瓦，发电量规模由上一年的 1049.79 亿千瓦·时跃升至 2060.60 亿千瓦·时，双双实现近翻倍的增长。根据三峡集团的非竞争性承诺，乌东德、白鹤滩水电站投产运营后也将注入上市公司。这意味着，在不久的将来，长江电力装机容量又将跃上新台阶。

具体来看，乌东德电站位于云南、四川界河河段，是金沙江下游河段四个水电梯级——乌东德、白鹤滩、溪洛渡和向家坝中的第一个梯级，总装机容量1020万千瓦，电站多年平均年发电量约389.1亿千瓦·时。乌东德电站2011年开始筹建，2015年12月正式开工，计划2020年7月首台机组发电，2021年12月全部工程竣工。白鹤滩电站位于云南、四川界河河段，是金沙江下游四个水电梯级第二个梯级，总装机容量1600万千瓦，电站多年平均年发电量约625.21亿千瓦·时。白鹤滩电站2012年开始筹建，计划2021年7月首台机组发电，2022年12月全部工程竣工。

自2015年起，长江电力已为乌东德、白鹤滩两座电站累计储备生产筹备人员648人，并成立了乌东德、白鹤滩电厂筹建处。目前，已有100多位技术骨干进驻乌东德、白鹤滩工地，参与工程建设，践行"建管结合、无缝交接"生产管理理念。根据公告，如果两座电站完成资产注入，长江电力将拥有全球前十二大水电站中的五座，总装机容量有望达到7173.7万千瓦，成为全球清洁能源中的巨无霸。

相应的，长江电力可实施统一优化调度的电站数量将进一步扩大，显著提升调度成果，熨平来水波动对业绩的影响。值得一提的是，长江电力继续加大长江上游水电企业的股权合作，为进一步发挥流域水资源联合优化调度水平奠定基础。截至2018年9月30日，长江电力持有国投电力、川投能源股份的比例均已超过5%。

加大变革积极拓展新业务

作为目前全球最大规模水电公司，长江电力积极开展"一主两翼"发展战略，除了继续做大做强水电以外，还大力发展海外业务及进行水电产业的延伸。

具体来看，就海外业务布局而言，主要分两块：一是国际水电咨询业务，长江电力主要参与全球水电运营，实现大型电站运营核心能力的对外输出。长江电力已派驻团队赴巴西、巴基斯坦和马来西亚等国家和地区开展运营管理工作；二是直接投资项目。2016 年 8 月，长江电力联合三峡欧洲收购 Meerwind 海上风电项目。项目作为长江电力首个境外投资项目，帮助公司进一步做实国际投资业务，提升境外能源投资及管理能力，并以此项目为契机，获得更多境外优质能源电力项目股权投资机会。水电产业的延伸目前则主要体现在配售电业务上。自 2015 年以来，长江电力紧跟国家电力体制改革步伐，成立了三峡电能公司，积极探索发展配售电业务。积极参与开发重庆两江新区、陕西延安新区等8 个试点项目。

投资收益也是长江电力充实业绩的利器之一，公司通过处置可供出售金融资产和长期股权投资获取投资收益平滑业绩。2017 年，长江电力投资收益 23.12 亿元，同比增长 73.27%，占利润总额比重 8.7%，投资收益增长的主要原因是当年公司主动处置了较大规模的资产。2018年长江电力的投资收益总额及占比继续增长，截至 9 月 30 日，公司实现投资收益 24.31 亿元。此外，长江电力的新业态跟踪研究也取得了初步成果。根据大水电改善电能质量需求，结合长江大保护，对工业制氢、储能技术、长江船舶电动化和绿色岸电产业发展等方面开展了系列研究。

"作为上市公司，当然要重视成长性，以满足投资者对收益率回报的需求，我们认为长期战略规划的一主两翼都能为公司带来新的增长。"陈国庆称，"无论是从资金实力、融资能力还是管理和技术能力，我们都具备把这些业务做大做强的条件，我们正在加快两翼方面的业务拓展，相关进展会在适当时机进行披露。"

稳健成长持续高分红

在没有收购控股股东资产、装机容量不变的年份里，长江电力经营依然非常稳健。

作为主营水力发电的公司，长江电力主营收入主要取决于当年的发电量，而发电量又与来水量密切相关。一般来说，如果当年来水充裕，则发电量就会相应提升。2018年三峡来水偏丰，全年长江上游溪洛渡水库来水总量约1574亿立方米，较上年同期偏丰13.21%，三峡水库来水总量约4570亿立方米，较上年同期偏丰8.44%。公司2018年总发电量约2154.82亿千瓦·时，较上年同期增加2.18%。

当前水电站使用的上网定价机制主要包括四类：成本加成定价、标杆定价、倒推电价定价、市场化定价，长江电力旗下的大型水电站主要以倒推电价定价为主。考虑到大型水电等清洁能源发电等通过优先发电计划予以重点保障，同时，三峡电站等水电落地电价与燃煤机组脱硫标杆电价仍有价差空间，长江电力目前上网电价保持相对稳定。

作为重资产公司，折旧费用是长江电力成本的大头，一般占运营成本的60%以上。目前长江电力计提的折旧主要用于扩大再生产、设备的更新改造以及偿还公司债务。陈国庆表示："随着时限拉长，我们的折旧费用会逐渐减少，到后期肯定会增加利润空间，我们会用好这个政策，持续增强公司的盈利能力。"

此外，财务费用也是水电企业的一大成本。截至2018年三季度末，公司资产负债率54.09%，财务状况处于比较健康水平，而且每年有大量的经营性现金流，在没有新的大收购的情况下，资产负债率将会逐步下降。

上市以后，长江电力在资本市场树立了"优质大盘蓝筹"形象，打造了以投资者权益保护为核心、努力为投资者创造财富的关系管理模式。其中，最让人称道的是持续多年的高分红政策。

据Wind统计，长江电力上市16年实施现金分红16次，累计派现783.3亿元，分红率高达54%。特别是在2016年重大资产重组成功实施后，长江电力修改《公司章程》，承诺对2016年至2020年每年度的利润分配按每股不低于0.65元进行现金分红，这意味着每年现金分红不低于143亿元，5年累计现金分红不低于715亿元。此外，公司还承诺对2021—2025年每年度的利润分配按不低于当年实现净利润的70%

进行现金分红。长达十年的现金分红承诺，期限之久、规模之大，在 A 股资本市场中尚属首例。

陈国庆从大学毕业后就在长江电力工作，与公司共成长逾三十载，对公司的感情特别深厚："我学的就是电专业，1986 年 7 月大学毕业后就来葛洲坝电厂工作，算来已有 32 年的时光。我一开始就在代表当时我国水电最高水平的葛洲坝电厂工作，2002 年来到三峡，随后又参与了溪洛渡、向家坝两个电站的建设和生产准备，后来进入公司管理岗位。我这一生很幸运，这些年都是在国家重点工程项目中度过，虽然辛苦，但是非常值得！"

他也是为数不多持有长江电力股票的高管。对于长江电力的股价表现，陈国庆表示："市值体现了投资者对公司价值的认可，我对我们公司的股票非常有信心。相信长江电力未来市值还有上升空间！"

【采访札记】

长江电力：大国重器 铸就高分红典范

王冰洋

承载着"高峡出平湖"的梦想，长江电力上市伊始就备受瞩目。今年正值长江电力上市 16 周年，励精图治的长江电力不负众望，由传统的国有电厂一跃成为具有国际影响力的现代化水电巨擘，总资产、总市值双双超过 3000 亿元，成为 A 股市场以及中国能源行业的中流砥柱。2018 年 4 月，习近平总书记在三峡电厂发表重要讲话时，将三峡工程称为"大国重器"。

"长江电力已经是全球最大的水电公司，我们提出的战略远景目标是做世界水电行业的引领者。在规模上我们有这个底气，下一步我们将继续前进，要在盈利能力、经营业绩等方面做得更好。"近日，证券时报"上市公司高质量发展在行动"采访团走进长江电力，证券时报副总编辑王冰洋对话长江电力总经理陈国庆时，陈国庆这样描述长江电力未来的发展蓝图。

对于长江电力来说，上市后的发展史就是一部不断收购控股股东水电资产，装机容量快速扩张的历史。

作为三峡集团水电上市平台，长江电力自上市初就作为连接工程建设与资本市场的桥梁，承载了"滚动开发长江"的使命。通过收购控股股东已建成水电资产，长江电力实现规模效益持续增长的同时，为后续水电资源开发提供了充沛的资金支持。通过多次资本运作，目前公司运行管理三峡、葛洲坝、溪洛渡、向家坝等4座巨型电站，拥有总装机容量4549.5万千瓦，占全国水电装机的比例为13.33%；水电装机82台，其中单机70万千瓦及以上级巨型机组58台，占世界投产的单机70万千瓦及以上水电机组总数的半数以上。长江电力通过实施三峡、葛洲坝、溪洛渡、向家坝"四库联调"，充分发挥梯级电站联合调度效益。

根据三峡集团的非竞争性承诺，乌东德、白鹤滩水电站投产运营后也将注入上市公司。完成资产注入后，长江电力将拥有全球前12大水电站中的5座，总装机容量有望达到7173.7万千瓦，成为全球清洁能源中的巨无霸。

除继续做大做强水电以外，长江电力还结合主业积极开拓新兴业务：在海外展开国际水电咨询业务以及进行直接投资；延伸水电产业链，发展配售电业务。此外，长江电力还通过处置可供出售金融资产和长期股权投资获取投资收益平滑收益。

在A股市场上，长江电力因稳健增长、丰厚分红，成为价值投资的典范。据Wind统计，长江电力上市16年累计派现783.3亿元，分红率高达54%。在2016年重大资产重组成功实施后，长江电力修改《公司章程》，承诺2016年至2020年每年分红不低于0.65元/股，2021年至2025年每年派现不低于当年净利润的70%。

今年长江电力成为下跌市道的避风港；6月市值甚至一度创出新高，接近4000亿元。对此，陈国庆表示："市值体现了投资者对公司价值的认可。我们除了持续大比例分红以外，还要实行稳健的经营政策，确保业绩每年都能平稳增长。相信长江电力未来市值还有上升空间！"

（作者系证券时报副总编辑）

方大集团：创新要有烈士精神

证券时报记者　于德江

方大集团董事长熊建明："确实是创新让公司一直持续发展到今天，但代价非常高。创新就要有'烈士精神'，因为你可能走不到最后一步，或者在前几步就已经倒下了。"

经过近30年的发展，方大集团已经不只是一家做幕墙的公司，业务版图已拓展至高端幕墙系统及材料、轨道交通设备及系统、新能源和房地产四大块。这些看似毫不相关的业务，构成了方大集团多元化、跨产业、跨地域的格局。

方大集团开发建设的方大城已成为一处集生态办公、特色商业、休闲娱乐为一体的大型城市综合体项目，是公司的代表作，未来也将为公司业绩做出贡献。这里曾是方大集团早期厂房所在地，当时还属于偏僻地带，如今摇身一变，已不是原来模样。

出身蛇口　敢为人先

方大集团实际控制人熊建明，一直担任公司董事长、总裁职务。今年61岁的他感谢了改革开放，感谢改革开放初期的深圳大环境。1988年，改革开放的春风已来，深圳蛇口走在最前列，高喊着"时间就是金钱，效率就是生命"。深圳也因此吸引了八方人才，熊建明即在此时从江西调入深圳市人民政府蛇口管理局工作，投身改革开放的浪潮之中。

熊建明回忆了这段岁月，言谈之间仍难掩豪情。他认为当时的蛇口管理局是最为难得一见的政府，加上司机才80多个人。当时的熊建明担当重任，一个区级部门管理了七个公章，就相当于七个部门，包括国土、规划、消防、交通、环保等。人员极简、效率至上，无疑是蛇口模式取得成功的重要因素之一。

蛇口模式另一大特色是不安分守己，敢为人先。有些企业家出自蛇口，正是在蛇口的经历，让他们的思想观念发生了颠覆性的变化。熊建明在改革开放初期在蛇口管理局工作三年多，感受非常深，他什么都想去尝新，尝试不同的新，否则也不会下海。当时，政府安排了熊建明一个不错的职务，但他没有去。

1991 年，熊建明创立方大集团的前身——深圳蛇口方大新材料有限公司。在创业之初，熊建明确实碰到很多困难，但也一路这样走过来。他感谢蛇口这根"试管"，感谢改革开放，波澜壮阔的改革开放 40 年，熊建明是参与者，也是受益者。

1995 年 11 月 29 日 B 股上市，1996 年 4 月 15 日 A 股上市，熊建明对具体上市日期记得非常清楚，方大集团也成为我国第一家同时在 A 股、B 股上市的民营企业。上市二十多年来，方大集团借助资本市场做大做强，总资产、营业收入、净利润等多项指标实现数十倍的增长，现已形成高端幕墙系统及材料、轨道交通设备及系统、新能源、房地产等四大业务板块并进发展的格局。

熊建明亦对资本市场表达了感激之情，他对证券时报记者说，资本市场为方大集团提供一个非常大的平台，提升公司管理品质，连接投资者及海外市场，一路帮助公司稳健发展。

上市 23 年来，熊建明一直担任方大集团董事长、总裁，他自己笑称，自己或许是目前国内上市公司中在任时间最长的董事长。但他年岁毕竟已逾花甲，董事长、总裁两大重要职务长期一肩挑毕竟会引起关注，接班人的问题也终究是要考虑的。

对于略显敏感的问题，熊建明也没有回避，他介绍，其本人大部分是在履行董事长职责，总裁之下设立了副总裁、总裁助理等分别分管相应的业务，不同的业务由不同的团队执行。"毫无疑问，将来肯定是要换班的，"熊建明说，"我们也在找一个合适的时候，找合适的人选。"

创新要有"烈士精神"

如果不是从熊建明亲口说出，很难想象方大集团早前竟然投入巨资做过可降解淀粉塑料和LED。可惜的是，这两项业务都失败了。熊建明说，创新就要有"烈士精神"。这与其蛇口出身有很大的关系，创业之路上敢想敢试，才成就了今天的方大集团。

方大集团在成立之初的发展理念就是科技为本、创新为源，至今已经贯彻近三十年。"确实是创新让公司一直持续发展到今天，但创新的代价非常高，也非常容易成为烈士。"熊建明说，"所以，创新就要有'烈士精神'，因为你可能走不到最后一步，或者在前几步就已经倒下了。"

熊建明举了两个例子。

第一个例子是在1994年，方大集团跟一个研究机构合作，投资了1000多万做可完全降解的淀粉塑料。那个时候公司还没上市，1994年的1000多万元是很大的数字了。方大集团跟院士合作，用东北的玉米和玉米秸秆，捣碎再加一部分其他东西，生产出可完全降解的淀粉塑料。但是，受限于当时的设备、技术工艺，生产出来的可完全降解的淀粉塑料不够白，上面还有黄色的颗粒，不够美观。要解决这个问题需要加化学添加剂，影响降解效果，所以熊建明不想添加。由此造成的结果就是，将这个塑料袋放到商场免费使用，依然无人问津。

方大集团转变思路，欲将产品应用到蔬菜大棚上，就可以回避美观与否的问题。但是，同样由于没有添加足量的化学制剂，塑料布张力不够，强度不够，用力一拉就容易断掉，做出来折折弯弯的，用户不满意。还有就是由于产品上有黄色颗粒，且完全环保无害，引来许多鸟儿啄食，塑料布出现很多洞，也就成不了蔬菜大棚。这一转变，同样以失败告终。

在上市之前，方大集团专门成立了方大精细化工公司来做这个事情，最终还是没能做成，成了"烈士"，熊建明非常遗憾。熊建明觉得如果做成了，到今天，白色的塑料（白色垃圾）就可能没有了。

第二个例子就是LED。鲜有人知，熊建明还是中国第一个LED产业促进会的会长。熊建明介绍，20年前，方大集团跟国内知名大学和国际上的专业团队合作，花了4年的时间，烧掉3个多亿，一开始就做芯片，拥有许多专利。当时芯片做的还是挺好的，用到照明、激光器等方面。但是价格太贵了，销量又小，方大集团无力支撑，只能将这一块业务卖掉。

熊建明认为，一直到今天，中国LED原创的东西并不多。对于LED，熊建明同样觉得非常遗憾，没有坚持下来，因为LED这一块还是有前景的。

上述两项创新事项的失败令熊建明懊悔不已，但也给他带来许多启示：一是老百姓需求在不断提升，方大集团作为公共产品的生产者，要不断提升工艺，提高质量、解决问题；二是要把控好发展、创新和风险的关系，可以接受一两项成为"烈士"，如果所有创新都成为"烈士"，方大集团就完了。

方大集团目前正在做的深圳国际会展中心幕墙项目不同以往，运用了很多新的工艺和技术，提升了建筑的性能。方大集团在上海外滩的一个项目，外面看不出什么，但实际上跟原来的完全不一样，它的能耗指标得到大幅优化，维护方面也更加简单方便。

方大集团也在努力提升效率，减轻劳动强度，在这方面做了很大力度的改革。现在尝试用机器人处理一些复杂的工艺，节省了人工成本，质量更有保障。工艺方面也在做大量的改进，提升打胶、焊接、打磨、装配的质量。熊建明介绍，2019年还要考虑大数据、人工智能技术方面的应用，预计能达到较好的效果。

保持细分行业竞争优势

方大集团业务范围涵盖高端幕墙系统及材料、轨道交通设备及系统、新能源、房地产等板块，旗下现有5家国家高新技术企业，在全球建有 8 家工厂，业务遍及全球 120 多个国家和地区，是集研发、生产、销售及服务为一体的大型综合性的高科技集团公司。

熊建明坦言，公司体量不大但涵盖的产业比较多，其中一些产品的市场规模空间比较小，方大集团要保持在细分行业的竞争优势。

幕墙是方大集团的起家业务，主要产品为节能幕墙、光伏建筑一体化幕墙、LED 彩显幕墙等各类建筑幕墙及铝板材料，主要用于高层建筑、大型公共建筑（如机场、车站、文化中心、会议展览中心、博物馆）、建筑物采光顶、异型建筑物（如球形、钟形建筑物）等，具有外围护和装饰功能。

以智能、低碳、环保、可持续发展为导向，方大集团在高端幕墙领域独占鳌头，放眼全球也具备强劲的竞争力。方大集团拥有大规模的铝单板生产制造基地，方大高端幕墙系统广泛应用于全球 100 多个国家和地区的数千项重大工程，多次荣获我国建筑领域最高奖项——鲁班奖（国家优质工程奖）等荣誉称号。

熊建明继续坚定看好幕墙市场，他认为幕墙是具备生命力的，雄安新区、粤港澳大湾区等国家战略的推进，将带来新的需求，方大集团也准备长期在这个市场里面深耕细作，把这个品牌再继续做好。熊建明还透露，截至 2018 年年底，公司在手订单应在 33 亿 ~ 40 亿元之间，按当前年产量算，方大可以做两年。

轨道交通设备及系统板块方面，方大集团的轨道交通屏蔽门在国内已开通地铁运营城市的覆盖率达到 60% 以上，全球已有 38 个城市，71 条的地铁、云轨线路采用方大屏蔽门系统，其占有率近五年连续居全球第一。

方大集团还是我国较早独立掌握并拥有自主知识产权从事建筑光伏一体化系统（BIPV）设计、制造与集成的企业之一。2018 年上半年，已并网发电的三个光伏电站均运行平稳，发电量、销售收入、营业利润均达到公司预期目标。其中，江西省芦溪县宣风镇茶垣村 20MWp 分布式光伏发电项目、东莞松山湖 2MWp 分布式光伏发电项目，已列入财政部、国家发展改革委、国家能源局下发的《可再生能源电价附加资金补助目录》，可享受电价补贴。

房地产业务方面，方大集团多个城市更新项目均在稳步推进，包括深圳南山区的方大城项目、深圳宝安区的方大邦深项目、南昌红谷滩凤凰洲方大中心项目、深圳市横岗大康河沿线片区城市更新项目等。

方大城项目的表现超出了熊建明的预期。在 2018 年三季报中，公司披露方大城累计销售面积 8.2 万平方米，商业招商签约率达到 86.5%。在接受证券时报记者采访时，熊建明更新了这组数据，可销售部分仅剩近 1 万平方米，商家入驻率达到 90%。目前，方大城已经正式开业，证券时报记者在现场感受到，品牌商家密集，人气也非常旺。

方大城的建设、运营、招商、物业管理等都是方大集团自己的团队在负责，目前来看做得很好。如果经营理想，方大城未来每年会有 1.5 亿～2 亿元的租金收入，而且还会有很多衍生品的收入，资产质量非常高。熊建明说，方大集团在城市更新方面的优势是通过挫折累积起来的，公司现在做这个的团队有比较超前的理念，不会追求短期利益最大化，而是要利益的长远化、稳定化。

【采访札记】

熊建明：创新又保守的资本市场老兵

万　鹏

方大集团 1996 年在 A 股上市，是 A 股市场第一家民营上市企业。在老股民的记忆中，方大集团是一家深市的老牌绩优公司，经营稳健、分红率高。但在新股民眼里，公司就显得不太"性感"——没有时髦的业务，不热衷资本运作。但本次采访中，给我们留下最深印象的却是"创新"二字。

创新的基因，首先来自方大集团董事长、总裁熊建明。在下海之前熊建明任职于深圳蛇口管理局，负责蛇口建设管理，曾"一个人管了七个公章"。然而，在"蛇口精神"的感召下，有着工科背景的他，并不安于现状，一直在思考如何把自己的专业与节能、环保、低碳等理念结合起来，最终选择了在建筑新材料行业进行创业。

在上市前和上市后，公司相继投入巨资进行可降解塑料袋和LED芯片的研发，都因各种原因失败了。谈及此事，熊建明颇为感慨地说："创新的代价非常高，容易成为烈士，但创新就一定要有烈士精神。"

这些挫折并没有阻挡公司对创新的追求。目前，方大集团有5家国家级的高新技术企业，公司先后研发出高端幕墙、地铁屏蔽门、PVDF单层铝板、光伏建筑一体化等具有完全自主知识产权的新产品，打破了国外垄断，填补了国内空白。2018年，方大集团还被评为广东省自主创新示范企业。

方大集团在自主创新方面取得的成就，与公司内部管理中的创新机制密不可分。熊建明要求公司管理部门每一年的年终总结中，一定要有一两个创新性的成果，并将新产品占销售收入的比例列入对相关部门的考核指标。

但在资本运作方面，方大集团又有非常保守的一面，例如不用杠杆。数据显示，公司上市23年以来，资产负债率最高还不到26%，2018年三季度末仅为14.28%。熊建明认为，2018年A股市场频频出现的大股东爆仓事件的根源在于"短贷长投"，资金错配，由于很多项目没有现金流支撑，必然出现流动性风险，并引发债务危机。

正是这种"保守"的风格，让公司经历资本市场一系列大风大浪后，依然不断发展壮大，路子也越走越宽。数据显示，从1995年至2017年底，方大集团营业收入增长了23倍，总资产增长了30倍，营业收入及总资产每年都在以超过16%的复合增长率快速增长。相反，股票代码排在方大集团之前的40多家深市公司中，退市的就有4家，其中大多是被资本"玩坏"的公司。

对于方大集团当前的市值，熊建明并不满意。他认为，方大集团现在的市值并不能体现公司的实际价值，作为董事长自己只能尽力把企业搞好。

谈到未来的规划，熊建明特别提出了高质量的发展目标，首先要保证订单是高质量的：一是不要去垫资；二是付款条件要合适；三是利润要有保障。相信有了这三方面的保障，方大集团仍会延续以往稳健又不失进取的风格，在坚守主业的同时又积极创新，为投资者创造更多的价值。

（作者系证券时报公司中心副主任）

宁沪高速：从一段路到行业龙头

证券时报记者　孙亚华

在高速公路主业之外，宁沪高速还布局配套服务与房地产业务两大辅业，其中配套服务业务通过实现市场化油品采购、服务区商业模式升级，地产业务通过消化存量实现稳健经营，共同提升公司盈利能力。

川流不息的沪宁高速公路是我国最繁忙的公路之一，该条公路在1996年建成通车后，成为长江三角洲经济腾飞的黄金通道。

作为该高速路的承建和经营方，宁沪高速是江苏省唯一的交通基建类上市公司。公司从1997年在香港主板上市以来，从只经营一条沪宁高速公路江苏段的上市公司，发展到现在持股或间接持股18家企业的境内外两地上市三地交易（沪、港、美）的上市公司；公司直接参与经营和投资的路桥项目达到16个，拥有或参股的公路通车里程接近850公里；总资产规模达到466.76亿元。

公司专注于高速公路主业发展，通过外购资产与自建新路保持盈利活力，资产结构清晰，资产负债率较低，营业收入和利润规模指标抢眼，资产规模和质量处于行业领先水平。此外，公司通过油品供应、服务区经营模式改革等配套服务升级措施，进一步提升公司盈利能力。从除业绩可圈可点外，公司还被视为"高分红高股息"企业典范。公司已连续20年不间断派发现金股利，为投资者带来满意回报。

完善区域高速公路网络

宁沪高速核心资产沪宁高速公路连接上海、苏州、无锡、常州、镇江、南京 6 个大中城市，其不仅是南京至上海区域内的重要陆路通道，而且从中国北部、中西部进入长江三角洲的流量均汇集于此，是国内最繁忙的高速公路之一。同时，公司还拥有宁常高速、镇溧高速、锡宜高速、无锡环太湖公路、锡澄高速、广靖高速、江阴大桥、苏嘉杭、常嘉高速等位于江苏省内收费路桥的全部或部分权益。公司路网布局于经济发达的苏南地区，形成了一定的规模效应，路网区位优势突出。截至2018 年 1 月，公司直接参与经营和投资的路桥项目达到 16 个，拥有或参股的公路通车里程已接近 850 公里。

2018 年三季报显示，公司前三季度实现道路通行费收入约 56.19 亿元，同比增长约 6.74%，通行费收入约占总营业收入的比例为 73.54%。

宁沪高速一直在运营好当前资产的基础上寻求优质的路桥项目，新建成的镇丹高速于 2018 年 9 月 30 日起正式开通运行，线路北起泰州大桥南接线大港枢纽，南接沪宁高速丹阳新区枢纽，是江苏省首条新建高速公路绿色循环低碳示范创建项目。该项目的建成，对于促进江苏沿江地区的开发，完善区域高速公路网络具有重要意义。

除了镇丹高速，近几年公司还有三个在建工程，分别是五峰山公路大桥及南北接线项目、常宜高速一期及宜长高速，三个项目均预计于2020 年开通运行。其中，五峰山项目是长江三角洲高速公路网和江苏省规划"五纵九横五联"高速公路网的组成部分，也是京津地区与长江三角洲地区之间南北向交通最便捷的过江通道，在江苏省高速公路网络布局中具有重要地位。三个项目建成后，将进一步优化苏南路网，成为公司未来新的业务增长来源。

长江证券研报分析称，尽管公司核心路产已步入成熟期，仍具有一定的增长动力。分路产而言，公司核心路产沪宁高速作为长三角地区同城化的纽带，其盈利能力显著高于江苏省内其他路产，且客车占比不断提升，盈利稳定性得以增强。其他路产中，宁常高速、镇溧高速作为苏南地区重要的省际通道组成部分，车流量保持快速增长。广靖高速、锡澄高速则因江广高速改扩建完成后，车流量增速明显上升，预计未来车流量将继续保持较为稳健的增长。

推动智能化道路扩容

车流量不断增长也带来了道路拥堵等问题。以沪宁高速公路无锡段为例，其在2018年断面日均流量已经达14万辆次。其中，硕放至东桥枢纽为主要瓶颈路段，其高峰日均流量可达20万辆次。

在持续大流量的冲击下，宁沪高速积极开展课题研究，力求通过综合智能管控手段，在"智慧扩容"方面取得突破，不扩建车道即提高约20%通行效率。

"智慧扩容"是指在不通过大面积拓宽道路的前提下，利用多源智能感知技术、交通信息快速响应技术、智能交通仿真技术等综合管控技术，辅以行政执法等手段，着力改善行车秩序，降低交通事故，使车辆间以较适宜的速度通行，保障整体道路通行效率。

例如，当前方第3车道发生事故，在提前1公里或500米的情报板上提示信息，关闭第3车道，诱导车辆进入1、2、4车道行驶，避开事故路段，保障事故区域的畅通。再例如，前方拥堵时，可降低每个车道的限速值，诱导后车降低车速不致形成大规模拥堵区，便于拥堵区域车辆快速疏散，通过改善拥堵区车流疏散条件来缓解拥堵区域的拥挤度。

宁沪高速未来还将针对互通匝道的管控、收费站入口管控、恶劣天气的智能诱导、精准快速化路面养护策略、集约化施工管理等方面推出新的实施方案，管控手段涵盖高速公路运营的各个方面，其中许多进行管控手段在国内属于首创。

据悉，宁沪高速拟于2019年将"智慧扩容"扩大到整个沪宁高速公路无锡段。

宁沪高速未来智能化措施还将进一步落实，将"一张网""一片云""一条码"落地。运营管理"一张网"，即通过智能化和信息化手段，建立"一路三方"联合指挥调度系统，并推广"云值机"项目，实现收费服务、运营保障、协同指挥的并网融合。智慧出行"一片云"，即开展上云工作，完成了沪宁路主干线视频监控、可变情报板和指挥调度语音电话云端部署，推进收费系统走上"云端"，实现事故处置现场远程可视化和实时化，并将路网监控视频向社会开放，让驾乘人员更好地了解路况。快捷支付"一条码"，即试行"移动支付"方式，全力推进沪宁路各收费站移动支付全覆盖；探索"无感支付"方式，研究通过车牌和手机信令比对。

促进辅业转型升级

在高速公路主业之外，宁沪高速还布局配套服务与房地产业务两大辅业，其中配套服务业务通过实现市场化油品采购、服务区商业模式升级，地产业务通过消化存量实现稳健经营，共同提升公司盈利能力。

宁沪高速制定了服务区经营模式转型方案，梅村、仙人山、黄栗墅三对服务区实行"外包＋监管"模式，阳澄湖、窦庄、芳茂山三对服务区实施"平台拓展"方案。梅村服务区外包 6 年租金总额为 2.8 亿元，黄栗墅服务区外包 6 年租金总额 1.3 亿元，仙人山服务区外包 6 年租金总额 1.4 亿元；阳澄湖服务区外包 9 年租金总额 1.85 亿元，芳茂山服务区外包 8 年租金总额 1.85 亿元，窦庄服务区外包 8 年租金总额 1.6 亿元。

宁速高速为推动沪宁高速公路沿线 6 个服务区经营效益和服务水平的全面提升，紧紧围绕"升级改造系统化、经营业态差异化、满足需求个性化、管理经营精细化、主题文化区域化"的理念，统筹经济效益和社会效益，使道路区位优势与民营企业经营模式产生合力。目前，梅村、仙人山与黄栗墅服务区已经完成升级改造并正式对外营业。

目前，世界首个恐龙主题体验式服务区芳茂山服务区已经投入试运营，以"一街三园、梦里水乡、诗画江南"为主题的阳澄湖服务区升级改造工程正在加快推进，未来可能会成为公司新的业务亮点。

油品方面，宁速高速引入竞争机制，实现市场化采购，通过原油品供应商谈判，使得油品批发价持续降低，油品盈利空间显著增长。2018年三季度，宁速高速油品毛利率同比上升约 5.24 个百分点，带动配套服务业务毛利率同比上升约 6.60 个百分点，服务区整体经营收益有所提高。

未来，宁速高速将进一步深入挖掘油品客户资源，关注市场动态，在油品利润方面进一步寻求突破。

宁速高速房地产业务于 2009 年正式启动，由下属的宁沪置业、宁沪投资为经营主体，主要项目位于南京、苏州、昆山和句容。由于 2018 年的集中交付，宁速高速房地产库存去化明显。2018 年三季度实现预售收入约 1.44 亿元；结转收入约 7495 万元，同比增长约 154.68%。

机遇与挑战下的可持续经营

宁沪高速内部业务升级的同时，也在面临外部的挑战。

目前交通格局正在急速变化，城际间选择高铁作为交通方式的乘客越来越多。有分析称，这将对高速公路的客流形成持续分流，进而影响高速公路公司的收入水平。

对此，宁沪高速总经理孙悉斌认为，对比两种出行方式，不同的交通方式有不同的服务功能，也有各自的客户需求。高铁由于建设成本高、运营成本高，导致了它的票价相对较高，其效益优势还没有完全显现；高速公路兼具出行方便性与机动性，在运输半径和便捷性上，也具有不可替代的优势，能够保持较强的竞争力。从区域内看，沪宁城际高铁与京沪高铁已经相继通车很长一段时日，到目前为止并没有对公路的车流量产生明显的分流影响，竞争格局基本保持稳定。

数据显示，2015—2017 年，江苏省新增铁路运营里程同比增长为 1.71%、1.60% 和 0.13%；新增高速公路运营里程同比增长为 1.14%、2.60% 和 0.75%，趋于稳定，并没有明显的铁路分流现象。并且随着公司宜长高速等项目的建成，会进一步完善路网，起到引流的作用。

此外，2018 年 12 月交通运输部发布了《公路法修正案（草案）》《收费公路管理条例（修订草案）》。交通运输部解读称，草案确立了"两个公路体系"的发展思路，即未来公路发展坚持以非收费公路为主，适当发展收费公路。有投资者担心新条例的实施将大幅降低公司收费业务。

孙悉斌回应称，草案意见稿中对经营性高速收费期限的规定也更加灵活，经营性收费公路经营期限由原来的不超过 25 年延长至不超过 30 年，并规定对于投资规模大、回报周期长的公路可以超过 30 年；确认了经营性高速公路养护管理收费制度，也就是说，高速经营到期后，依然要对公路养护进行收费，这对于公司的可持续经营将产生正向影响。

在发展质量上再获新突破

宁沪高速作为高速公路龙头企业，还被视为"高分红高股息"企业典范。自 1997 年上市以来，公司已连续 20 年不间断派发现金股利，截至 2017 年度末，公司已累计派发现金股利约 255.73 亿元，约是公司上市时所募集资金的 5.5 倍。

Wind 数据显示，宁沪高速基于稳定现金流，2013—2017 年平均分红率高达 70.09%，高出行业平均分红率 32.92 个百分点，其中 2015 年分红率更是高达 80%。2017 年的分红率为 62%，高出行业 2017 年平均分红率 26.03 个百分点。

公司高分红及相对低估值带来高股息率，2013—2017 年平均股息率达 5.19%，远高于高速公路行业平均 2.67% 的水平，同时在整个 A 股全行业中居前位。高分红高股息叠加稳健的增长也使得宁沪高速成为极具防御性的价值标的。

孙悉斌强调，未来，一方面，公司董事会会充分考虑后续业务拓展和投资需求，以实现更加持续稳健的发展，持续为投资者带来高额回报；另一方面，公司将会充分考虑维持投资者长期持股的信心，不会出现派息率或派息金额大幅下降情况。希望能够在保障经营利润的同时，能够稳步提升派息金额，使公司业务发展成果与投资者共享。

在 2019 年，公司将聚焦主业，有序推进新建路桥项目建设与投资，确保新建项目按计划完成并运营；在创新发展上取得新突破，聚焦"交通＋"发展方向，不断强化企业创新主体地位和主导作用，提高"资本、资产、资源、资金"要素配置效率，推进"一主两翼、双轮驱动"战略实施；在发展质量上再获新突破，打出效益提升"组合拳"，打好提质增效攻坚战，稳步提升净资产收益率、成本费用利润率，有效降低资产负债率，让"质量效益变高"。

【采访札记】

宁沪高速：现实版的"未来之路"

臧晓松

如果有一天，无人驾驶汽车能开上高速路，那这条路也许就包括宁沪高速——这当然是我们的"高速畅想曲"，短期内不会出现，但宁沪高速确实已经提前探索，以应对可能出现的无人驾驶时代。

宁沪高速已经在常州设立无人驾驶试验场。未来沪宁高速公路进行智慧扩容时，也会考虑预留专用的无人驾驶车道，在确保安全性的前提下，进一步提升快速通行的能力。

智慧支付一条码，智慧出行一片云。拥抱"互联网＋"的宁沪高速，看起来更像是一家"未来企业"的现实版。在充分利用银联闪付、微信和支付宝扫码支付的基础上，对"无杆收费站"的探索，也在很大程度上呼应了广大驾驶者的诉求。一切的一切，都是为了让高速公路更加"高速"。

道路畅通，心情舒畅，直到你来到了高速服务区……

2017 年 7 月份，《一个没资格叫高速服务区的地方》的"吐槽"文章在微信朋友圈热传。在不少人的出行经历中，高速服务区常被当成吐槽的对象：小吃普普通通、厕所破破旧旧，在长途车迟迟不启动的漫长等待中，百无聊赖，只想马上离开。

而这篇文章中，作者却"虚晃一枪"，通篇都在为宁沪高速无锡段梅村服务区点赞：外观像是大型购物中心，里面有 DQ 冰淇淋、汉堡王、免费 WIFI、小型儿童游乐场、咖啡店……

照理说，一篇服务区的"表扬稿"很难赢得网友的芳心，但这篇文章却收获了"10 万＋"阅读量。网友的眼睛是雪亮的，"暗夜里的黑猫"跟帖说：年初去绍兴游玩，回来的路上不小心"撞入"这个服务区，立刻被惊艳了；"HSU"则点赞：冬天去的，厕所洗手池的水是热的；还有一位名叫"jack"的网友这么说：作为新无锡人，对梅村服务区的评价就是，服务区中的劳斯莱斯，沪宁线的靓丽风景。

一花独秀不是春，百花齐放春满园。

就在 2017 年 12 月 30 日，宁沪高速芳茂山恐龙主题服务区试营业：餐饮三巨头必胜客、汉堡王、肯德基齐聚一堂，国内品牌小杨生煎、真真老老、秦香源、菜根香纷至沓来。常州本土企业大娘水饺、银丝面强势来袭，服务区甚至还通过 VR 光影科技、9D 电影互动游乐等形式，将常州恐龙主题文化、恐龙文旅产品融入饮食、购物、娱乐等各种经营业态，满足了顾客"吃喝玩乐购"的全方位需求。

这样高大上的服务区，冲击着我们的视觉神经，颠覆了大家对服务区的传统认知。服务区的变化，背后是宁沪高速经营理念的变化。从自主经营到制定"外包＋监管"和平台拓展经营模式，宁沪高速的"放手"，充分释放了市场的"无形之手"。在股权投资方面，资本功能进一步放大，投融资渠道进一步拓宽，逐步培育出新的利润增长点。在经营上的"放手"，让"老破小"变得高大上、让出行者愿意驻足欣赏、让服务区真正实现了"高质量服务"，宁沪高速甚至准备办成"开放式服务区"，让附近居民也能前来消费购物，这给全国服务区的提档升级提供了现实样本。

上市超 20 年，以 5.5 倍的规模回馈了股东，宁沪高速年年分红，分红绝对值金额稳步提升。正如宁沪高速总经理孙悉斌所说，希望让股东感受得到公司的发展、分享到公司发展的成果。

这不就是投资者最希望看到的吗？

（作者系证券时报记者）